“十三五”职业教育国家规划教材

配送作业实务

主　编　姜　萍　袁　森
副主编　寇振国　邓小乐

中国财富出版社

图书在版编目（CIP）数据

配送作业实务 / 姜萍，袁森主编．—北京：中国财富出版社，2017.7（2021.12 重印）

（中高职教育贯通培养模式教材）

ISBN 978-7-5047-6549-9

Ⅰ.①配… Ⅱ.①姜…②袁… Ⅲ.①物资配送—职业教育—教材 Ⅳ.①F252

中国版本图书馆 CIP 数据核字（2017）第 176335 号

策划编辑	徐　妍	**责任编辑**	王　靖		
责任印制	梁　凡	**责任校对**	杨小静	**责任发行**	敬　东

出版发行	中国财富出版社		
社　　址	北京市丰台区南四环西路 188 号 5 区 20 楼	**邮政编码**	100070
电　　话	010-52227588 转 2098（发行部）		010-52227588 转 321（总编室）
	010-52227566（24 小时读者服务）		010-52227588 转 305（质检部）
网　　址	http://www.cfpress.com.cn		
经　　销	新华书店		
印　　刷	宝蕾元仁浩（天津）印刷有限公司		
书　　号	ISBN 978-7-5047-6549-9/F·2795		
开　　本	787mm×1092mm　1/16	**版　　次**	2018 年 1 月第 1 版
印　　张	15	**印　　次**	2021 年 12 月第 3 次印刷
字　　数	337 千字	**定　　价**	56.00 元

《配送作业实务》教材编委会

主　编：姜　萍　袁　森

副主编：寇振国　邓小乐

编　委：（排名不分先后）
温军利　沙比热古丽·吾加
布左热木·阿布都热衣木
哈斯亚提·克尤木　王硕源　张海燕

专家指导委员会

姜　萍	新疆商贸经济学校	党委书记　正高级讲师
汪长明	乌鲁木齐职业大学	教授
俞天贵	乌鲁木齐职业大学	教授
郭　江	新疆轻工职业技术学院	教授
杨贵泉	新疆农业职业技术学院	教授
王海灵	新疆大学经济与管理学院	副教授
叶德明	新疆商贸经济学校	校长
姜　萍	新疆商贸经济学校	高级讲师　副校长
阿力甫江·木提拉	新疆商贸经济学校	高级讲师　副校长
邵清东	北京络捷斯特科技发展股份有限公司	总经理
张丁彧	中国航空器材进出口有限公司	部门副经理　一级物流师
杜金平	万佳利食品有限公司	物流总监　高级物流师
毕殿国	新疆维吾尔自治区物流学会	秘书长
成光华	新疆邮政速递物流有限公司	副总经理
陈新民	新疆华凌物流配送有限公司	总经理
古佳娜	新疆商贸经济学校	高级讲师
苑美华	新疆商贸经济学校	高级讲师

内 容 简 介

配送作为一种特殊的物流活动方式，几乎涵盖了物流中所有的要素和功能，是物流的一个缩影或某一范围内物流全部活动的体现。目前，国内外对于配送管理的研究非常重视，配送实践水平也趋于成熟。由于配送产品的不同，实践中产生的配送业务模式也不同。

本书以当前比较热门的几类配送中心业务为主线，分别介绍了配送知多少、快消品物流配送业务、特殊货物配送业务、配送作业岗位工作管理及绩效考核、配送信息管理5大项目，项目下共设19个任务，分别为：配送认知、走进配送中心、快消品配送业务流程认知、快消品入库作业、客户服务与订单处理、备货作业、配送加工作业、集货配载作业、送货作业、退换货作业、电子商务物流配送业务、冷链物流配送业务、医药物流配送业务、连锁餐饮物流配送业务、JIT工业品配送业务、配送作业岗位工作管理、配送作业岗位绩效考核、配送信息系统操作、配送信息技术应用。

本书除可用作物流类专业的主干教材外，也可作为中高职教育贯通培养模式教材。

前 言

2010 年，国务院将物流业定位为十大振兴产业之一，物流业成为各产业链的重要环节，也成为国民经济的基础性产业，贯穿商品生产、流通和消费各个环节，横跨国民经济各个产业，是衡量一个国家现代化水平与综合国力的重要标志。发展物流业的关键，是培养物流专业实用型和技能型人才。如何开发出符合职业教育需要的、符合企业对毕业生职业能力要求的、以培养学生岗位技能为核心的物流类专业核心教材，一直是专家认真思索、教师孜孜探索、学生较为期待的事情。《配送作业实务》一书或许能使从事物流职业教育的专业教师眼睛为之一亮，其最大的亮点在于独具匠心的体例结构设计、深入物流企业一线调查研究的内容设计以及二维码扫描等具有互联网新思维的资源展现形式，为学生适应不同类型配送中心岗位需求提供强有力的指引。

本书以真实的典型企业的配送运作为例，基于配送工作过程开发设计的。全书以物流配送业务流程为导向，以工作任务为载体，以企业岗位能力要求为主线，解读配送过程中的每一个流程、每一个环节的实现过程及其所需的知识和技能。学生通过学习快消品物流配送业务流程，能够举一反三，达到电子商务、冷链、医药、连锁餐饮、工业品等不同类型配送中心岗位的要求。

本书由姜萍、袁森任主编，寇振国拟定编写大纲并与邓小乐共同任副主编。具体分工如下：姜萍编写项目一与项目二，袁森编写项目三，寇振国编写项目四，邓小乐编写项目五，最后由姜萍总纂及定稿。

本书在编写过程中，不仅得到了学校领导的高度重视和支持，还得到了课程建设专家指导委员会的悉心指导以及北京络捷斯特科技发展股份有限公司技术方面的支持，在此一并表示感谢。

由于编者水平有限，书中难免存在欠妥和错误之处，恳请使用本书的各界人士不吝指正。

编　者

目 录

项目一　配送知多少

任务一　配送认知

瞄准靶心

※能够按照不同的标准对配送作业进行分类。

※能够对比不同配送模式的优缺点。

军令如山

新疆旋风配送中心是旋风电器在新疆分公司设立的区域配送中心，主要针对家电类、数码类及其他电器类商品进行配送，主要业务是负责网购零单货品的配送、门店货品的配送、满足一定区域内的货品配发和调换。公司总部设在成都，在全国形成了长途配送到市、短途配送到店、零售配送到户的三级体系一体化运作模式，物流基地仓储面积 8000 平方米，仓储总量达到 4000 台/套，单日最高零售配送量突破 500 台/套。物流以“网络集成化、作业机械化、管理信息化、人才知识化”为发展目标，借助自主开发的 WMS（仓储管理信息系统）、TMS（运输管理信息系统）等管理系统建立了集收、发、存、运、送于一体的供应链管理信息系统。

李亮是即将毕业的学生，正在求职的他，某天接到该公司的一个面试通知：

“你好，我是新疆旋风配送中心人力资源部，在前程无忧招聘网上看到了你的简历，现通知你明天上午 10：00 来我公司面试，来时请携带你的简历及学历证明，地址：新疆新市区苏州东街 339 号，电话：0991－830026。”

根据在学校学习的有关求职的技巧课程，李亮提早到达现场。来之前已经做了大量功课的他，对于此次面试的配送储备经理岗位，可以说是胜券在握。参加面试的共 6 个人，有 3 个面试官，主要分为笔试和面试两个环节。

1. 笔试环节

面试官给每个人发放笔试试题，并限时 15 分钟答完。

（1）简述对于配送的认识，并按自己的理解填写表 1－1－1 和表 1－1－2。

表 1－1－1　　配送与送货的区分

项目	配送	送货
工作内容		
工作效率		
时间要求		
成本要求		
与其他环节的关系		
市场性质		
目的和意义		
组织管理		
基础设施		
技术装备		
行为性质		

表 1－1－2　　配送的分类

依据	类型	简介	备注
按配送主体不同分类	配送中心配送		
	生产企业配送		
	仓库配送		
	商店配送		
按配送商品的种类和数量不同分类	单品种大批量配送		
	多品种少批量配送		
	成套配送		
按配送时间及数量不同分类	定时配送		
	定量配送		
	定时定量配送		
	定时、定路线配送		
	即时配送		
按经营形式不同分类	销售配送		
	供给配送		
	“销售—供应”一体化配送		
	代存代供配送		
按照企业的专业化程度分类	综合配送		
	专业配送		

（2）针对下面配送模式图（图 1-1-1 至图 1-1-3），标出这三张图的名称，并对比分析三种作业模式的区别，填写表 1-1-3。

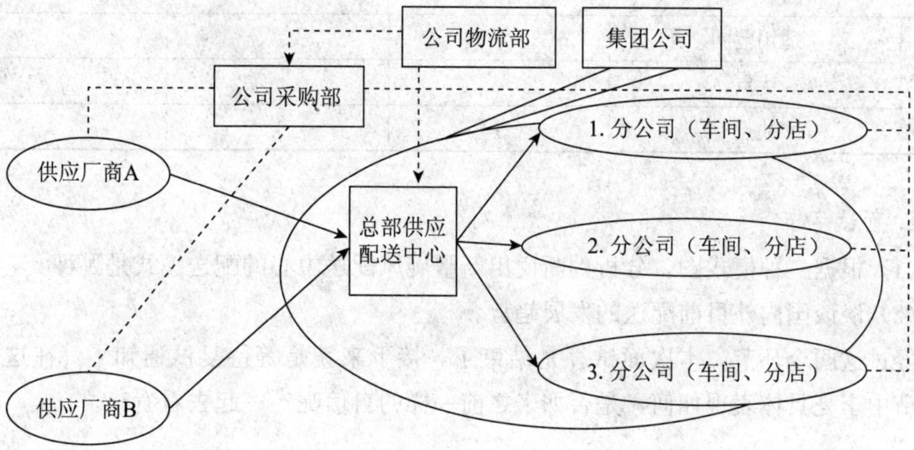

图 1-1-1 作业模式 1

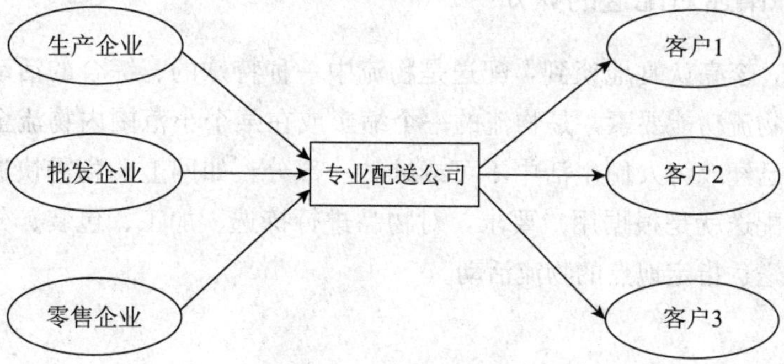

图 1-1-2 作业模式 2

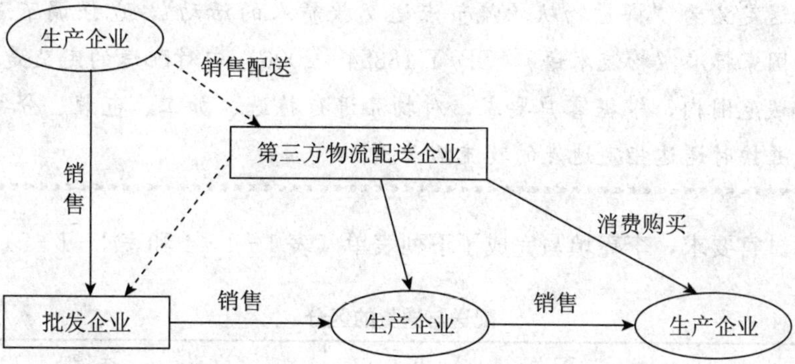

图 1-1-3 作业模式 3

表 1-1-3　　三种作业模式异同

<table>
<tr><td colspan="2">配送模式</td><td></td><td></td><td></td></tr>
<tr><td colspan="2">相同点</td><td colspan="3"></td></tr>
<tr><td rowspan="3">不同点</td><td>适用范围</td><td></td><td></td><td></td></tr>
<tr><td>优点</td><td></td><td></td><td></td></tr>
<tr><td>缺点</td><td></td><td></td><td></td></tr>
</table>

2. 面试环节

（1）根据三种模式图，分析判断说出新疆旋风配送中心的配送模式是哪种？

（2）谈谈国内外目前配送的发展趋势。

经过这两个环节，本次面试算是结束了，接下来就是等待复试通知了，在这个面试环节中李亮具体表现如何，是否如来之前一样的自信呢？一起去看看！

横扫千军

步骤一：阐述对配送的认知

对于配送，李亮认真地谈到，配送是物流中一种特殊的、综合的活动形式，几乎包括了所有的物流功能要素，是物流的一个缩影或在某个小范围内物流全部活动的体现。配送目前已经成为人们生活中不可或缺的一部分，如网上购物需快递配送、外卖送餐，等等。配送就是根据用户要求，对物品进行拣选、加工、包装、分割、组配等作业，并按时送达指定地点的物流活动。

小贴士

配送在英语中的原词是 Delivery，是交货、送货的意思。日本在工业标准 JIS 中，将配送定义为“将货物从物流节点送交收货人的活动”，也强调了送货的含义。我国国家标准《物流术语》（GB/T 18354—2006）中对配送的定义是：“在经济合理区域范围内，根据客户要求，对物品进行拣选、加工、包装、分割、组配等作业，并按时送达指定地点的物流活动。”

根据面试官要求，李亮填写完成了下列表单（表 1-1-4 和表 1-1-5）。

表 1-1-4　　配送与送货的区分

项目	配送	送货
工作内容	货物经过分类、配组、分装等	没有分类、配组等理货工作
工作效率	考虑车辆的配载及路线的优化	不考虑

续 表

项目	配送	送货
时间要求	计划性强，送货准时	计划性相对差，不一定准时
成本要求	最优	存在运力浪费，成本费用高
与其他环节的关系	备货、储存、流通加工、分拣、送货等作业环节统一管理	备货、储存、流通加工、分拣、送货等作业环节分割进行
市场性质	以市场需求为导向，是增值服务	有什么送什么，只能满足客户的部分需求
目的和意义	企业战略的重要组成部分	只是企业提高销售量的一种手段
组织管理	有专职的企业物流部门，企业组织管理水平高，有完善的信息管理系统做支撑	在生产企业只是一种附带业务
基础设施	必须有完善的交通运输网络和设施，有将分货、配货、送货等活动有机结合的能力	没有具体需求
技术装备	全过程有现代化物流技术和装备作保证	技术装备简单
行为性质	一种定制化的长期固定服务	短期促销行为，是一种偶然行为

表 1-1-5　　　　配送的分类

依据	类型	简介	备注
按配送主体不同分类	配送中心配送	大规模配送形式，覆盖面较宽，有配套的大规模实施配送的设施，如配送中心建筑、车辆、路线等，一旦建成便很难改变，灵活机动性很差，投资较高	沃尔玛配送中心
	生产企业配送	由生产企业直接将产品配送至用户，不需要将产品发运到配送中心进行中心配送	—
	仓库配送	以一般仓库为据点进行配送的形式。可以把仓库改造成配送中心，也可以在保持仓库原有功能的前提下，增加一部分配送岗位	—
	商店配送	组织者是商业或物资的门市网点，这些网点主要承担商品的零售，规模不大，经营品种齐全	7—11便利店配送
按配送商品的种类和数量不同分类	单品种大批量配送	工业企业需要量较大的商品，单独一个品种或几个品种就可达到较大输送量，可实行整车运输	—
	多品种少批量配送	按用户要求，将所需的各种物品（每种需要量不大）配备齐全，凑整装车后由配送据点送达用户	—

续 表

依据	类型	简介	备注
按配送商品的种类和数量不同分类	成套配送	按企业生产需要，尤其是装配型企业生产需要，将生产每一台整件所需要的全部零件配齐，按照生产节奏定时送达生产企业，生产企业随即可将此成套零部件送入生产线以装配产品	—
按配送时间及数量不同分类	定时配送	按规定时间间隔进行配送，如数天或数小时一次等，每次配送的品种及数量可按计划执行；也可在配送之前以商定的联络方式（如电话、计算机终端输入等）按约定的时间配送	京东 211
	定量配送	按规定的批量在指定的时间范围内进行配送	—
	定时定量配送	按照规定配送时间和配送数量进行配送	—
	定时、定路线配送	在规定的运行路线上制定到达时间表，按时间表进行配送	—
	即时配送	完全按用户提出的配送要求、配送时间和配送数量立即进行配送的方式 是灵活性很高的一种应急方式，采用这种方式的品种可以实现保险储备的零库存，即用即时配送代替保险储备	—
按经营形式不同分类	销售配送	生产企业、流通企业售出产品或商品的配送过程，也指生产者或持有者对商品到用户的配送	—
	供给配送	用户为自己供应需要所采取的配送形式	连锁超市
	销售—供应一体化配送	对于基本固定的用户进行基本确定的配送	—
	代存代供配送	用户将自己的货物委托给配送企业代存、代供，有时还委托代订，然后组织对本身的配送	—
按照企业的专业化程度分类	综合配送	配送商品种类较多，在一个网点中组织不同专业领域的产品向用户配送	—
	专业配送	按货物的专业性质组织的配送	汽车物流配送

步骤二：区别配送作业模式

李亮按照顺序依次将这三张图命名为自营配送模式图、共同配送模式图、第三方物流配送模式图，并填写这三种作业模式异同表，如表 1-1-6 所示。

表 1-1-6　　　　三种作业模式异同

配送模式		自营配送模式	第三方物流配送模式	共同配送模式
相同点		三者都是以企业自身利益的角度选择的配送模式		
不同点	适用范围	大型连锁企业或企业集团，物流对企业成功重要度很高，且企业处理物流能力也高，企业对物流控制力强，产品线单一	没有过多资金自建配送中心或者专心核心业务的企业，物流对企业的重要度低	中等规模的企业
	优点	企业对供应链各个环节有较强的控制能力，可以合理地规划管理流程，反应速度快，资源利用合理	专注于自己核心的业务，减少物流成本，降低风险	风险较小，最大限度地提高配送设施的使用效率
	缺点	成本大	企业的控制力差	管理难度高

步骤三：分析配送业务模式所属类型

图 1-1-4　李亮发言

针对这三种配送模式，李亮逐个分析道：

“图 1-1-1 为自营配送模式图，企业内部配送一般有两种情况：①大型连锁商业企业的内部供应配送；②巨型生产企业的内部供应配送。这属于自营配送模式，自营配送模式是指企业物流配送的各个环节由企业自身筹建并组织管理，实现对企业内部及外部货物配送的模式。这种模式有利于企业供应、生产和销售的一体化作业，系统化程度相对较高，既可以满足企业内部原材料、半成品及成品的配送需要，又可以满足企业对外进行市场拓展的需求。其不足之处表现在：企业为建立配送体系的投资规模将会大大增加，在企业配送规模较小时，配送的成本和费用也相对较高。

“图 1-1-2 为共同配送模式图，这种方式是指由一个专业物流配送企业综合各家用户的要求，对各个用户统筹安排，在配送时间、数量、次数、路线等诸方面做出系统最优的安排，在用户可以接受的前提下，全面规划、合理计划，进行配送。

“图 1－1－3 为第三方物流配送模式图，是指由物流劳务的供方、需方之外的第三方去完成物流服务的物流运作方式。第三方就是指提供物流交易双方的部分或全部物流功能的外部服务提供者，是物流专业化的一种形式。第三方物流配送就是企业不拥有自己的任何物流实体，将商品采购、储存和配送都交由第三方完成。

“新疆旋风配送中心是旋风电器在新疆分公司设立的区域配送中心，主要是针对对旋风电器类商品进行配送的企业，主要业务是负责网购零单货品的配送、门店货品的配送以及满足一定区域内的货品配发、调换，该配送中心成立的主要用途就是组建自己的配送系统来完成自己企业的配送业务，这个属于自营性配送模式，属于图 1-1-1 所表述的意思。”

小贴士

一般而言，采取自营性配送模式的企业大都是规模较大的集团公司。有代表性的是连锁企业的配送，其基本上都是通过组建自己的配送系统来完成企业的配送业务，包括对内部各场、店的配送和对企业外部顾客的配送。

1. 自营性配送模式的优点

（1）企业对供应链各个环节有较强的控制能力，易于与生产和其他业务环节密切配合，全力服务于本企业的经营管理，确保企业能够获得长期稳定的利润。对于竞争激烈的产业，企业自营性配送模式有利于企业对供应和分销渠道的控制。

（2）可以合理地规划管理流程，提高物流作业效率，减少流通费用。对于规模较大、产品单一的企业而言，自营配送可以使物流与资金流、信息流、商流结合得更加紧密，从而大大提高物流作业乃至全方位的工作效率。

（3）可以使原材料和零配件采购、配送以及生产支持从战略上实现一体化。实现准时采购，增加批次，减少批量，调控库存，减少资金占用，降低成本，从而尽可能地实现零库存、零距离和零营运资本。

（4）反应快速、灵活。由于整个物流体系属于企业内部的一个组成部分，与企业经营部门关系密切，以服务于本企业的生产经营为主要目标，所以能够更好地满足企业在物流业务上的时间、空间要求，特别是物流配送较频繁的企业，自营配送能更快速、灵活地满足企业要求。

2. 自营性配送模式的缺点

（1）一次性投资大，成本较高。虽然企业自营性配送模式具有自身的优势，但由于物流体系涉及运输、仓储、包装等多个环节，建立物流系统的一次性投资较大，占用资金较多，对于资金有限的企业来说，物流系统建设投资是一个很大的负担。企业自营性配送模式一般只服务于自身，依据企业自身物流量的大小而建立，而单个企业的物流量一般较小，企业物流系统的规模也较小，自营配送就容易导致物流成本升高。

(2) 规模较小的企业所开展的自营性配送模式规模有限，物流配送的专业化程度较低。对于规模不大的企业而言，其产品数量有限，采用自营性配送模式，不能形成规模效应，一方面，导致物流成本过高，产品在市场上的竞争能力下降；另一方面，由于规模有限，物流配送的专业化程度低，不能满足企业的需要。

(3) 企业配送效率低下，管理难于控制。对于绝大多数企业而言，物流部门只是企业的一个后勤部门，企业也并不擅长进行物流活动。在这种情况下，企业自营性配送模式就相当于迫使企业从事不擅长的业务活动，企业的管理人员往往需要花费过多的时间、精力和资源去从事辅助性工作，结果往往是辅助性工作没有抓起来，关键性业务也无法发挥出其核心作用。

步骤四：分析国内外配送发展趋势

李亮根据自己知识积累说道：

随着消费者需求趋向多样化与个性化、信息技术日新月异，再加上经济发展的客观要求，配送已经成为以高新技术手段（特别是信息化技术）为支撑的系列化、多功能的供货活动。配送的集约化程度明显提高，配送方式日趋多样化。总体上看，配送方式和手段有以下发展趋势。

1. 商流与物流越来越紧密地结合或者更彻底地分离

综合配送中商流与物流紧密结合，体现配送职能的整体化；电子商务环境下商流与物流又彻底分离，以提高配送效率。

2. 配送组织的社会化、共同化、网络化程度高

配送初期，以单独的配送企业为主体，出现了由于配送车辆利用率低、不同配送企业间交叉配送而造成物流成本过高以及交通拥堵等物流不合理现象。为了提高配送效率，企业必然会使用社会车辆或者加强相互的协调合作，以获取更大的利益。同时随着企业市场竞争的加剧，大型企业在其经营区域内开始配置配送网络，形成总部配送中心、区域配送中心和城市配送中心的三级甚至更多级的配送网络，进行立体配送。

3. 配送规模化、区域扩大化

随着交通运输条件的改善，配送已经不限于一个城市或者某一个经济圈。城市配送、区域配送的辐射范围都比原来大，形成省际、经济圈之间甚至全国范围的配送，如三九药业的全国配送、汽车行业的全国配送等。

4. 配送方式多样化、经营个性化

由于流通过程、流通对象及流通手段复杂，在各自领域出现了多种多样经过优化的配送组织方式。例如，准时供应配送、快递配送等异军突起，满足了人们的个性化要求。

5. 配送运输的专业化

随着配送的发展，大量集装箱车和专用车辆投入运营，综合配送和专业配送分别

使用不同的车辆，促进了配送运输效率的提高。

6. 配送服务的信息化

随着信息技术的发展，配送运作速度、准确性和可视化程度都得到了极大的提高。配送中心将众多技术运用于配送的全过程，在每台叉车、牵引车、托盘车上安装使用信息技术，从而大大减少了人员的开支，提高了工作效率和准确率，保证了配送的速度。

7. 物流配送管理法制化

宏观上，要有健全的法规、制度和规则；微观上，新型物流配送企业要依法办事，按章行事。随着配送的发展，相关的法律法规和制度规则将更加健全。

军功论赏

序号	考核内容	满分	最后得分
1	能够掌握配送的定义、分类	10	
2	能够掌握配送与送货的区别	10	
3	能够叙述配送模式内容	15	
4	能够区别三种配送作业模式	20	
5	能够对共同配送相关案例进行分析	15	
6	能够分析国内外的配送发展趋势	15	
7	能够很好地完成整个认知环节	15	
合计		100	

战术提升

你知道吗

从整体上来讲，配送合理化的根本就是成本与服务水平均衡的思想。

1. 配送合理化的判断标志

（1）库存总量和周转速度合理。

（2）资金的占用和周转合理。

（3）企业经营成本较低、效益较高。

（4）配送的保证能力和灵活性好。

（5）节约社会人力、运力。

（6）使整个物流系统更加完善。

2. 配送合理化的措施

（1）推行一定综合程度的专业化配送。通过采用专业化设备、设施及操作程序，降低综合化配送的复杂程度及难度，继而取得良好的配送效果。

（2）推行加工配送。充分满足客户的个性化要求，进行配送加工活动，提高服务水平并取得较高的服务增值。

（3）推行共同配送、送取结合等配送方式的有机结合。不受固定模式的限制，灵活地选择配送方式，什么样的配送方式更加适合就选择使用什么样的配送方式。

（4）推行准时配送系统。准时制配送对于配送企业的要求比较高，但是对于用户来说却是较好的选择，有利于用户实现低库存或者零库存，并且从实践来看也是许多配送企业追求合理化的重要手段。

扫一扫

1. 请扫描右侧二维码，阅读《德邦物流配送模式》案例并讨论以下问题：

（1）德邦物流的配送模式是哪种？具体如何运行？

（2）查阅资料，讨论一下德邦物流这种配送模式的缺点，该如何改进？

2. 请扫描右侧二维码，观看《蔬菜的加工与配送》视频并讨论以下问题：

（1）蔬菜是如何加工与配送的？

（2）你有何感想？

想一想

1. 学完上面的内容，你对配送的认识是否多了一些？

2. 那你知道配送中心是什么样子吗？

任务二　走进配送中心

瞄准靶心

※能够按照不同标准对配送中心进行分类。

※能够画出配送中心区域划分图。

※能够掌握配送中心的组织结构。

军令如山

新疆旋风配送中心是新疆某职业学校的校企合作企业，王瑞是今年来该配送中心跟岗实习的学生中的一员。经过两周的实习后，实习指导老师布置了实习报告任务，如下所示：

实习报告的主要内容提纲

一、分析配送中心货态　　二、归类配送中心类型

三、绘制配送中心布局图　　四、明确配送中心主要功能

五、绘制配送中心作业流程图　　六、分析配送中心设施设备

七、描述实习期所获及感悟

王瑞具体该如何写呢？

横扫千军

步骤一：分析配送中心货态

1. 配送中心存储的货品

(1) 家电类：电视机、洗衣机、冰箱、空调、冷柜等。

(2) 数码类：手机、手机配件、智能设备、电子教育设备等。

(3) 其他类：厨卫电器、厨具、生活电器、电脑办公设备等。

2. 配送中心主要业务

(1) 负责网购零单货品的配送。

(2) 负责门店货品的配送。

(3) 满足一定区域内的货品配发、调换。

3. 配送中心货物的存储

所有货品外层均要用纸箱包装，然后对其进行分类整理，每种货品由专门的货架进行储存。

4. 储存条件分析

(1) 大件商品：单品包装。

(2) 小件商品：箱装包装。

步骤二：归类配送中心类型

根据一般配送中心的分类依据，由“主要针对家电类、数码类及其他电器类商品进行配送”可知，该配送中心按照配送中心承担的流通职能分类属于销售配送中心；由“主要业务是负责网购零单货品的配送、门店货品的配送以及满足一定区域内的货品配

发、调换”可知，按照配送领域的广泛程度分类属于区域配送中心；由“物流基地仓储面积 8000 平方米，仓储总量达到 4000 台/套，单日最高零售配送量突破 500 台/套”可知，按照配送中心的内部属性分类属于储存型配送中心；由“公司长期以来一直坚持自建物流体系的配送模式”可知，按照设施的归属和服务范围分类属于自用型配送中心。

配送中心从理论和作用上看可以有以下几种分类：

表 1－2－1　配送中心的分类

分类标准	分类	简要介绍
按照配送中心承担的流通职能分类	供应型配送中心	专门为某个或某些用户（如联营商店、联合公司）组织供应的配送中心
	销售型配送中心	以销售经营为目的、以配送为手段的配送中心。销售型配送中心大体有三种类型：第一种是生产企业将本身产品直接销售给消费者的配送中心；第二种是流通企业作为本身经营的一种方式，建立配送中心以扩大销售；第三种是流通企业和生产企业联合的协作性配送中心
按照配送领域的广泛程度分类	城市型配送中心	以城市范围为配送范围的配送中心，由于城市范围一般处于汽车运输的经济里程，这种配送中心可直接配送到最终用户，且采用汽车进行配送
	区域型配送中心	以较强的辐射能力和库存准备，向省（地区）际、全国乃至国际范围的用户配送的配送中心
按照配送中心的内部特性分类	储存型配送中心	有很强储存功能的配送中心，一般来讲，在买方市场下，企业成品销售需要有较大库存支持，其配送中心可能有较强储存功能；在卖方市场下，企业原材料、零部件供应需要有较大库存支持，这种供应配送中心也有较强的储存功能
	流通型配送中心	基本上没有长期储存功能，仅以暂存或随进随出方式进行配货、送货的配送中心
	加工型配送中心	具有加工职能，根据用户的需要或者市场竞争的需要，对配送物进行加工后再进行配送的配送中心。在这种配送中心内，有分装、包装、初级加工、集中上下料、组装产品等流程
按配送设施的归属和服务范围分类	自用型配送中心	只隶属于一个企业或企业集团，通常只为本企业服务，不对本企业或集团外开展配送业务的配送中心
	公用型配送中心	从整个社会系统的要求出发，面向所有用户提供后勤服务的配送组织
	合作型配送中心	隶属于几个企业或企业集团，即配送中心的服务对象为几个特定的企业

步骤三：绘制配送中心组织架构图以及配送网点布局图

绘制新疆旋风配送中心组织架构图如图 1－2－1 所示。

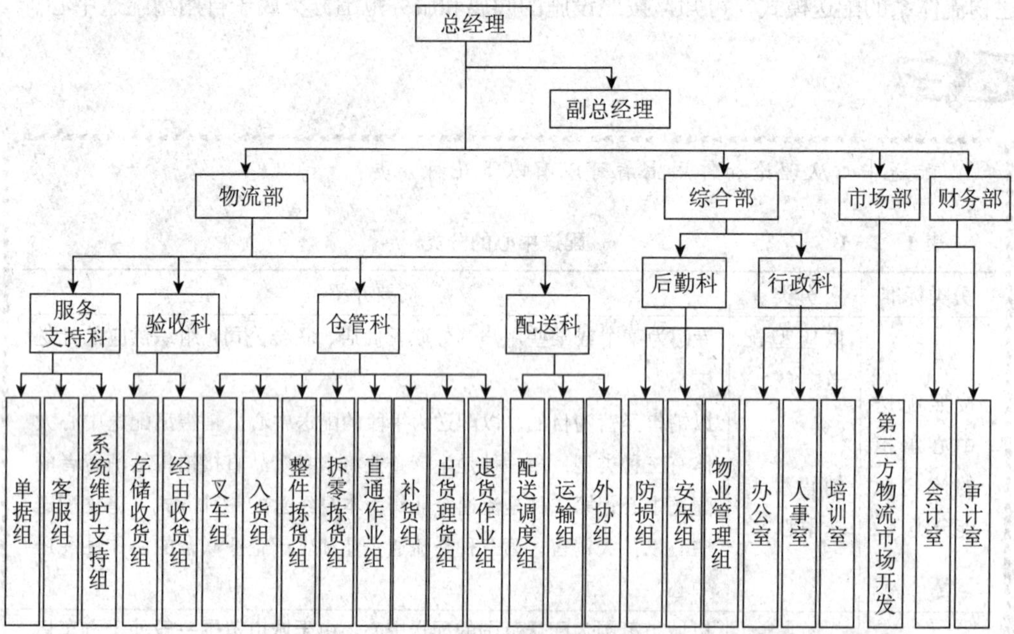

图 1－2－1　新疆旋风配送中心组织架构

绘制新疆旋风配送中心的配送网点布局图如图 1－2－2 所示。

图 1－2－2　新疆旋风配送中心的配送网点布局

步骤四：绘制配送中心平面布局图

绘制新疆旋风配送中心的内部平面布局图如图 1－2－3 所示。

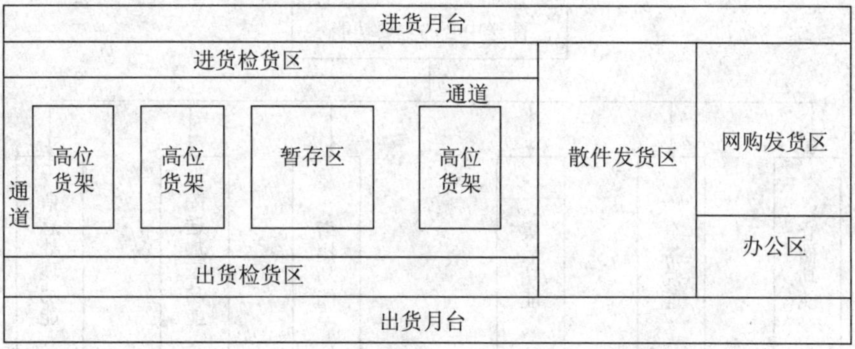

图 1－2－3　新疆旋风配送中心内部平面布局

小贴士

不同的配送中心其区域布局不同，常见的布局功能区域如表 1－2－2 所示。

表 1－2－2　配送中心功能区域介绍

功能区域	功能区域介绍
办公区	中心内部行政事务管理、信息处理、业务洽谈、订单处理以及指令发布的场所，一般位于配送中心的出入口
进货区	收货、验货、卸货、搬运及暂存货物的场所
理货区	对进货进行简单处理的场所。在这里，货物被区分为直接分拣配送货物、待加工货物、入库储存货物和不合格需清退的货物，分别送往不同的功能区。在实行条码管理的中心里，还要为货物贴条码
储存区	对暂时不必配送或作为安全储备的货物进行保管和养护的场所。通常配有多层货架和用于集装单元化的托盘
加工区	进行必要的生产性和流通性加工改口分割、剪裁、改包装等的场所
分拣配货区	进行发货前的分拣、拣选和按订单配货
发货区	对物品进行检验、发货、待运的场所
退货处理区	存放进货时残损或不合格或需要重新确认等待处理货物的场所
废弃物处理区	对废弃包装物（塑料袋、纸袋、纸箱等）、破碎货物、变质货物、加工残屑等废料进行清理或回收复用的场所
设备存放及维护区	存放叉车、托盘等设备及其维护（充电、充气、紧固等）工具的场所

步骤五：明确配送中心主要功能

新疆旋风配送中心主要功能如图 1－2－4 所示。

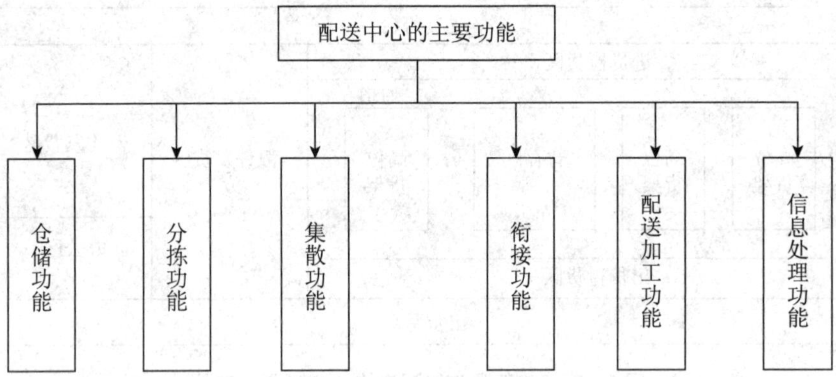

图 1－2－4　新疆旋风配送中心的主要功能

1. 仓储功能

为了顺利而有序地完成向用户配送商品（货物）的任务，更好地发挥保障生产和消费需要的作用，配送中心要兴建现代化的仓库并配备一定数量的仓储设备，储存一定数量的商品。

2. 分拣功能

在订货或进货的时候，为了有效地进行配送（即为了能同时向不同的用户配送多种货物），新疆旋风配送中心采取适当的方式对组织进来（或接收到）的货物进行拣选，并且在此基础上，按照配送计划分装和配装货物。这样，在商品流通实践中，配送中心除了能够储存货物、具有储存功能外，还有分拣货物的功能，能发挥分拣中心的作用。

3. 集散功能

新疆旋风配送中心凭借其特殊的地位和其拥有的各种先进的设施设备，能够将分散在各个生产企业的产品（即货物）集中到一起，而后，经过分拣、配装，向多家用户发运。与此同时，也可以做到把各个用户所需要的多种货物有效地组合（或配装）在一起，形成经济、合理的货载批量。

4. 衔接功能

通过开展货物配送活动，新疆旋风配送中心能把各种家电、数码产品直接运送到用户手中，客观上可以起到媒介生产和消费的作用。

5. 配送加工功能

新疆旋风配送中心所有货品外层均要用纸箱包装，主要的配送加工工作就是包装作业。

配送加工虽不是普遍的，但却往往是有着重要作用的功能要素，主要是因为通过配送加工可以大大提高客户的满意度。配送加工有别于一般的流通加工，它一般取决于客户的要求；销售型配送中心有时也根据市场需求来进行简单的配送加工。

6. 信息处理功能

新疆旋风配送中心是产品干线运输与配送之间的连接点，直接面对产品的供需双方，因而不仅是实物连接，更重要的是信息的传递和处理，包括在配送中心的信息生成和交换。而且，新疆旋风配送中心作为一个中间据点，信息功能是发挥其服务作用的必要条件，只有完善的信息功能，才能把内部的各种作业环节有效地衔接、协调起来，才能和客户进行更好的信息沟通和交流。

步骤六：绘制配送中心作业流程图

1. 配送中心作业流程

新疆旋风配送中心基本作业流程大致可归纳如图 1-2-5 所示。

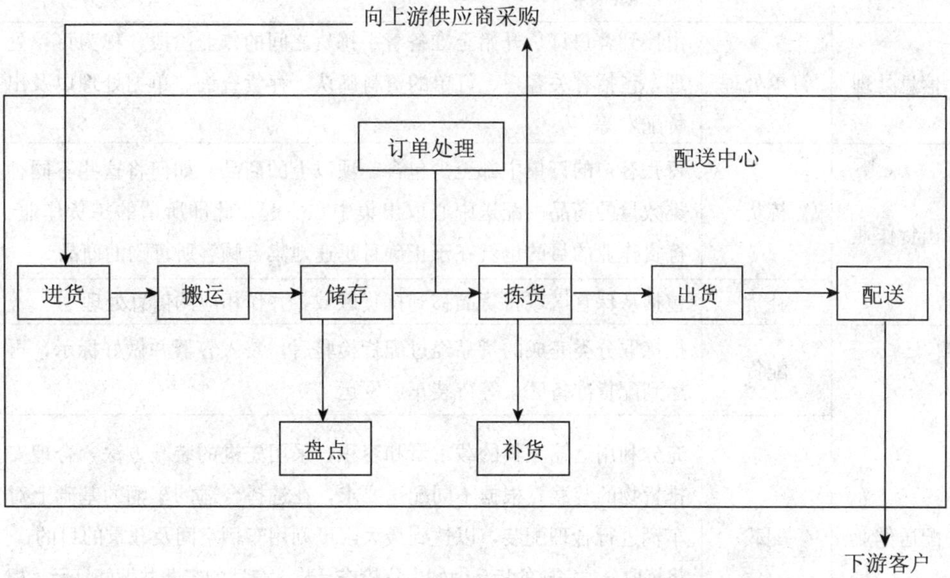

图 1-2-5 新疆旋风配送中心的基本作业流程

小贴士

表 1-2-3　　配送中心作业过程

作业过程		主要工作内容
仓储作业	进货	包括货品实体上的接收，从货车上将货物卸下并核对该货品的数量及状态（数量检查、品质检查、开箱等），然后记录必要信息或录入计算机
仓储作业	搬运	将不同形态的散装、整装或整体的原料、半成品或成品，在平面或垂直方向加以提起、放下或移动，可能是要运送，也可能是要重新摆置物料，使货品能适时、适量地移至适当的位置或场所存放，在配送中心的每个作业环节都包含搬运作业
仓储作业	储存	主要任务是把将来要使用或者要出货的物料做保存，且经常要做库存品的检核控制，储存时要注意充分利用空间，还要注意存货的管理
仓储作业	盘点	因货品不断进出库，在长期的累积下库存资料容易与实际数量产生不符，或者有些产品因存放过久或存放不当，品质功能受到影响，难以满足客户的需求，为了有效地控制货品数量和质量，需要对各储存场所进行盘点作业
信息处理	订单处理	由接到客户订货开始至准备着手拣货之间的作业阶段，称为订单处理，包括有关客户、订单的资料确认、存货查询、单据处理以及出货配发等
出货作业	拣货	每张客户的订单中都至少包含一项以上的商品，如何将这些不同种类数量的商品由配送中心取出集中在一起，此即所谓的拣货作业。拣货作业的目的也就在于正确且迅速地集合顾客所订购的商品
出货作业	补货	包括从保管区域将货品移到拣货区域，并作相应的信息处理
配送作业	配货	把拣取分类完成的货品经过配货检验后，装入容器并做好标示，再运到配货准备区，等待装车后发运
配送作业	配载	充分利用运输工具的载重量和容积，采用先进的装载方法，合理安排货物的装载；根据不同配送要求，在选择合适的车辆的基础上对车辆进行合理配装，以达到最大限度利用车辆空间及载重的目的；将拣取分类完成的货品做好出货检查，装入合适的容器并做好标示，根据车辆趟次或厂商类别等指示将物品运至出货准备区，最后装车配送
配送作业	送货	利用配送车辆把用户订购的物品从制造厂、生产基地、批发商、经销商或配送中心，送到用户手中的过程

2. 仓储作业流程

新疆旋风配送中心的仓储作业流程大体上如图 1-2-6 所示。

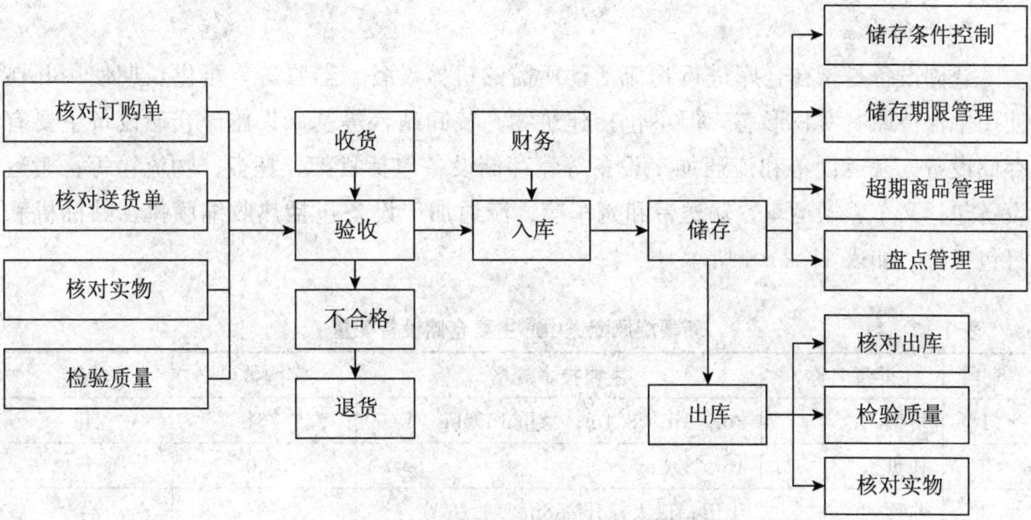

图 1-2-6 新疆旋风配送中心仓储作业流程

3. 配送作业流程

各区域配送中心需要按照门店需求将货物送到门店，具体作业流程如图 1-2-7 所示。

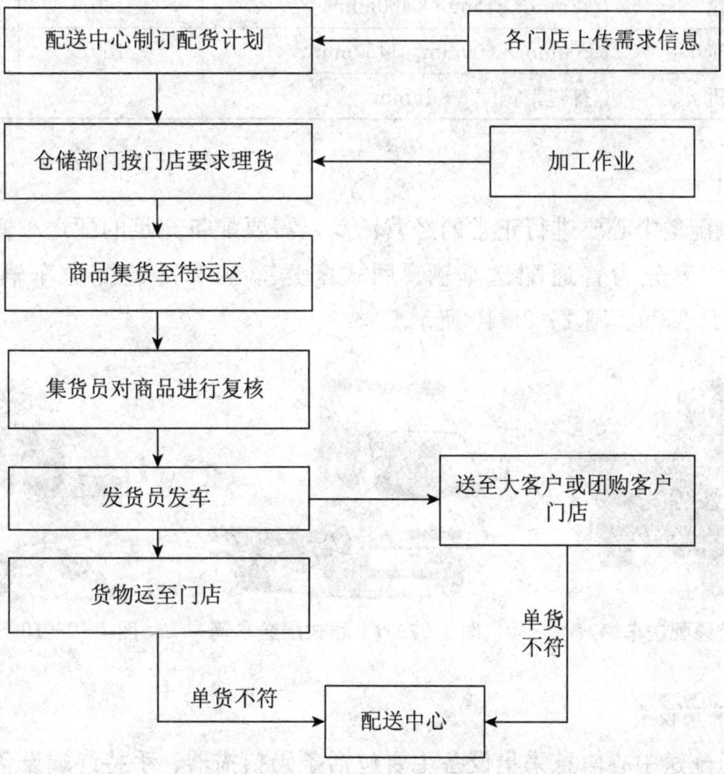

图 1-2-7 新疆旋风配送中心中区域配送中心的配送作业流程

步骤七：分析配送中心的主要设备

1. 仓储设备

仓储设备是指在仓库进行物流活动所需的机械设备、器具等，可供长期使用并在使用中保持原有实物形态，但不包括建筑物、装卸站台等基础设施。仓储设备主要有存储设备、搬运设备和流通加工设备等。存储设备包括货架、托盘、物流箱等；搬运设备包括叉车、搬运车、输送带和笼车等；流通加工设备包括热收缩膜机、贴标机和打包机等，如表 1-2-4 所示。

表 1-2-4　新疆旋风配送中心主要仓储设备配置

编号	设备名称	主要技术规格	实购数量	单位
1	货架	2m×1m×8.4m；承重 1500kg	761	组
2	托盘	1m×1.2m	10000	个
3	前移式叉车	丰田；最大提升高 8m	3	台
4	平衡重叉车	丰田；最大提升高 8m	2	台
5	电动搬运车	欧能牌	3	台
6	液压搬运车	好拉牌；2t	10	台
7	物流箱	72mm×515mm×400mm	160	个
8	物流笼车	800mm×600mm×1450mm	150	台
9	打包机	打包带宽度 6～15mm	2	台

2. 配送车辆

新疆旋风配送中心要进行正常的经营活动，需要配备充足的配送车辆。配送车辆按车辆外观一般分为普通配送车辆、厢式配送车辆和冷链配送车辆，分别如图 1-2-8、图 1-2-9、图 1-2-10 所示。

图 1-2-8　普通配送车辆

图 1-2-9　厢式配送车辆

图 1-2-10　冷链配送车辆

3. 信息采集设备

新疆旋风配送中心信息采集设备主要包括条码扫描器、手持终端设备、无线射频识别设备、IC 卡（集成电路卡）识读设备、POS 终端（销售终端）及 GPS 系统（全球定位系统）等，如表 1-2-5 所示。

表 1-2-5　　物流信息采集设备

设备	图片	功能
条码扫描器		又叫条码阅读器、条码扫描枪、激光条码扫描器，具有输入速度快、可靠性高、采集信息量大、使用灵活的特点，广泛应用于超市、物流快递、图书馆等物品、单据的扫描
手持终端设备		指具有一定特性的便于携带的数据处理终端，主要用于物流企业仓库内的产品配送、仓库盘点等
POS终端设备		为物流企业的财务结算提供便利，同时满足货到付款的客户的需求，提高服务满意率
GPS终端设备		在物流企业中进行车队、物品的实时监控与管理，可以查询企业车辆、人员及外运物品的最新位置

步骤八：撰写实习期所获及感悟

根据实习期的工作经历，王瑞撰写的实习感想如下：

在配送中心进行的为期两个星期的实习，让我对物流配送系统的基本流程有了了解，在实习中对各个工作流程有了一定的认识，通过本次实习将理论与实际操作相结合，对于配送中心的各个环节有了更深一步的认识。

我在这期间的主要工作是协助仓管员进行仓储作业，工作中需要注意的有以下几点：

（1）货物要合理码放，不能倒置或倾斜摆放，比如冰箱这类的制冷设备。摆放在托盘上的货物不能超出托盘边缘，不能超过货架单层所规定的高度。最后，凡是摆在货架二层以上的托盘货物，都要用扎带将货物进行捆扎，以防叉车进行操作时掉落造成伤害。

（2）仓位的选择。新疆旋风配送中心的仓库仓位分为两大类：L 型和 S 型，这也是仓库里的两种托盘规格。L型托盘是专门存放大件货物的钢托盘（如立式冰箱、空调等），S型托盘则是用来存放中小货物的。因此货物要摆放在合适的托盘上。

由于一个出货口只出某种或几种货物，因此在货物入库时有一定讲究，也就是从S型到L型货位的货物大致分布依次为：电视、显示器、空调、洗衣机、小冰箱、大冰箱。所以在选择货位时要对号入座，不能将洗衣机放在小货架号上、把显示器放在大货架号上等。当某一货架号放满时可以选择邻近的货位存放。

（3）捆扎带。捆扎带需要扎在货物的上半部分，注意不能扎得太低，扎得太低会导致货物整体不稳定。

（4）其他。其他需要注意的事项包括打印空仓位号、领用扫码枪、对电动液压车充电、收集空托盘和扎带等。

在新疆旋风配送中心这两个星期的实习，使我在实践中了解了社会，让我学到了很多在课堂上学不到的知识，也开阔了视野，增长了见识，为我以后更好地服务社会打下了坚实基础。

想想时间过得真快，转眼间在配送中心的实习工作已结束。很高兴学校有实习这么一项作业，我深知：学校让我实习的目的是培养我运用专业所学的基础理论，独立分析和解决实际问题的能力，提高专业意识，增强专业技能。

军功论赏

序号	考核内容	满分	最后得分
1	能够分析配送中心货态	10	
2	能够归类配送中心的类型	10	
3	能够绘制新疆旋风配送中心组织架构图以及经营网络布局图	10	
4	能够绘制配送中心布局图	10	
5	能够明确配送中心的主要功能	10	
6	能够绘制配送中心作业流程图	20	
7	能够分析配送中心设施设备	15	
8	能够撰写实习期所获及感悟	15	
合计		100	

战术提升

你知道吗

配送中心与传统仓库、物流中心的区别

1. 配送中心与传统仓库的区别

表 1-2-6　配送中心与传统仓库的区别

项目	传统仓库	配送中心
从功能上看	以保管为主要功能	入库、验收、保管、备货、分拣、流通加工、检验、出库等均为配送中心的功能
从空间上看	主要是保管空间	保管空间占一半，其他功能空间占一半
从信息特征看	仓库的货物状况和信息不一定一致	配送中心的货物状况必须要和信息一致
从设计角度看	主要是以保管为主题，平面摆放，过道较少，分类不够明确	要根据流转顺序进行设计，利用高层货架实行立体存放，有严格的场所管理
从作业的自动化和省力化角度看	基本上通过人工完成事务处理和信息的传达	利用信息系统工具和物流信息系统完成事务处理和信息传递
对多样化的物流需求	基本上不能够适应多样化的物流需求	基本能够适应多样化的物流需求

2. 配送中心与物流中心的区别

表 1-2-7　配送中心与物流中心的区别

项目	物流中心	配送中心
从功能角度看	可提供单方面服务，也可以提供较为全面的服务	服务较为全面
从服务对象看	通常是提供第三方服务	一般是为公司内部服务
从辐射范围看	辐射范围一般较大	辐射范围可大可小
从物流特点看	一般经营少品种、大批量、较少供应商的商品	一般经营多品种、少批量、较多供应商的商品
在供应链中的位置	一般处于配送中心的上游	一般处于物流中心的下游

扫一扫

请扫描右侧二维码，观看《仓储及配送中心，“亚马逊”》视频并讨论以下问题：

（1）该配送中心的作业流程是什么？

（2）该配送中心用到的信息化设备有哪些？

你知道吗

配送中心平面布局类型

配送中心各功能区的划分及其布局是与物流作业流程密切相关的，它决定了物流作业在仓库内的连接方式和各作业之间的位置关系，通常包括以下几种布局动线类型：

1. I 型动线

I 型动线又称直线型动线，出/入口在仓库的相对面，无论订单大小与拣货品项多少，均要通过仓库全程。I 型动线适用于作业流程简单、规模较小的物流作业。

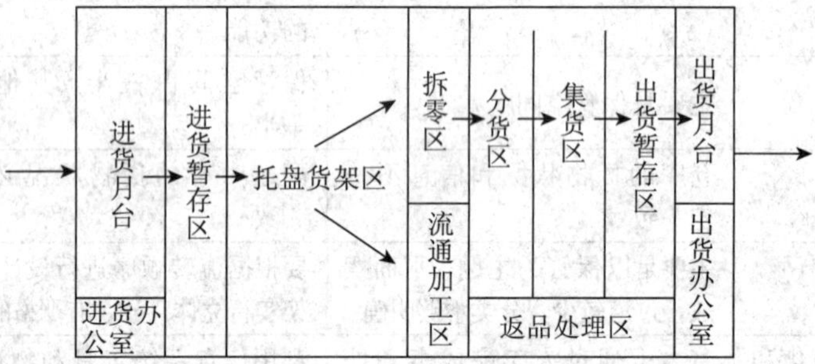

图 1－2－11　I 型动线

2. L 型动线

L 型动线可以应对进出货高峰同时发生的情况，适合进行越库作业，可同时处理“快流”及“慢流”的货物。

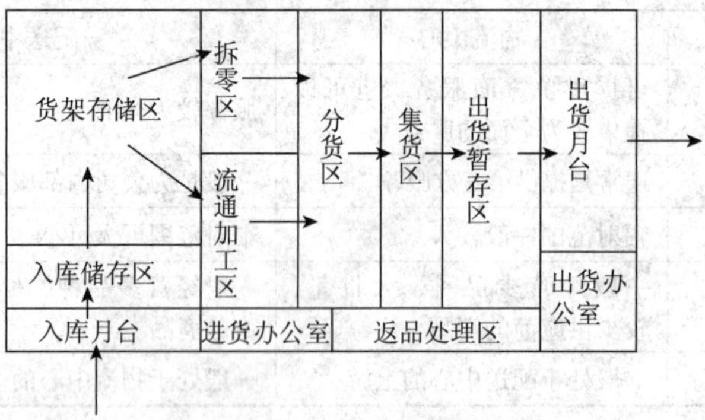

图 1－2－12　L 型动线

3. U 型动线

U 型动线的仓库布局使用统一通道供车辆出入，更加易于控制和安全防范，同时可以在建筑的三个方向进行空间扩张。一些码头作业的物流活动适用于 U 型动线设计。

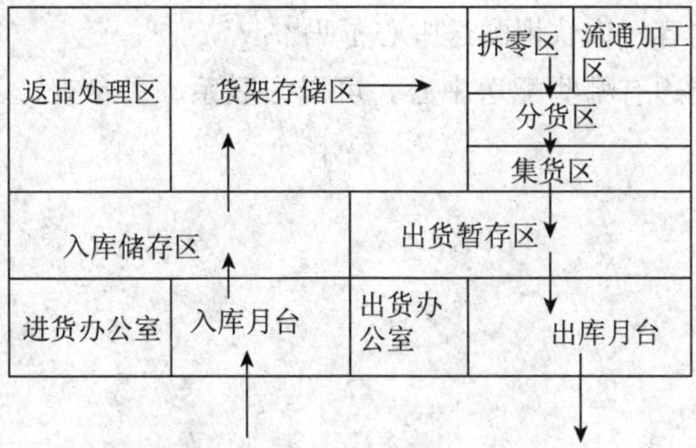

图 1-2-13　U 型动线

4. S 型动线

S 型动线可以满足多种流通加工等处理工序的需要，且可在宽度不足的仓库作业。S 型动线可与 I 型动线相结合一起使用。

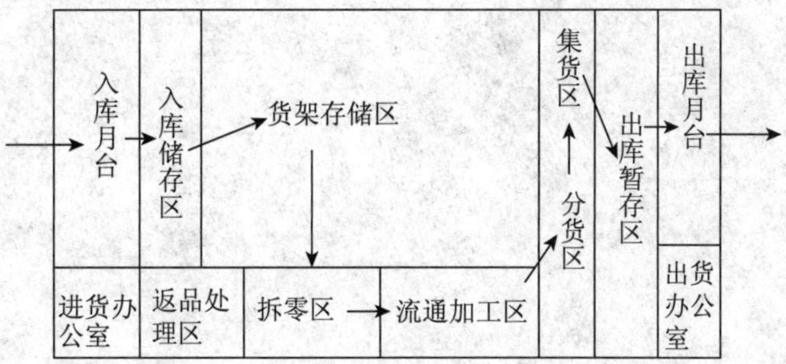

图 1-2-14　S 型动线

由于各个企业生产的产品或仓库存储的货物不同，因此每个企业的仓库内部布局存在一定的差异。在仓库布局规划时都会考虑本企业的实际需求，对各功能区域进行一定程度的合并或者删减，功能区名称也会有所不同。

扫一扫

请扫描右侧二维码，阅读《配送中心选址优化设计案例》案例并讨论以下问题：

(1) 该配送中心选址需要考虑的因素和原则有哪些?

(2) 优化设计的方法是什么? 如何应用?

想一想

1. 学完上面的内容，你认识配送中心了吗？

2. 查找附近或周边有哪些配送中心，可以去联系、去参观，了解不同的配送中心的作业过程。

项目二　快消品物流配送业务

任务一　快消品配送业务流程认知

瞄准靶心

※能够画出快消品配送业务流程图。

※能够对具体作业流程各环节进行描述。

军令如山

新疆雨润配送中心（以下简称“雨润配送中心”）是雨润连锁超市自建的配送中心，雨润连锁超市是一家经营连锁超市、便利店的企业。目前，公司在乌鲁木齐市和喀什两地发展连锁超市及便利店近400家，年销售额已达5亿元。2010年，公司被评为“新疆最具成长力十强企业”。主要负责整个新疆区域内（包括超市和便利店）的货物补给和配送业务。

李继涛是雨润配送中心的一名新入职的员工，带他的王师傅已经在该配送中心工作5年，对带徒弟这件事已经轻车熟路了，为了让李继涛尽快投入工作中，王师傅采取了层层深入的方式，引导他学习、掌握业务环节及操作。那么具体是如何展开的呢?

横扫千军

步骤一：明确连锁超市商品配送特点

首先，王师傅通过以下内容让李继涛明确该配送中心的配送业务及特点：

雨润连锁超市的商品都是属于快消品，快消品是使用时间较短、运转速度较快、价值不高、易于消耗，消费者分布广、购买频率高、购买持续时间长的消费品，典型的有熟食类、日用品类（如图2－1－1所示）、调料类、饮料类、乳制品类、粮食类、糕点类、烟酒类、冷冻类。

图 2-1-1　日用品

这类消费品具有种类多、运转速度快、需求频繁等特点。其物流是从制造商、分销商、零售商到消费者的流动过程。整个过程涵盖了供应物流、销售物流、逆向物流等环节，使这类商品物流配送呈现出如下特点。

1. 订单频繁

由于连锁超市的商品销售较快、门店商品储位有限、门店数量众多，导致订单频繁，往往采取每日配送一次甚至多次的方式才能满足销售需求。

2. 拆零频繁

为便于储运，供应商的供货往往是大包装，而规模较小的门店如便利店，对部分商品的需求较小，常常要采取拆零供货。

3. 保质期要求

连锁超市经营的商品属于快消品，许多商品如生鲜食品有严格的保质期。

以上特点要求雨润配送中心提供敏捷的配送服务。在配送中心内，对于周转较快的产品而言，配送中心是一个分拣站，以“整进零出”的方式，迅速将供应商的产品分配给各个门店，更多地体现配送中心的流通功能、加工功能；对于周转较慢的产品而言，配送中心好比一个蓄水池，将供应商送来的批量货物，在一个相对较长的周期内小批量、多批次地配送给各个门店，更多地体现配送中心的储存功能。

步骤二：分析连锁超市商品配送模式

接着，王师傅要求李继涛查阅相关资料，分析一下目前企业的配送模式：

李继涛通过查阅资料，了解到目前快消品物流运作模式主要有以自营为主物流模式、物流联盟配送模式、第三方物流配送模式三种，大型连锁超市企业多数采用自营为主物流模式。在国际上，有代表性的以大零售商为主导建立物流配送中心的是沃尔玛。我国也有一些大型连锁企业建有现代化水平较高的物流配送中心，如上海华联超市配送中心。上海华联超市的配送中心是目前国内连锁企业较先进的配送中心之一。

雨润配送中心是专门为雨润连锁超市服务的，属于以自营为主的物流模式。

小贴士

根据提供物流服务的主体不同，快消品物流运作模式主要有以下几种：

1. 以自营为主物流模式

以自营为主物流模式分为以企业自营为主的物流模式和以制造商自营为主的物流模式。前者经销商或连锁超市等快消品经销企业通过筹建物流配送系统以自己为主组织快消品物流活动，这种模式的特点是快消品经销企业有较强的自我控制能力，企业可以得到最大的自主权和自由度，有利于协调总部和连锁分店间或经销点的关系；后者体现在快速消费品制造商为了有效控制终端网络，培育消费者对品牌的忠诚度，自建物流配送中心、专卖店与连锁店，并以自己为主组织物流活动，这种模式有利于快速消费品制造企业生产和销售的一体化作业，系统化程度较高，可满足企业对外进行市场拓展的需要。

2. 物流联盟配送模式

联盟是介于独立的企业与市场交易关系之间的一种组织形态，是企业间由于自身某些方面发展的需要而形成的相对稳定的、长期的契约关系。物流联盟是以物流为合作基础的企业战略联盟，它是指两个或多个企业之间，为了实现自己的物流战略目标，通过各种协议、契约而结成的优势互补、风险共担、利益共享的松散型网络组织。在现代物流中，是否组建物流联盟，作为企业物流战略的决策之一，其重要性是不言而喻的。在我国，物流水平还处于初级阶段，组建联盟便显得尤为重要。

3. 第三方物流配送模式

快速消费品经销企业把主要物流配送业务承包给第三方物流企业、其他大型连锁企业或制造商，有效利用社会化专业物流，完成仓储和配送任务，物流外包是快速消费品经销企业发展的必然选择。专业化物流企业作为快速消费品经销企业的主要承包商，其拥有高效协调的物流网络体系、较完善的专业化物流运作程序，可实现专业化物流配送，提高企业的物流水平。可见，该模式的特点是能充分利用社会资源，使快速消费品经销企业集中核心业务，减少固定资产的投资，加速资本周转，规避风险，实现物流配送环节的高效、专业化，节约经营成本，但存在物流成本不确定性大、提供物流个性化难度大、物流外包信用风险大等障碍。

步骤三：绘制配送中心作业流程图

再接着，王师傅给李继涛介绍整个配送中心的构成。

雨润配送中心是专门为雨润连锁超市门店配送商品的管理机构和货物的集结点，由直流收货区（即收货、验货、门店货物暂存区）、配送区、仓储区、返品区、票据室五个区域组成。

王师傅带着李继涛参观了整个配送中心，雨润配送中心的工作内容主要是对所接收到的供应商的大量货物进行倒装、分类、保管、管理、流通、加工和信息处理等作业，然后按照众多分店的订货要求备齐货物，及时完成为分店配送的工作，具体运作流程如图 2－1－2 所示。

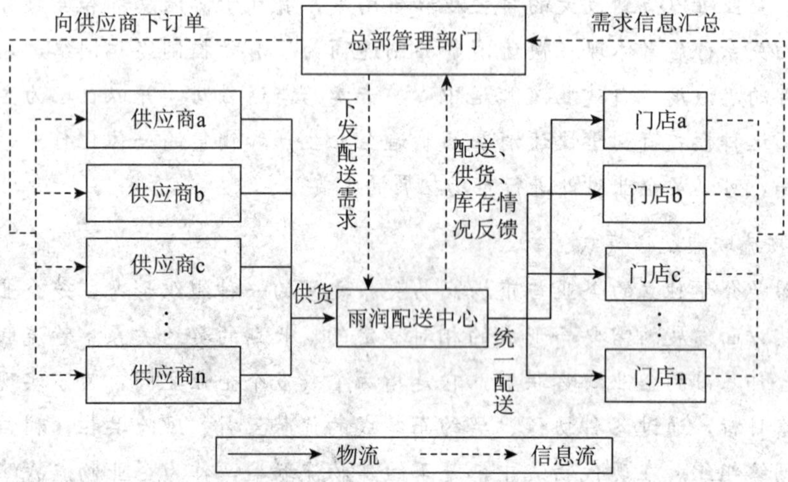

图 2－1－2　雨润配送中心运作流程

步骤四：阐述各作业环节操作过程

最后，王师傅分别阐述了各作业环节的操作过程。

1. 下达接货指令

雨润配送中心的总部根据各分店商品的销售情况，向有关供应商提出进货要求，并向配送中心下达准备接收供应商送货的指令。在这一阶段，配送中心要完成订单处理作业和采购作业两项工作。

2. 接货、验货和入库

当供应商按时将商品送达配送中心后，配送中心要做好对所送商品的清点与核对工作，查看是否与总部的订单要求相一致，商品是否有缺损等，做好商品的入库登记和入账，并按配送中心对商品的管理要求，在包装上打上识别码，按仓储管理要求将商品“对号”存放在指定的仓储区内，并将收到商品的详细信息及时上报总部有关部门。

3. 库存保管

当商品入库存放后，保管人员要严格按照商品保管的制度、规程和技术要求进行作业。保管的要求包括对商品入库上货架、出库下货架的种类数量等方面认真清点、核对与记录，加强对商品在存放期间的质量、安全的管理，安排好货品进出库的顺序和方式。

4. 拣取、加工和集配

在此阶段，物流配送中心要根据各分店的订货要求对货品进行分拣、配货和流通加工作业。为有效保证货品的供应，工作人员要根据各分店订货单资料的统计，确定货品的实际需求量，按照不同分店的订货单资料印制出库拣货单，并根据拣货单进行商品分拣、集配，将商品有序地堆码在集配区内准备送货。

5. 配送商品

配送中心的有关管理人员在接到总部的送货指令后，向送货车辆下达送货单。送货单的信息要详细，包括送货时间、分店名称、商品种类及件数等。负责配送车辆的工作人员，按送货单到集配区进行装货，做好取货记录后，将商品送到各分店，各分店要进行清点、核对和验收。

新手雷区

(1) 不同的连锁超市配送中心有不同的作业流程，具体还需依照实际流程进行操作。

(2) 连锁超市部分商品如家用电器等属非快消品，本书主要以快消品为例进行介绍。

军功论赏

序号	考核内容	满分	最后得分
1	能够清楚快消品的定义	10	
2	能够阐述快消品的配送模式	10	
3	能够明确连锁超市商品配送特点	15	
4	能够分析连锁超市商品配送模式	15	
5	能够绘制连锁超市配送中心作业流程图	15	
6	能够说出连锁超市配送中心的构成	15	
7	能够阐述各作业环节操作过程	20	
合计		100	

战术提升

有些时候，快速消费品也被称为“包装消费品 PMCG（Packaged Mass Consumption Goods）”，顾名思义，产品经过包装成一个个独立的小单元来进行销售。与快速消费品概念相对应的是“耐用消费品”，通常使用周期较长，一次性投资较大，包括家用电器、家具、汽车等。

中国某连锁超市配送中心在研究物流配送作业流程时，对经营的商品进行分析，分为以下三大类商品：

1. 使用频率高的畅销商品

在流通过程中，整批进货和储存，然后按客户的订货单配货，送到零售店。由于这类商品进货批量大，所以采购价格较低，再以零售价出售给消费者，既减少了流通环节，又为企业加倍获利。这类商品进货和储存是创利的。这类商品的配送流程为：

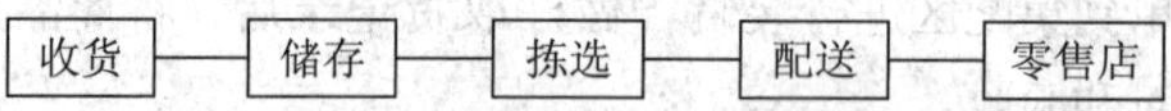

2. 一般商品

一般商品是配送中心按照客户的订货单汇总后统一向工厂订货，收到货后不需储存，直接进行分拣作业，再配送到零售店。这样可以节省储存费用，这类商品的配送流程为：

3. 保鲜商品

保鲜商品需要一定的保鲜要求，如牛奶、面包、豆腐等，商品经常不经过配送中心，直接从生产企业送往零售店，但商品进销全过程的信息由配送中心处理。

综合上述分析，如上信息处理系统，该配送中心的物流配送作业流程如图 2-1-3 所示。

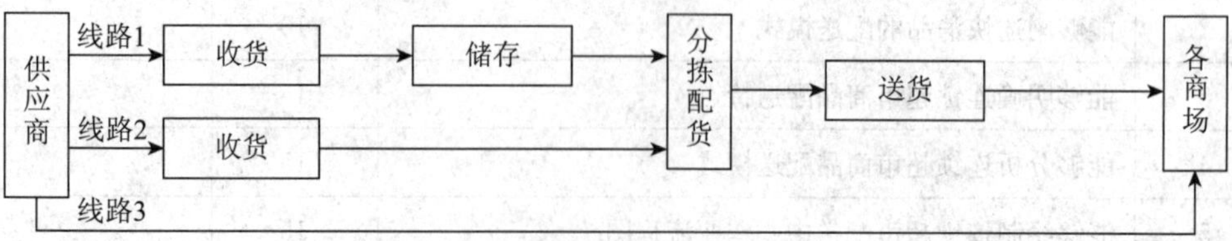

图 2-1-3　某配送中心物流配送作业流程

线路 1：使用频率高的整批进货储存的商品。

线路 2：通过联机系统和商品信息订购的商品，整箱进货分拣零送。

线路 3：从产地或国外进口后，不经配送中心直接送往商店的商品。

扫一扫

1. 请扫描右侧二维码，阅读“永辉超市如何实现高效配送”案例并讨论以下问题：

（1）永辉超市高效的配送作业流程是什么？

（2）该配送中心的日处理量以及其如今的先进性对其他同行配送中心有何借鉴意义？

2. 请扫描右侧二维码，观看“华联超市录像”视频并讨论以下问题：

（1）华联超市配送中心的作业流程是什么？

（2）该配送中心的先进设备有哪些？

你知道吗

日本7—11便利店非常小，场地面积平均仅100平方米，但就是这样的门店，提供的日常生活用品高达3000多种。虽然便利店供应的商品品种广泛，却没有储存场所，为提高商品销量，所有商品必须通过配送中心得到及时补充。如果一个消费者光顾商店时不能买到本应有的商品，商店就会失去一次销售机会，并使便利店的形象受损。所有的零售企业都认为这是必须首先避免的事情。

图2-1-4　7—11便利店

7—11 的物流共同配送系统如图 2－1－5 所示，共同配送中心代替了特定批发商，分别在不同的区域统一集货、统一配送。配送中心有一个电脑网络配送系统，分别与供应商及 7—11 店铺相连。为了保证不断货，配送中心一般会根据以往的经验保留 4 天左右的库存，同时，中心的电脑系统每天都会定期收到各个店铺发来的库存报告和要货报告，配送中心把这些报告集中分析，最后形成一张张向不同供应商发出的订单，由电脑网络传给供应商，而供应商则会在预定时间之内向中心派送货物。7—11 配送中心在收到所有货物后，对各个店铺所需要的货物分别打包，等待发送。第二天一早，配送车就会从配送中心鱼贯而出，择路向自己区域内的店铺送货。整个配送过程就这样每天循环往复，为 7—11 连锁店的顺利运行修石铺路。

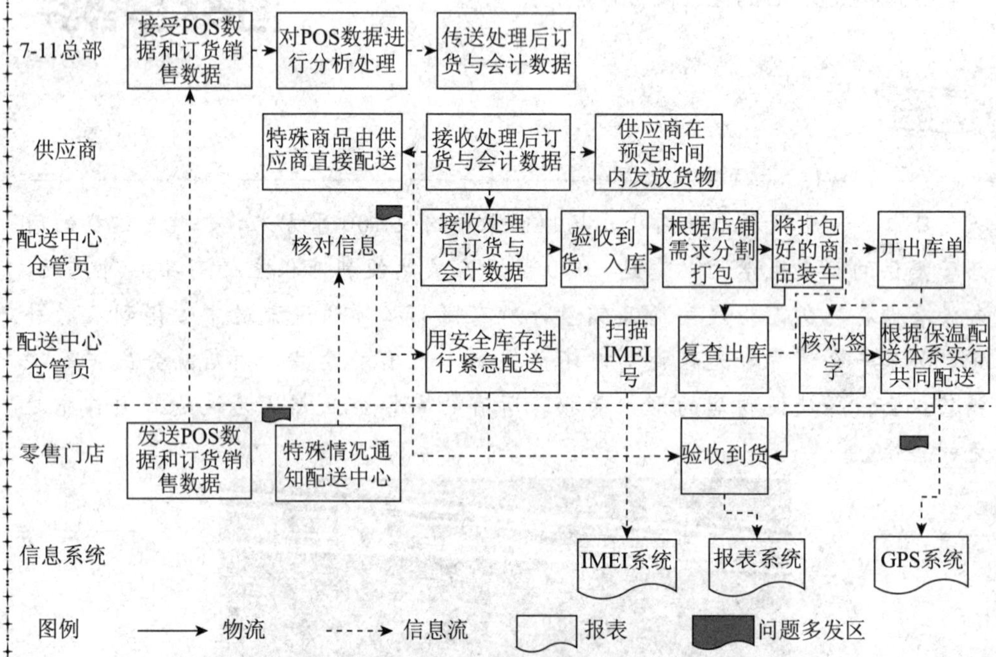

图 2－1－5　7—11 便利店的配送作业流程

注：IMEI 为国际移动设备识别码。

想一想

1. 我们几乎每天都会去超市或便利店购买商品，对于这些作业流程你懂了吗？
2. 你知道便利店（例如新疆每日每夜、八点半）是如何进行配送作业的吗？

任务二 快消品入库作业

瞄准靶心

※能够掌握快消品的入库作业流程。

※能够进行快消品的验收操作。

※能够完成快消品的入库处理。

※能够对快消品进行核查作业。

军令如山

2017 年 2 月 23 日，新疆雨润配送中心总部采购部根据各门店的销售情况（见表 2-2-1），发现这些商品的仓容量低于安全库存量，于是向副食调料代理商发出进货通知，要求其在 3 天内（19：00—20：00）送货到配送中心。

表 2-2-1　各门店商品订货单

2017 年 2 月 23 日

编号	种类	商品名称	规格	数量	单位	单价	成本总额
1	副食调料	花桥牌豆腐乳	270g×20 瓶/箱	80	箱	152	12160
2		辣椒酱	320g×12 瓶/箱	85	箱	90	7650
3		酱油	500ml×24 瓶/箱	130	箱	204	26520
4		糙米醋	160ml×24 瓶/箱	80	箱	300	24000
5		味丹牌味精	400g×60 袋/箱	75	箱	390	29250
6		橄榄菜	425g×24 瓶/箱	98	箱	285	27930
7		陶华碧老干妈	280g×24 瓶/箱	106	箱	208	22048
8		食盐	130g×60 袋/箱	190	箱	114	21660

上述货物将于 2017 年 2 月 26 日到货，王师傅要求李继涛跟着一起对该批货物进行入库作业操作，具体是如何操作的呢?

横扫千军

步骤一：熟悉快消品入库作业流程

首先，王师傅给李继涛介绍雨润配送中心的入库作业流程，主要包括发送进货通知、货物验收、入库操作、复核信息等内容，其入库作业流程如图 2－2－1 所示。

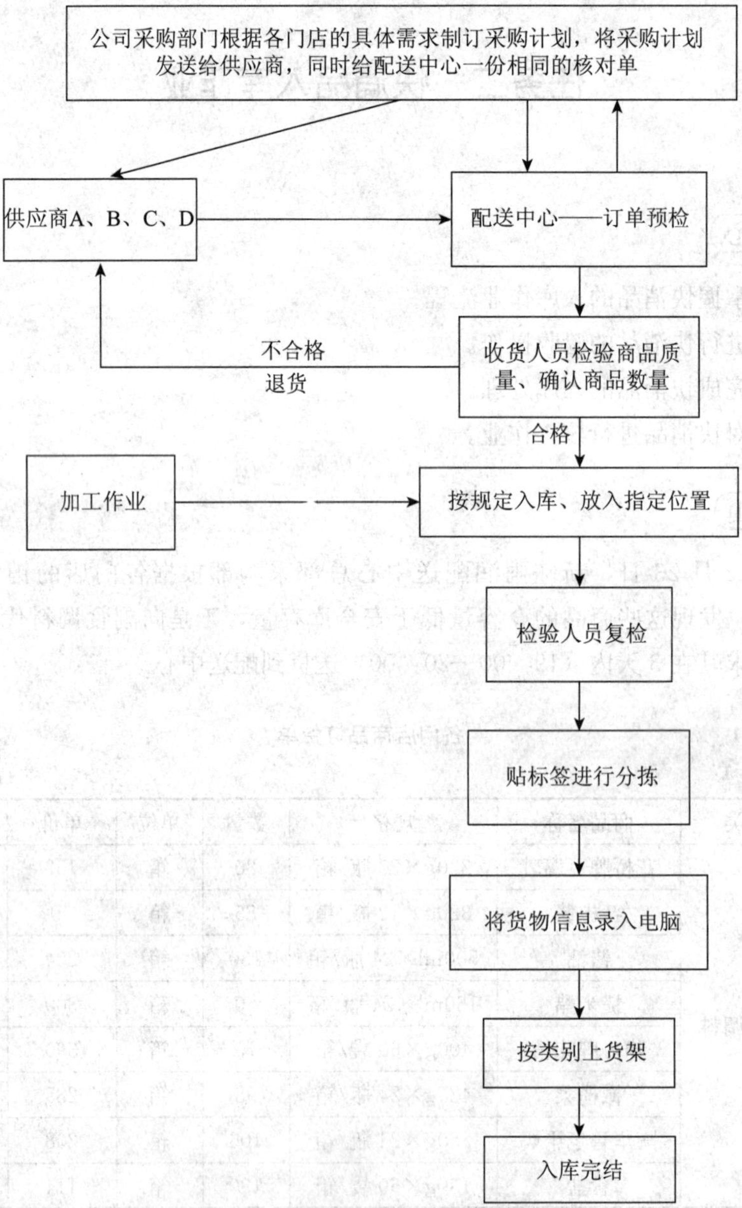

图 2－2－1　雨润配送中心入库作业流程

步骤二：快消品接货准备

然后，王师傅介绍道，根据配送中心主管下达准备接收供应商送货的指令，我们需要在供应商供货前根据总部的订货单打印收货单（见表 2－2－2），作为供应商送货时配送中心收货的核对凭证，也是制作入库单的原始凭证，它将随着货物进入仓库最终送达票据部。

表 2-2-2　　　　　　　　**收货单（订货单）**

供货单位：　　　　　　　　　　　　　　　　　　　　2017 年 2 月 23 日

<table>
<tr><td colspan="9">采 购 单</td></tr>
<tr><td colspan="2">供货商</td><td>食品调料
代理商</td><td colspan="2">采购订单号</td><td>201702003</td><td>验收员</td><td colspan="2">×××</td></tr>
<tr><td colspan="2">运单号</td><td colspan="3">HQTW20170223</td><td colspan="2">验收日期</td><td colspan="2">2017—2—23</td></tr>
<tr><td colspan="2">运货日期</td><td colspan="2">2017—2—23</td><td>到货日期</td><td>2017—2—23</td><td colspan="3">复核员　　（日期　　）</td></tr>
<tr><td>编号</td><td>储位号码</td><td>商品名称</td><td>商品规格型号</td><td>商品编码</td><td>包装单位</td><td>应收数量</td><td>实收数量</td><td>备注</td></tr>
<tr><td>1</td><td>S00020405</td><td>花桥牌豆腐乳</td><td>270g</td><td>6915971000345</td><td>瓶</td><td>80</td><td>80</td><td></td></tr>
<tr><td>2</td><td>S00020408</td><td>辣椒酱</td><td>320g</td><td>6924068499023</td><td>瓶</td><td>85</td><td>85</td><td></td></tr>
<tr><td>3</td><td>S00020412</td><td>酱油</td><td>500ml</td><td>6916134002879</td><td>瓶</td><td>130</td><td>130</td><td></td></tr>
<tr><td>4</td><td>S00020414</td><td>糙米醋</td><td>160ml</td><td>6925843409978</td><td>瓶</td><td>80</td><td>80</td><td></td></tr>
<tr><td>5</td><td>S00020423</td><td>味丹牌味精</td><td>400g</td><td>6936190480027</td><td>袋</td><td>75</td><td>75</td><td></td></tr>
<tr><td>6</td><td>S00020425</td><td>橄榄菜</td><td>425g</td><td>6922406898989</td><td>瓶</td><td>98</td><td>98</td><td></td></tr>
<tr><td>7</td><td>S00020435</td><td>陶华碧老干妈</td><td>280g</td><td>6921804700559</td><td>瓶</td><td>106</td><td>106</td><td></td></tr>
<tr><td>8</td><td>S00020401</td><td>食盐</td><td>130g</td><td>6956064000132</td><td>袋</td><td>190</td><td>190</td><td></td></tr>
</table>

小贴士

配送中心主管工作职责：

(1) 负责规范部门员工日常工作纪律、工作安排、本部门排班工作、考勤考核的情况。

(2) 负责对供应商送货收货员商品验收工作进行监督和现场管理。

(3) 负责所有通过配送中心的货物调出单据的审核工作。

(4) 负责现场指导货物配送员、检查员的工作及货物的配送情况。

(5) 负责所有通过配送中心的货物入库及单据的审核工作。

(6) 负责安排、调度配送车辆的工作。

(7) 负责储存区货物的整理及库存管理工作。

(8) 负责各分店退回配送中心的索赔商品处理工作。

(9) 负责本部门退换货出库及退换货单据的审核工作。

(10) 负责本部门商品存放、退换区域的整理工作。

(11) 负责本部门与供应商的沟通与协调工作。

(12) 负责本部门与各部门的沟通与协调工作。

(13) 执行公司政策、制度、规定的实施信息反馈工作。

(14) 负责部门员工专业知识培训及现场指导工作。

(15) 控制公用品的开支费用。

(16) 负责部门员工的评估及考核工作。

另外，配送中心还需做好准备工作，包括确定入库货物的存储货位、组织人力、搬运设备、发放劳动保护用品等。

步骤三：快消品验收操作

副食调料代理商送货人员按照指定时段将货物送到配送中心指定进货月台，持订单以及送货单先到配送中心的票据部投单处进行投单，投单处的信息录入员调出订货系统订单对该副食调料代理商的送货单和订单进行审核，主要审核内容包括：

(1) 送货时间是否超时。

(2) 订货价与送货价是否有出入以及货号等信息。

新手雷区

如果订单过期或无订单则拒绝收货，特殊情况可找总部业务部相关人员签名同意，或分店下单员确认后再经配送中心主管签名确认后方可收货。

审核无误后，该副食调料代理商通过预检并领取卸货作业指导书，按卸货作业指导书要求至指定卸货地点卸货并规范码放。一般雨润配送中心的卸货地点在收货月台。

图 2-2-2 收货月台收货

小贴士

投单处票据员的工作职责：

(1) 负责货物验收记录的审核工作。

(2) 负责货物验收后的录入工作。

(3) 负责货物出库前的录入工作。

(4) 负责所有票据、报告的打印工作。

(5) 负责入库、出库单据的审核工作。

(6) 负责票据的传递工作。

(7) 负责票据的整理与管理工作。

(8) 在授权下的信息变更、修改、调整工作。

(9) 负责电脑系统的信息传递工作。

(10) 节约公用品的开支费用。

(11) 与供应商、各部门、员工之间的沟通与配合。

(12) 遵循“日落”与“日清”原则。

该副食调料代理商送货人员将货品码放到指定卸货地点并且码放在托盘上，持单据与王师傅进行货品交接，王师傅根据订单对商品进行核对检验，主要核验内容有：数量、质量、商品条码、日期、名称、规格、包装等。

验收无误后王师傅还需利用手持终端扫读商品条码、外箱码（见图 2-2-3），输入数量、生产日期关联托盘码，签收并上传收货信息。然后在商品纸箱上注明对应分场名称，并将商品封箱拉至理货区。验收后王师傅在订单上签名并注明收货日期，一联收货员留存；一联给供应商对账；一联给票据部进行数据录入。

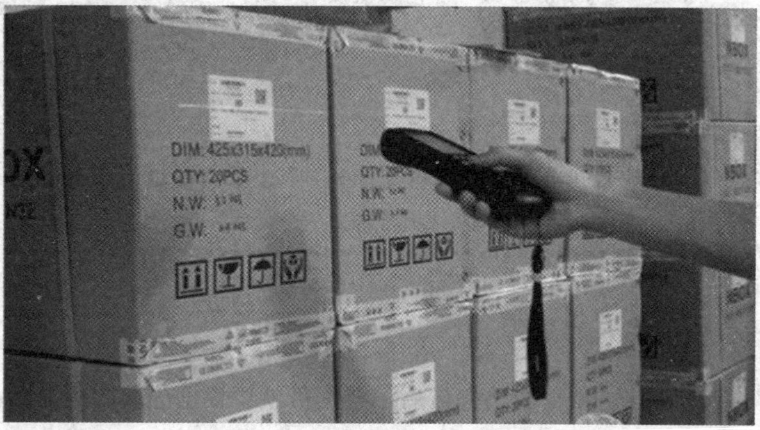

图 2-2-3　手持终端扫描商品条码

新手雷区

验收数量注意事项：

清点商品数量，并在订单所对应的商品后面写上实际验收的商品数量，如果送货数量大于订单数量，则按订单数量验收；如果送货数量少于订单数量，则按送货数量验收，订单差异上下浮动10%。

在验收过程中，对于不是原包装箱的必须全部打开，100%检验数量；对于是原装箱的，要进行数量抽检和质量抽检。数量抽检：20箱内抽检30%，20箱以上50箱以下的抽检要达到20%，50箱以上的抽检10%；质量抽检：10箱以内抽检20%，10箱以上的抽检10%。

小贴士

针对副食调料的验收内容：

1. 酱油、食醋

食品名称，配料表，净含量，制造者或经销者的名称和地址，生产（灌装）日期，保质期或保存期（食醋可以免除），质量（品质）等级，产品标准号。酱油必须标注氨基酸的含量、酿造酱油标志。

2. 食用盐

食品名称，产品类型，净含量，制造、包装、分装或经销者的名称和地址，出场（分装、包装）日期，质量（品质）等级，产品标准号。复合食盐（如加碘盐、加氟盐）须注配料表。

3. 纯味精

食品名称，配料表（纯味精可免除），谷氨酸钠含量（纯味精要达到99%，其他要达到80%），净含量，制造者或经销者的名称和地址，生产日期，产品标准号。

4. 调味香辛料

食品名称，配料表（单一原料可以免除），净含量，制造者或经销者的名称和地址，生产日期，保质期或保存期，产品标准号。

步骤四：快消品入库处理

王师傅告诉李继涛：单据给票据员后，票据员就要根据他验收商品后的订单及送货单对商品进行入库处理，首先查看系统中该批货物的商品信息，确保信息与验收单上的一致。如果送货价格低于订单价格或电脑系统价格，按供应商送货单价录入；如果送货价格高于订单价格或电脑系统价格，必须与供应商沟通价格不符的原因及处理意见，必要时需要与采购部协调解决，正常情况下按电脑系统价格入库。

审核商品入库单金额，数量无误后生成入库单（见表2-2-3），打印一式三联入库单，票据员签名、供应商（副食调料代理商送货员）签名、收货员（王师傅）签名、主管（配送中心主管）签名及盖收货章，财务复核员复核后盖财务章。白联为财务联，红联为供应商联，黄联为仓库联。

表2-2-3 **入库单**

2017年2月23日

商品名称	商品规格	商品价格	商品数量	商品单位	商品价值	仓库位置	保管人员
花桥牌豆腐乳	270g×20瓶/箱	152	80	箱	12160	S00020405	×××
辣椒酱	320g×12瓶/箱	90	85	箱	7650	S00020408	×××
酱油	500ml×24瓶/箱	204	130	箱	26520	S00020412	×××
糙米醋	160ml×24瓶/箱	300	80	箱	24000	S00020414	×××
味丹牌味精	400g×60袋/箱	390	75	箱	29250	S00020423	×××
橄榄菜	425g×24瓶/箱	285	98	箱	27930	S00020425	×××
陶华碧老干妈	280g×24瓶/箱	208	106	箱	22048	S00020435	×××
食盐	130g×60袋/箱	114	190	箱	21660	S00020401	×××
统计员：				仓库主管：			

新手雷区

（1）采购商品无条码或条码无资料时，票据员到采购部先录入新资料再入库；供应商送的商品无资料时拒绝入库或由供应商找采购部相关人员完善信息后方可入库。

（2）如果商品属免费赠品时，商品入库时进价为“0”。

（3）不同结算方式的商品必须分开打印，如短期促销商品、季节性商品或春节商品。

（4）所有当天入库单必须当天处理。

步骤五：快消品核查作业

商品核查员根据黄联入库单对在理货区且王师傅已验收的商品进行检查。商品核查主要内容有：商品数量、条码名称是否相符；质量是否合格；包装是否良好。

商品核查员在核查商品时如发现实际商品数与入库单商品数量不相符时，应先重新核查，如重新核查还是不相符时，必须与王师傅共同清点，如共同清点仍不相符时，王师傅在对应入库单上更改数量，即划掉不正确的数量，写上正确数量；如果实际数量少于入库数量，王师傅应立即与该副食调料代理商沟通，要求其补回少货数量，如果不能补回，则由王师傅负责赔偿；如果实际数量大于入库数量应该核查送货单，确认入库单数量是否确实少于实际数量，如果是，则有三种情况：

(1) 补打入库单，并通知供应商。

(2) 通知供应商前来取回多货部分商品。

(3) 报溢入库，内部调配。

商品核查员核查商品无误后在黄联入库单上签名交票据员。仓位保管员用电瓶叉车将整托盘货物送入指定货位，关联货位码上传入库信息。

新手雷区

(1) 对于配送中心公共用品的采购入库也同样在核查完后在单据上签名，并将公共用品拉至对应分场的配送区内。

(2) 所有当天入库的商品必须当天核查完。

军功论赏

序号	考核内容	满分	最后得分
1	能够清楚配送中心主管工作职责	10	
2	能够掌握调料类货物验收的要点	10	
3	能够明确快消品入库作业流程	15	
4	能够对快消品进行接货准备	15	
5	能够对快消品进行验收操作	15	
6	能够对快消品进行入库处理	15	
7	能够对快消品进行核查作业	10	
8	能够熟记各环节操作注意事项	10	
合计		100	

战术提升

你知道吗

便利店商品收货作业标准

1. 统配商品收货标准

统配商品：由总部配送中心统一配送的商品。其收货标准如下：

(1) 根据各门店的《门店要货计划表》配送商品，由配送中心配送给各门店。

(2) 新商品如属配送商品，则根据采购部下达的《门店配送商品配送单》，配送中心将商品配送给各门店。

(3) 配送中心配送的商品，门店可清点整件数量，开箱抽查30%。

(4) 门店收货人员根据实际配送数量，填写《门店配送商品验收单》，门店收货人员和配送中心送货人员共同签名确认。

(5) 门店收货人员将签名确认的《门店配送商品验收单》交于门店录入人员，门店录入人员做门店配送商品收货录入，打印《门店配送商品验收单》一式四联，门店收货人员和配送中心送货人员共同签名确认，门店主管加盖门店收货章，门店和配送中心各一联，余下两联由出纳分别交给电脑部和财务部。

(6) 每日门店录入人员将当日各类商品收货情况汇总，填写《门店每日收货情况汇总表》一式三联，一联留底，一联上交门店店长审核确认，一联由出纳于次日交给总部电脑部。

(7) 总部电脑部录入小组凭《门店每日收货情况汇总表》做收货录入核查，发现问题，及时解决。

2. 直送商品收货标准

直送商品：某些生鲜商品由供应商直接送到门店，门店根据实际送货数量收货的商品。

(1) 采购部向供应商下达永续订单，只有商品的名称、规格、价格而无具体的数量。

(2) 供应商按照永续订单上的商品要求，每日给各门店定时送货（通常要求在早上送货）。

(3) 门店根据永续订单上的商品名称、规格、价格，验收供应商送来的商品质量，清点数量。

(4) 门店重点检查直送商品的质量，确保商品质量过关。

(5) 门店主管根据实际送货商品的名称、规格、价格与数量，填写《门店直送商品验收单》。

(6) 门店主管将手写的《门店直送商品验收单》交给门店录入员，录入员做直送商品的收货录入，并打印出一式四联的《门店直送商品验收单》。

(7) 收货人、主管及供应商在《门店直送商品验收单》上签字，门店主管加盖门店收货章，门店及供应各留一联，剩下一联交给财务部，一联交给电脑部。

3. 直供商品收货标准

直供商品：由供应商根据订单直接送到门店，门店根据订单来验收的商品。

(1) 各门店根据本店实际情况，向总部采购部提交《门店要货计划表》，采购部进行汇总后，向供应商发放各门店订单。

(2) 供应商严格按照订单上的商品名称、规格、数量、时间送货。

(3) 门店按照订单号打印与订单一一对应的《订单验收单》，严格按照订单上的商品名称、规格、数量收货，清点数量，检查质量，同时把实收数量填在《订单验收单》上，收货人与供应商共同签字确认。

(4) 关于商品质量，门店应严格遵守《门店收货商品标准》进行收货，如有任何问题需请示店长，并及时与采购取得联系。

(5) 收货员将签字的《订单验收单》交给门店录入员，录入员在电脑中进行收货录入，并打印出一式四联的《订单验收单》，门店收货员与供应商分别签字，门店主管加盖门店收货章，门店及供应商各留一联，余下两联由出纳分别交给总部电脑部和财务部，以备供应商结账时用。

想一想

1. 便利店商品的入库作业流程是什么？
2. 你觉得便利店和超市商品入库作业的流程一样吗？以小组为单位讨论一下。
3. 你知道便利店和超市配送中心的信息系统是如何操作的吗？

扫一扫

请扫描右侧二维码，阅读《超市配送中心管理信息系统》内容并讨论以下问题：

(1) 该系统的主要功能是什么？具体页面功能是如何实现的？

(2) 利用该系统该如何进行入库作业操作呢？（寻找或联系附近一家超市配送中心去学习）

任务三　客户服务与订单处理

瞄准靶心

※能够掌握订单处理作业流程。

※能够按照订单处理作业流程进行操作。

军令如山

新疆鑫源配送中心是一家服务于乌鲁木齐及周边各大超市、便利店的公共配送中心，为 6 家大型超市及 300 家便利店提供配送服务。2017 年 3 月 13 日客户服务部李欣收到几家超市的需求订单，见表 2-3-1 至表 2-3-5。

表 2-3-1 福乐多超市需求订单

订购时间：2017—03—13

序号	商品名称	单价（元）	订购数量（箱）	金额（元）	备注
1	好多多拼图	240	7	1680	
2	正航 1500g 饼干	260	11	2860	
3	娃哈哈非常饮料	110	6	660	
4	贝帝妙厨妙脆角（大）	420	8	3360	
	合计	—	32	8560	

表 2-3-2 中百超市需求订单

订购时间：2017—03—13

序号	商品名称	单价（元）	订购数量（箱）	金额（元）	备注
1	贝帝妙厨妙脆角（大）	420	12	5040	
2	好多多拼图	240	9	2160	
3	正航 1500g 饼干	260	8	2080	
	合计	—	29	9280	

表 2-3-3 朝阳超市需求订单

订购时间：2017—03—13

序号	商品名称	单价（元）	订购数量（箱）	金额（元）	备注
1	正航 1500g 饼干	260	20	5200	
2	贝帝妙厨妙脆角（大）	420	50	21000	
	合计	—	70	26200	

表 2-3-4 佳乐加福东店需求订单

订购时间：2017—03—13

序号	商品名称	单价（元）	订购数量（箱）	金额（元）	备注
1	达利蛋黄派	180	24	4320	
2	好多多拼图	240	10	2400	
3	贝帝妙厨妙脆角（大）	420	8	3360	
4	吉欧蒂亚干红葡萄酒	300	9	2700	
5	正航 1500g 饼干	260	8	2080	
	合计	—	59	14860	

表 2-3-5　　乐福家需求订单

订购时间：2017—03—13

序号	商品名称	单价（元）	订购数量（箱）	金额（元）	备注
1	正航 1500g 饼干	260	6	1560	
2	贝帝妙厨妙脆角（大）	420	9	3780	
3	好多多拼图	240	4	960	
合计		—	19	6300	

李欣该如何对这些需求订单进行处理呢？

横扫千军

步骤一：熟悉订单处理流程

首先，李欣需要明确该配送中心的订单处理流程。目前主要的订货方式包括传统订货和电子订货两种方式。新疆鑫源配送中心主要采用电子订货方式，订单处理作业流程如图 2-3-1 所示。

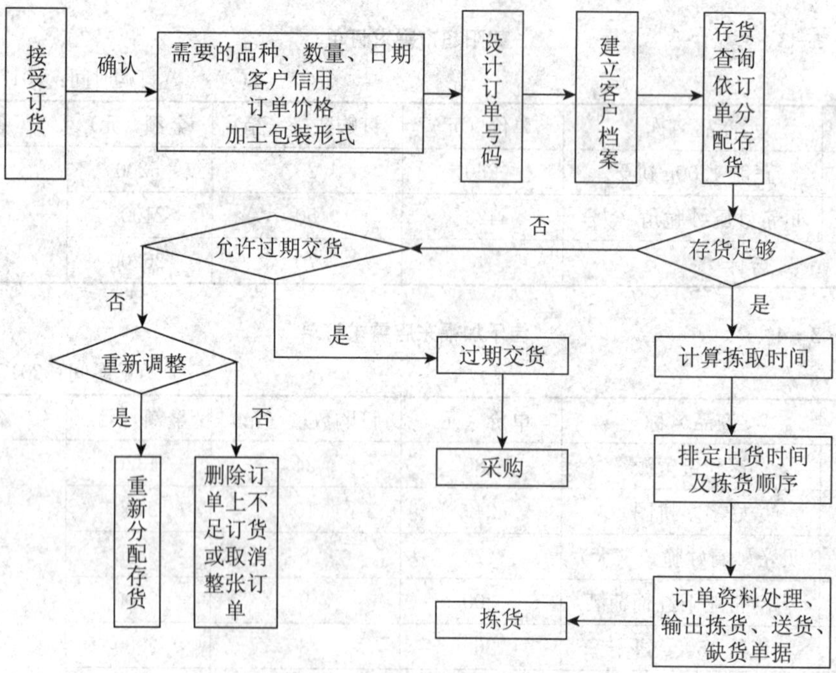

图 2-3-1　订单处理作业流程

这五个门店的订单都是通过 POS 订货系统进行订货的。各门店的 POS 系统中商品存档时设定安全库存量，每当销售一笔商品后，电脑自动扣除商品库存，当库存低于安全库存量时，便自动产生订货资料，对此订货资料确认后即可通过电信网络传送给新疆鑫源配送中心。

新手雷区

这里主要是对公共配送中心即第三方物流配送中心进行介绍，一些大型的连锁超市都自建了配送中心，但订单处理流程基本相似。

小贴士

订单处理是指由接到客户订货开始到准备着手拣货之间的作业阶段（见图2-3-2），包括订单资料确认、存货查询、单据处理等，处理的手段主要有手工处理和以计算机网络为基础的电子处理两种形式。订单处理是备货、拣货、组织配送活动的前提和依据，是其他各项作业的基础，订单处理的成效深深影响着后续作业乃至整个企业的运营状态。

图2-3-2　订单处理

电子订货方式的主要方法如表2-3-6所示。

表2-3-6　电子订货主要方法

序号	订货方法	订货流程
1	订货簿或货架标签配合手持终端机扫描	订货人员携带订货簿巡视货架，若发现商品缺货则用扫描器扫描订货簿或货架上的商品标签，再输入订货数量，当所有订货资料皆输入完毕后，利用数据机将订货资料传给供应商或总公司
2	销售时点管理系统（Point of Sale，POS）	客户若有POS收款机则可在商品库存档案里设定安全存量，每当销售一笔商品时，电脑自动扣除该笔商品库存量信息，当库存低于安全存量时，自动产生订货资料，将此订货资料确认后即可通过电信网路传给总公司或供应商。亦有客户将每日的POS资料传给总公司，总公司将POS销售资料与库存资料比对后，根据采购计划向供应商下订单
3	电子订货系统（Electronic Ordering System，EOS）	客户资料系统里若有订单处理系统，可将应用系统产生的订货资料转换成与供应商约定的共通格式，在约定时间里将资料传送出去

电子订货系统（EOS）操作流程如下（见图2-3-3）：

（1）在零售店的终端利用条码阅读器获取准备采购的商品条码，并在终端机上输入订货资料，通过调制解调器传到批发商的计算机中。

（2）批发商开出提货传票，并根据传票开出拣货单，实施拣货，然后根据送货传票进行商品发货。

（3）送货传票上的资料便成为零售商店的应付账款资料及批发商的应收账款资料，并接到应收账款的系统中。

（4）零售商对送到的货物进行检验后，就可以陈列出售了。

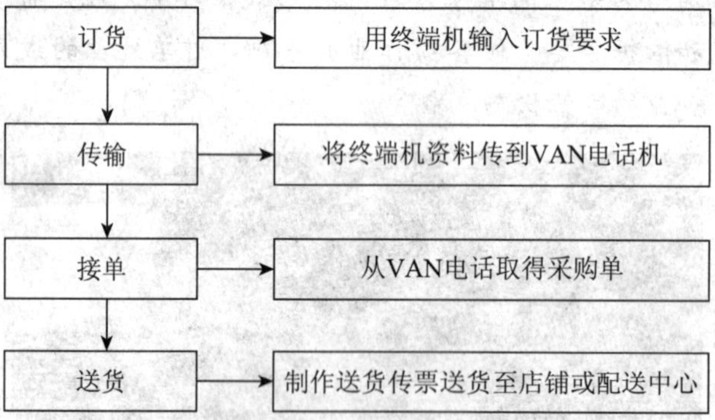

图2-3-3　EOS系统订货操作流程

步骤二：接收订货

接着，李欣根据订单处理流程接收客户的订单，明确客户订单的内容，主要确认客户订单项目如表2-3-7所示。

表2-3-7　确认客户订单项目

序号	订单确认项目	具体确认内容
1	需求品种、数量及日期	这是对订货资料项目的基本检查，即检查货物名称、数量、送货日期等是否有遗漏、笔误或不符合公司要求的情况。尤其当要求送货时间有问题或出货时间已延迟时，更需要再与客户确认一下订单内容或更正期望运送时间。由于该配送中心也采用电子订货方式接单，因此也须对接收订货资料加以检查确认，对于错误的下单资料，可传回给客户修改再重新传送回来
2	客户信用	不论订单由何种方式传至公司，配销系统的第一步都要查核客户的财务状况，以确定其是否有能力支付该订单的款项，其做法多是检查客户的应付账款是否已超过其信用额度
3	订单价格	不同的客户、不同的订购量可能有不同的价格，输入价格时系统应加以核验。若输入的价格不符（输入错误或因业务员降价强行接单等），系统应加以锁定，以便主管审核

续 表

序号	订单确认项目	具体确认内容
4	加工包装	是否要特殊包装、分装或贴标签等。客户对于订购的商品，是否有特殊的包装、分装或贴标签等要求，或是有关赠品的包装等资料都要详细确认记录
5	设定订单号码	每一个订单都有其单独的订单号码，号码由控制单位或成本单位指定，除了便于计算成本外，还可用于制造、配送等一切有关工作，且所有工作说明单及进度报告单均应附此号码
6	建立客户档案	客户主档应包含订单处理用到的信息及与物流作业相关的资料，包括：客户姓名、代号、等级类型、客户信用额度、客户销售付款及折扣率的条件、开发或负责此客户的业务员、客户配送区域、客户点配送路径顺序、客户点适合的车辆类型、客户点下货特性、客户配送要求、过期订单处理指示等

新手雷区

当采用的订货方式为传统订货方式时，订货处理系统人员可以在订单输入的同时对订单进行确认。

步骤三：库存查询

然后，李欣需要进行订单合并，合并订单是为了方便拣货，所以要根据拣货方式和逻辑来合并订单。把订单所需商品种类不多且相同的订单合并在一起，按照品项拣货会方便快捷一些。根据此次五家订单信息，勾选订单直接点击【合并】，在弹出页面，根据需要选中一个订单，再点击【确认执行】按钮，即可将此页面中所有订单属性及产品明细合并在所选的订单中，合并后订单产品数量、金额、备注累加，合并状态为手动合并，具体合并订单信息如表 2-3-8 所示。

表 2-3-8　各类商品的订单合并

序号	商品名称	单价（元）	订购数量（箱）	金额（元）
1	娃哈哈非常饮料	110	6	660
2	好多多拼图	240	30	7200
3	吉欧蒂亚干红葡萄酒	300	9	2700
4	正航 1500g 饼干	260	53	13780
5	贝帝妙厨妙脆角（大）	420	87	36540
6	达利蛋黄派	180	24	4320
合计		—	—	65200

基于此表，登录配送中心信息管理系统，输入商品名称查询库存，系统就会自动出现该商品的库存信息，主要是查看商品数量是否满足订单需求量。通过库存查询，李欣发现此次可分配的库存量大于总出货量，可以满足此次订单需求量。

新手雷区

如果缺货或者库存数量小于总出货量，则需要依据以下四个原则决定客户分配的优先性：

(1) 具有特殊优先权者优先分配。

(2) 订单交易量或交易金额大者优先分配。

(3) 对配送中心贡献大的订单优先分配。

(4) 客户信用状况较好的订单优先分配。

需要对缺货的客户提供商品资料或是此缺货商品已采购但未入库等相关信息，经协调如果客户不愿以替代品替代时，则应按照客户意愿与公司政策来决定应对方式。处理方式归纳如下：

(1) 重新调整。如果客户不允许过期交货，而公司也不愿失去此客户订单时，则有必要重新调整分配订单。

(2) 补送。如果客户允许不足额的订货等待有货时再予以补送，且公司政策也允许分批送货，则采用补送方式；如果客户允许不足额的订货或整张订单留待下一次订单一起配送，则采用补送处理。

(3) 删除不足额订单。如果客户允许不足额订单可等待有货时再予以补送，但公司政策并不希望分批出货，则只好删除不足额订单；如果客户不允许过期交货，且公司也无法重新调整，则可考虑删除不足额订单。

(4) 延迟交货。一是有时限延迟交货，即客户允许一段时间的过期交货，且希望所有订单一起配送；二是无时限延迟交货，即不论需要等多久，客户都允许过期交货，且希望所有订货一起送达，则等待所有订货到齐后再出货。对于这种将整张订单延后配送的，也应将这些顺延的订单记录成档。

(5) 取消订单。如果客户希望所有订单一起配送，且不允许过期交货，而公司也无法重新调整时，则只有将整张订单取消。

步骤四：订单输出

最后，李欣将上述订单资料处理后，即可开始打印一些出货单据，以展开后续的物流作业。

(1) 拣货单。拣货单的打印应考虑商品储位，依据储位前后相关顺序打印，以减少人员重复往返取货，同时拣货数量、单位也要详细标示。

(2) 送货单（发货单）。物品交货时，通常附上送货单据给客户清点签收。因为送货单主要是给客户签收、确认的出货资料，其正确性及明确性很重要。要确保送货单上的资料与实际送货资料相符，除了出货前清点外，出货单据的打印时间及对于一些订单异动情形（如缺货品项或缺货数量等），也需打印注明。发货单样本如表 2-3-9 所示。

表 2-3-9　　新疆鑫源配送中心发货单

发货单号：

发货日期：

客户：　门店：　机构：　总体积：

储货单号：　配货批次：　总重量：

序号	部门	仓位	商品名	件数	零数	箱数	单位	规格	含量	税率	单价	金额	条码	商品码
1														
2														
3														
4														
5														

配货员：　分拣员：　复核员：　门店收货员：　门店复核员：　第 1 页/共 1 页

（3）缺货记录。库存分配后，对于缺货的商品或缺货的订单资料，系统应该提供查询报表打印功能，以便工作人员处理。库存缺货商品，应提供依商品或供应商查询的缺货商品资料，以提醒采购人员紧急采购；缺货订单，应提供依客户或外务员查询的缺货订单资料，以便外务员处理。缺货记录单样本如表 2-3-10 所示。

表 2-3-10　　新疆鑫源配送中心分拣缺货记录单

________部门

编号：ZY004

配送门店：　发货单号：　红冲单号：

序号	仓位	商品编码	商品名称	单位	缺货数量	缺货原因					责任人
						漏转	转仓不及时	空仓	死角	其他	
1											
2											
3											
4											
5											

分拣员：　复核主管：　质控员：

军功论赏

序号	考核内容	满分	最后得分
1	能够掌握配送中心订单处理流程	15	
2	能够接收客户订单	10	
3	能够明确客户订单信息及信用情况	10	
4	能够对订单进行合并处理	10	
5	能够根据合并订单查询库存情况	15	
6	能够对缺货或库存不足进行处理	15	
7	能够对订单资料进行输出	15	
8	能够规范完成整个操作过程	10	
合计		100	

战术提升

概括来讲，满足承诺的交付日期的能力、履行订单的准确性、运输延误的提前通知、对客户服务投诉采取的行动、有关发货日期的信息、订单前置期的长度等是配送中心客户服务最重要的几个变量。企业可能将某一变量设置得很重要，这正是物流企业提供差异化服务的机会。

客户服务的组成要素分为三类，即交易前要素、交易中要素和交易后要素，具体内容如表 2－3－11 所示。

表 2－3－11　　客户服务的组成要素

客户服务		
交易前	交易中	交易后
政策声明 顾客承诺 组织结构 系统灵活 技术服务	断货频率 反馈能力 订货周期 送货时间 系统精度 订货便利	维修保证 货品追踪 顾客意见 货品包装 商品替代

1. 配送中心服务特点

（1）可得性。可得性是指客户提出产品需求时，配送中心具有可以向客户提供足够产品的库存能力。虽然这看上去很容易，但是尽管企业花了大量时间、金钱和精力来引导客户的需求，但却因为其产品不具备可得性而无法使客户得到满足。产品的可得性要考虑以下三个性能指标——缺货频率、满足率和发出订货的完成情况。按照这三个指标进行客户服务，便会在减少对库存和设施的总体投入时间的同时，有选择地对客户或核心客户保证高水平的产品可得性。

(2) 运作绩效。运作绩效涉及送付客户的订单货物所需的时间。不管面临什么情况，配送中心都可以从运作速度、持续性、灵活性以及故障补救四个方面来衡量运作绩效。保证这四个方面的有效实施，配送中心将会以最快的速度和最高的效率完成服务以满足客户的需要。

(3) 服务的可得性。服务的可得性体现了物流的综合特征，关系到配送中心是否具备实施与交货相关的所有业务活动的能力。除了货物的可得性和运作绩效以外，服务的可靠性还表现为以下特征：到货完好无损；结算准确无误；货物准确地运抵目的地；到货货物的数量完全符合订单的要求等。还有研究表明：配送中心向客户提供及时准确的信息的能力是企业能否提供优质服务的最主要的特征之一。

(4) 完美订货。物流服务的终极目标是做好每一件事，并且第一次就把所有事情全部做好。配送中心既要确保到货的准确性，又要确保按时交货。完美订货是以不断满足顾客期望为目标的一种服务理念。我国的物流企业面临着残酷的国内、国际竞争环境，提高客户服务水平，增强竞争力，既是十分必要的，又是切实可行的。履行完美订货是现阶段提升企业竞争力的有效手段。

(5) 基本的服务平台。配送中心不仅要设立一些常规的标准，还要依据这些标准开展运作，并实时监控运作的情况。尽管企业通常认为采取这些策略后会优于竞争对手，或者至少不会输给对手，但是应用这些服务并不能确保客户会真正满意，客户可能对整个行业内的运作水平存在不满，因此仅有一种办法能确保客户满意，即询问他们的真实感受。

2. 配送服务的含义

配送服务就是物流配送过程中为满足客户需求所实施的一系列配送活动过程及其产生的结果。配送服务包括配送业务活动密切相连的基本服务和针对客户需求提供的其他服务。它是有效连接供应商、制造商、批发商和零售商的重要手段。围绕配送实现的目标和配送活动过程，配送服务的特点集中体现在时间性、可靠性、沟通性和灵活性四个方面。

配送服务包括三个最基本的要素，即备货保证、配送保证、品质保证，配送服务三个要素如图 2-3-4 所示。

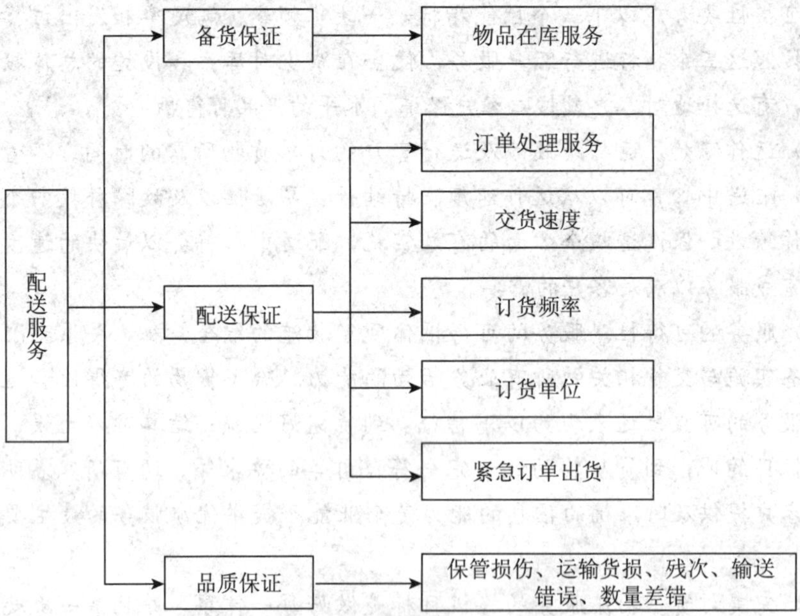

图 2－3－4　配送服务三个要素

想一想

1. 以小组为单位，讨论一下配送中心客户服务的主要服务内容都包括哪些？

2. 对于连锁超市自建的配送中心的订单处理过程你了解吗？

扫一扫

请扫描右侧二维码，阅读《联华生鲜食品加工配送中心订单处理》内容并讨论以下问题：

（1）联华的订单处理流程是什么？

（2）调查一下华润超市、永辉超市等的配送中心是如何处理订单的。

任务四　备货作业

瞄准靶心

※能够进行由仓储区向拣货区的补货作业。

※能够按照拣货作业的流程进行拣货作业。

军令如山

2017 年 3 月 14 日 14 时 10 分，新疆雨润配送中心仓管员李宁接收到信息操作员传递来的出库备货任务后，根据要求准备好操作设备，完成电子拣选作业，拣选的商品的详细信息如表 2-4-1 所示。

表 2-4-1　门店 A 电子拣选商品信息详情

序号	物品编号	名称	单位	产品规格	申请数量	实发数量	备注
1	000050278	汇源果汁	瓶	1×12	26 瓶		
2	000050279	果粒橙	瓶	1×24	32 瓶		
3	000050280	特仑苏	盒	1×24	48 盒		
4	000050281	妙恋	瓶	1×12	16 瓶		
5	000050282	农夫山泉	瓶	1×24	72 瓶		

李宁应该如何操作呢?

横扫千军

步骤一：选择补货时机

在拣货之前需要对拣货区的货物进行补货，以确保拣货区有货可拣。补货作业是将货物从仓库保管区域搬运到拣货区，其作业流程如图 2-4-1 所示。

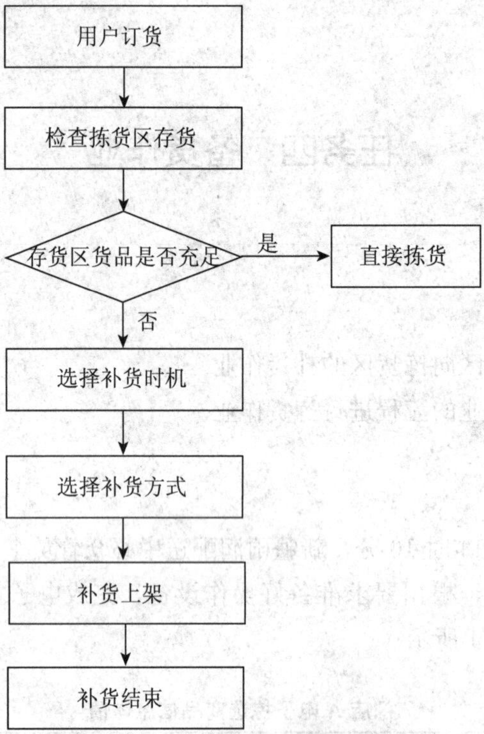

图 2-4-1　补货作业流程

连锁超市门店每天根据销售情况以及门店特点，在 12：00 之前对当天晚上和第二天的销售做预估补货，并在 MIS 系统（管理信息系统）中上传补货数据；系统在 14：00进行集单。新疆雨润配送中心 14：10 根据系统集单对门店的补货数据进行核查，确保门店补货数据正常。这种补货事先已经掌握拣货需要，基本波动不大，选择补货时机为定时补货。

通常，补货时机可分为批次补货、定时补货和随机补货三种。具体如表 2-4-2所示。

表 2-4-2　　补货时机

补货时机	具体操作过程	适用性
批次补货	在每天或每一批次拣取之前，经电脑计算所需物品的总拣取量和拣货区的物品量，计算出差额并在拣货作业开始前补足物品	这种补货原则比较适合于一天内作业量变化不大、紧急追加订货不多，或是每一批次拣取量需事先掌握的情况

续 表

补货时机	具体操作过程	适用性
定时补货	将每天划分为若干个时段，补货人员在各时段内检查拣货区货架上的物品存量，如果发现不足，马上予以补足	这种补货原则同样适合于一天内作业量变化不大、紧急追加订货不多或是每一批次拣取量需事先掌握的情况
随机补货	随机补货是一种指定专人从事补货作业的方式，这些人员随时巡视拣货区的分批存量，发现不足随时补货	此种“不定时补足”的补货原则，较适合于每批次拣取量不大、紧急追加订货较多以至于一天内作业量不易事先掌握的场合

步骤二：选择补货方式

经核查确定对低于标准拣货量的商品进行补货作业。常见的补货方式主要有整箱补货、电子拣选补货、托盘补货以及货架上层至货架下层的补货四类，如表 2-4-3 所示。

表 2-4-3　常见的补货方式

补货方式	具体方法	图示
整箱补货	由货架保管区补货到流动货架的拣货区。拣货员从保管区拣货之后把货物放入输送机并运到动管区，当动管区的存货低于设定标准时，则进行补货作业。这种补货方式由作业员到保管区货架取货箱，用手推车载箱至拣货区	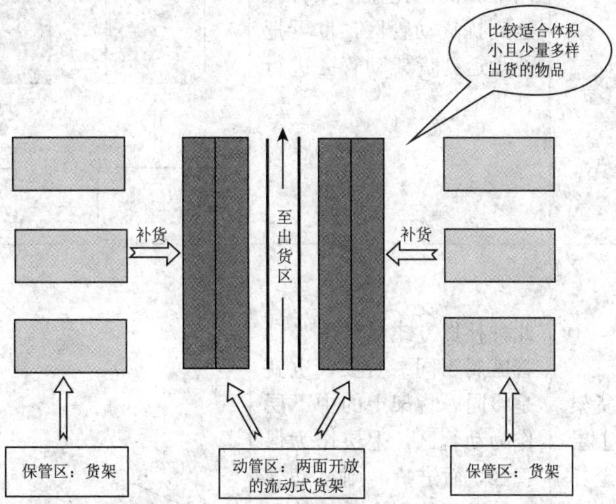

续 表

补货方式	具体方法	图示
电子拣选补货	这种补货方式是指以单件货物为单位进行的补货，当电子拣选货架上的货物低于设定标准时，单件货物由保管区取出后，拆零补货到电子拣选货架上。这种补货方式适用于较贵重、出货量小、体积较小的货物	
托盘补货	这种补货方式是以托盘为单位进行补货。将货物以托盘为单位由保管区运到动管区。当存货量低于设定标准时，立即补货，使用堆垛机把托盘由保管区运到拣货动管区，也可把托盘运到货架动管区进行补货	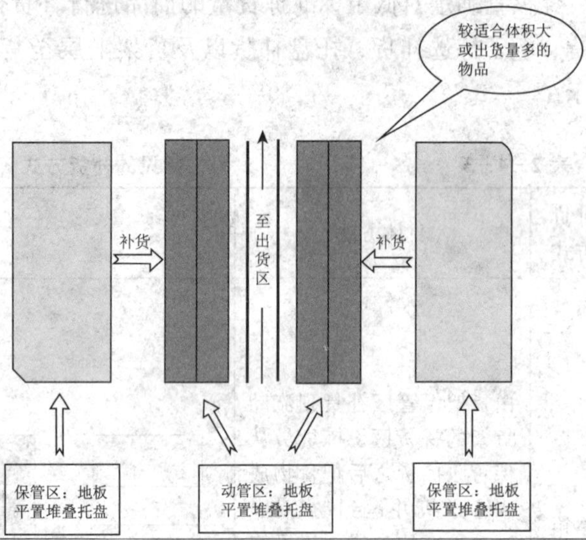
货架上层至货架下层的补货	此种补货方式保管区与动管区属于同一货架，也就是将同一货架上的中下层作为动管区，上层作为保管区，而进货时则将动管区放不下的多余货箱放到上层保管区。当动管区的存货低于设定标准时，利用堆垛机将上层保管区的货物搬至下层动管区	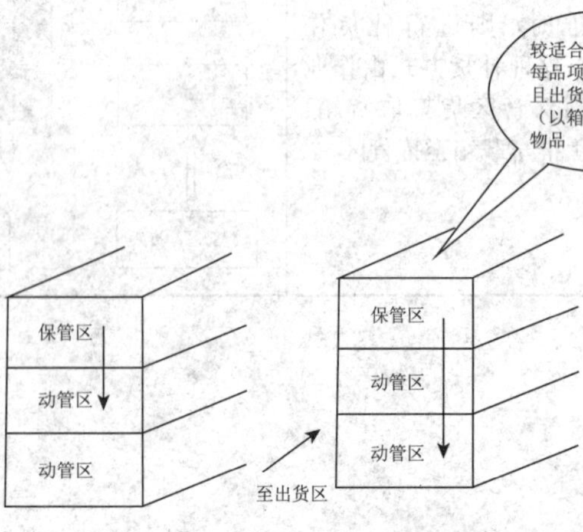

补货商品主要是饮品且都是小包装，数量不大、体积较小，因此选择电子拣选补货方式。对电子拣选货架上低于设定标准的货物，由保管区取出后，拆零补货到电子拣选货架上。

小贴士

动管区（动管储区）是指在拣货作业时所使用的拣货区域，此区域的货品大多在短时间内即将被拣取出货，其货品在储位上流动频率很高，所以称为动管区。

动管区的功能是满足拣货的需求，为了让拣货时间及距离缩短并降低拣错率，就必须在拣取时能很方便迅速地找到欲拣取货品所在位置，因此储存的标示与位置的指示就非常重要。而要使拣货顺利进行并降低拣错率，除了需要设计合理的拣选策略外，还需要依赖一些拣货设备，如电子标签等辅助拣货系统。动管区的管理方法就是对这些位置指示及拣货设备的合理应用。

新手雷区

补货上架注意事项：

(1) 从周转区取货品时核对取货位、货品代码、名称。

(2) 一种货品对应一个拣货位。

(3) 尽量全部补到拣货位上。

(4) 把货品整齐摆放到拣货位上。

步骤三：确定拣货方式

在补货作业完成后，李宁需要进行拣货作业，拣货通常有摘果式拣取、播种式拣取及复合拣取三种方式。三种拣货方式比较如表2-4-4所示。

表2-4-4　三种拣货方式比较

拣货方式	含义	优点	缺点	适用范围
摘果式拣取	按每份订单来拣货，针对每一份订单，分拣人员按照订单所列物品及数量，将物品从储存区域或分拣区域拣取出来，然后集中在一起的拣货方式	作业方法简单，接到订单可立即拣货，作业前置时间短，作业人员责任明确	物品品项较多时，拣货行走路径加长，拣取效率低	适合订单大小差异较大、订单数量变化频繁、物品差异较大的情况，如化妆品、家具、电器、百货、高级服饰等

续 表

拣货方式	含义	优点	缺点	适用范围
播种式拣取	将多张订单集合成一批，按照物品品种类别加总后再进行拣货，然后依据不同客户或不同订单分类集中的拣货方式	可以缩短拣取物品时的行走时间，增加单位时间的拣货量	由于需要订单累计到一定数量时，才做一次性处理，因此会有停滞时间产生	适合订单变化较小、订单数量稳定的配送中心和外形较为规则、固定的物品出货，如箱装、扁袋装的物品。另外需进行流通加工的物品也适合批量拣取
复合拣取	根据订单的品种、数量及出库频率，确定哪些订单适于订单类别拣取，哪些适应于批量拣取，分别采取不同的拣货方式	克服了订单类别拣取和批量拣取方式的缺点	—	适合订单密集且订单量大的场合

李宁查看了此次需要出库的物品的出库单，目前就只有一单需要出库，并且品种不多，因此，李宁决定使用摘果式的拣货方式（见图 2-4-2），来完成该票订单的拣选。

图 2-4-2　摘果式拣选示意

新手雷区

目前，大多数配送中心都采用播种式拣取和摘果式拣取的混合方法：

（1）“汇总拣货”，使用摘果式。

（2）高重合度商品先摘果，再播种；低重合度直接到仓储区按订单摘果拣货，并酌情采用“摘后即分法”。

步骤四：确定拣货路线

由于只有一单货物，李宁决定自己通过采用顺序拣选路径方式对物品进行手动拣选作业，如图 2-4-3 所示。

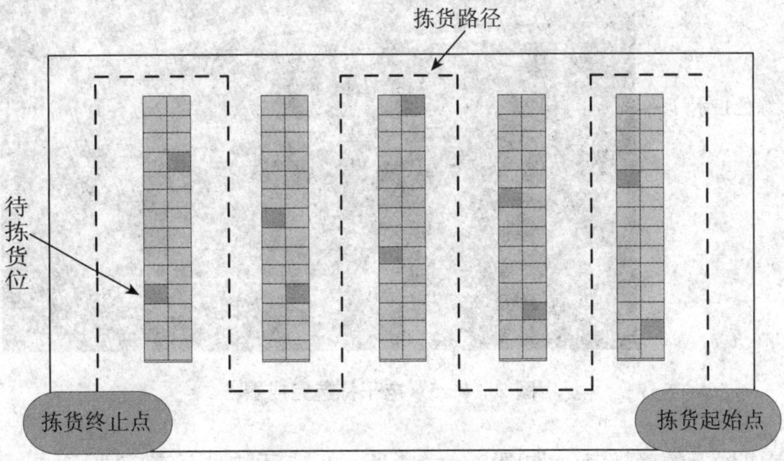

图 2-4-3 顺序拣货路径

按这种拣货路径，从通道的一端向另一端行进，这样走完全程就能一次性地把所有物品拣出。

新手雷区

拣货路径与仓库布局、商品编号息息相关，选择适合仓库的拣货路径，也是提高拣货效率的有效途径。一般在仓库工作时间长的拣货员对于库内的商品编号、货架布局等了如指掌，能按照商品编码顺序、位置等以最快速度拣取出需要的商品。

步骤五：商品拣取操作

李军根据每一个电子标签的数字提示，将相应拣选商品放至输送带上的周转箱内，在拣选完每一种货物后按下电子标签指示灯旁的确认键，随之信号灯和数字指示灯自动关闭，电子标签指示灯如图 2-4-4 所示。

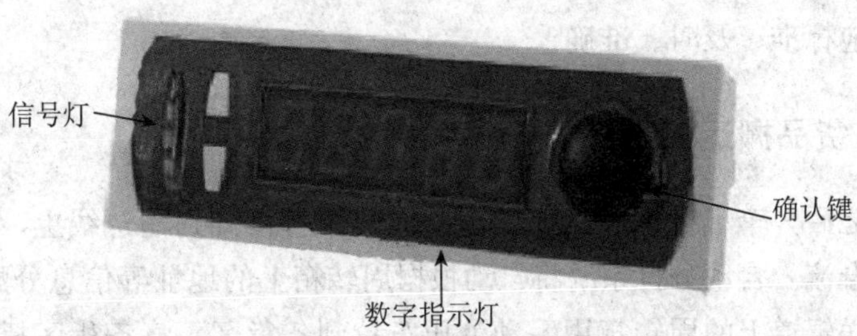

图 2-4-4 电子标签指示灯

完成全部拣选任务后，拣选完成器的绿色指示灯自动点亮（图中圆圈处为绿色指示灯），如图 2－4－5 所示。

图 2－4－5　电子拣选完成器

按下完成器上的确认键，如图 2－4－6 所示，表示拣选任务完成。

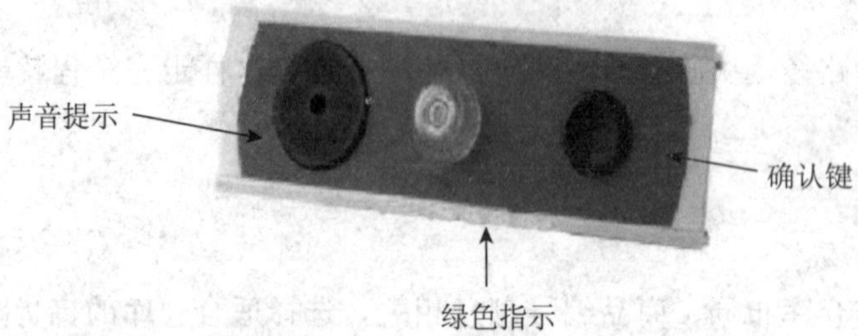

图 2－4－6　电子拣选确认

新手雷区

取货注意事项：

（1）核对取货位、货品代码、名称。

（2）发现包装损坏、内装不符、数量不对等情况，应及时反馈给信息员处理。

（3）轻拿轻放，取货完成后需要整理货位上的货品。

（4）作业应标准、及时、准确。

步骤六：货品搬运集中

拣选完成之后，李宁将拣选完成的商品周转箱直接推到输送线上，对各个区域的商品进行整理合流。自动分拣系统将自动根据周转箱上的地址等信息分配好集货出口。在出口处将传送辊道上的周转箱用手动液压车拉到备货区。将备货区托盘上商品规整整齐，以便提货人员清点和装车。

步骤七：复查核对信息

复核人员在拣货人员拣货结束时，按比例对周转箱内的商品进行开箱复核，主要复核商品的名称、规格、数量等，并同时将同一门店的不满箱的商品合并到一个周转箱中，按要求摆放好箱内商品。

复核整理完成后，将周转箱用封箱带封好，以保证箱内商品的安全；封箱完成后，将商品交由理货人员进行转移。

1. 同一栈板同一门店的商品转移

根据标签指示把商品放到对应配送门店的商品暂存区，在需要拼板时，一定要保证下架容器在同一个朝外的箱面上。

2. 同一栈板不同门店的商品转移

转移此板商品前，必须能明显分辨出同一栈板上不同门店的商品，逐一把这板上多家门店的商品放到对应配送门店的商品暂存区，在需要拼板时，一定要保证下架容器在同一个朝外的箱面上；在将要完成一个批次一个类型的全部下架商品转移时，叉车司机必须到下架中转区确认该批次商品全部转移。

军功论赏

序号	考核内容	满分	最后得分
1	能够选择补货方式	15	
2	能够选择补货时机	10	
3	能够确定拣货方式	15	
4	能够确定拣货路线	10	
5	能够进行拣取物品操作	20	
6	能够进行搬运作业操作	10	
7	能够进行货品集中操作	10	
8	能够复查核对信息	10	
合计		100	

战术提升

你知道吗

自动补货系统

自动补货系统是连续补货系统（Continuous Replenishment，CR）的延伸，即供应商预测未来商品需求，负起零售商补货的责任，在整个供应链中，各成员互享信息，维持长久稳定的战略合作伙伴关系。

自动补货系统能使供应商对其所供应的所有分门别类的货物及在其销售点的库存情况了如指掌，从而自动跟踪补充各个销售点的货源，使供应商提高了供货的灵活性和预见性，即由供应商管理零售库存，并承担零售店里的全部产品的定位责任，使零售商大大降低零售成本。

一种商品一旦被大量采购，就会促使该商品的制造商大量生产此种商品，也会使该商品在供应链中快速流动起来。随着供应链管理的进一步完善，补货到零售店的责任，如今已从零售商转到了批发商或制造商的身上。对于制造商和供应商来说，掌握了零售店的销售量和库存，就可以更好地安排生产计划、采购计划和供货计划，这是一个互助的商业生态系统。

从库存管理角度看，在库存系统中，订货点与最低库存之差主要取决于从订货到交货的时间、产品周转时间、产品价格、供销变化及其他变量。订货点与最低库存之差保持一定的距离，是为了防止产品脱销等不确定性情况的出现。为了快速反应客户“降低库存”的要求，供应商通过与零售商缔结伙伴关系，主动向零售商频繁交货，并缩短从订货到交货之间的时间间隔。这样就可以降低整个货物补充过程（从工厂到门店）的存货，尽力切合客户的要求，同时减轻存货和生产波动。

自动补货系统的成功关键在于，在信息系统开放的环境中，供应商和零售商之间通过库存报告、销售预测报告和订购单报文等有关商业信息的最新数据实时交换，使得供应商从过去的单纯执行零售商订购任务转而主动为零售商分担补充库存的责任，以最高效率补充销售点或仓库的货物库存。

为了确保数据能够通过 EDI（电子数据交换）在供应链中畅通无阻地流动，所有参与方（供应链上的所有节点企业）都必须使用同一个通用的编码系统来识别产品、服务及位置，这些编码是确保自动补货系统实施的唯一解决方案。而之前的条码技术正是这套解决方案的中心基础。

要使连续补货有效率，货物的数量还需要大到有运输规模经济效益才行，而沃尔玛的销售规模足以支撑连续补货系统的使用。

沃尔玛成功地应用自动补货系统后，有效地减少了门店的库存量，并提高了门店的服务质量，不仅降低了物流成本，还增加了存货的流通速度，大大地提高了沃尔玛供应链的经济效益和作业效率，为稳定沃尔玛的顾客忠诚度做出了杰出的贡献。

想一想

1. 自动补货系统在目前各大型连锁超市中的应用广泛吗？

2. 除了自动补货系统之外，目前还有其他先进的补货技术吗？

扫一扫

1. 请扫描右侧二维码，观看“Vocollect 语音拣货应用在商超配送”视频并讨论以下问题：

（1）语音拣货是如何应用的？

（2）探究一下语音拣货与自动分拣系统的区别在哪？

（3）你了解自动分拣系统吗？

2. 请扫描右侧二维码，观看“顺丰‘SF’全自动分拣机”视频并讨论以下问题：

（1）顺丰的自动分拣系统是如何应用的？

（2）这个与商超配送中心自动分拣系统的操作区别表现在哪些方面？

任务五　配送加工作业

瞄准靶心

※能够对配送货物进行包装作业。

※能够对特殊商品进行标识作业。

军令如山

2017 年 3 月 26 日，新疆雨润配送中心 C 库仓管员刘军需要对雨润超市西街门店在集货周转箱中的部分商品（非整箱）进行配送加工，具体商品明细如表 2－5－1 所示。

表 2－5－1　　　　　　雨润超市西街门店配送加工商品明细

货物名称	批次	单位	数量	质量	源储区	源储位
心心相印抽取式面巾纸	201612	包	3	正品	栈板货架区	BOOOOO
清风原木抽取式面巾纸	201612	包	2	正品	栈板货架区	BOOOO1
清风原木卷纸	201612	提	2	正品	栈板货架区	BOOOO6
岐山香醋（玻璃）	201701	瓶	4	正品	栈板货架区	COOOO2
老恒河料酒（玻璃）	201701	瓶	2	正品	栈板货架区	COOOO3
加工要求	抽取式面巾纸和卷纸打包为 1 箱； 香醋和料酒 6 瓶打包为 1 箱					
客户名称	雨润超市西街门店					
采购订单号	20170326108					
客户指令号	20170326109					
库房名称	C 库					
订单来源	POS 订货					
紧急程度	一般					
加工类型	打包、贴标					
下达时间	2017 年 3 月 26 日					

仓管员刘军该如何完成呢？

横扫千军

步骤一：包装准备

刘军根据抽取式面巾纸和香醋、料酒的特点，做好货物打包作业的准备工作。根据作业需要，准备好半自动打包机、包装箱、透明胶带、壁纸刀、气泡膜、珍珠棉（见图 2－5－1 至图 2－5－6）。

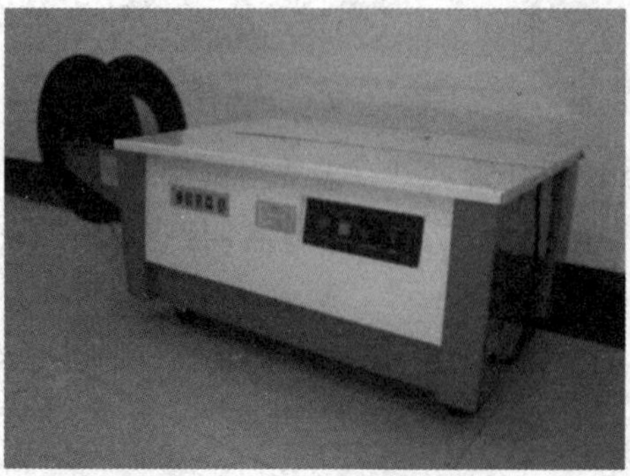

图 2－5－1　半自动打包机

图 2－5－2　包装箱

图 2-5-3 透明胶带

图 2-5-4 壁纸刀

图 2-5-5 气泡膜

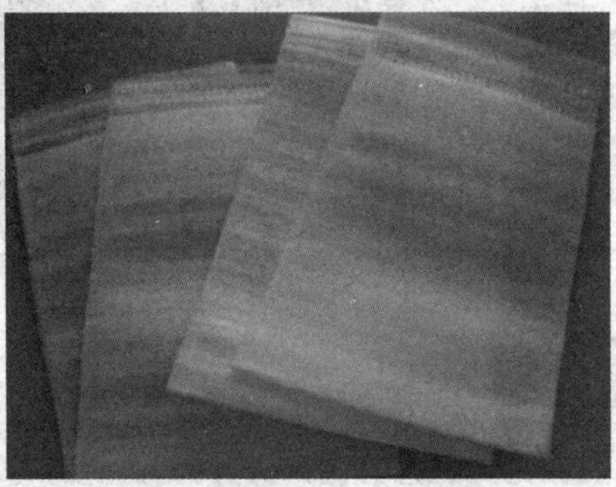

图 2-5-6 珍珠棉

小贴士

我国国家标准 GB/T 4122.1—1996 中规定包装的定义是："为在流通过程中保护产品，方便储运，促进销售，按一定技术方法而采用的容器、材料及辅助物等的总体名称。也指为了达到上述目的而采用容器、材料和辅助物的过程中施加一定方法等的操作活动。"

包装材料要求包括对包装材料的类别、规格及型号等各个方面的规定。在物流配送作业过程中常用到的包装材料，如表 2-5-2 所示。

表 2-5-2 常用包装材料一览

材料名称	具体内容
纸质包装	包括牛皮纸、玻璃纸、植物羊皮纸、沥青纸、板纸和瓦楞纸等
木材包装	包括各种箱、桶、托盘等
塑料包装	主要用于包装的塑料种类有聚乙烯、聚丙烯、聚苯乙烯、聚氯乙烯、钙塑材料等
金属材料包装	应用较多的包括镀锡薄板、涂料铁、铝合金等金属材料

步骤二：货物装箱

刘军根据抽纸和卷纸的特点，将待包装组合货物依次放入包装箱中，使包装箱的指示标志向上，并在装箱后核查箱内货物的名称数量以及码放是否正确，如图 2－5－7 所示。

图 2－5－7　货物装箱

小贴士

常见的储运包装图示标志如图 2－5－8 所示。

图 2－5－8　储运包装图示标志

然后，将料酒和香醋装到纸箱中，因为都是玻璃包装，所以需要加气泡膜和珍珠棉，具体步骤如下：

(1) 将珍珠棉裁剪成合适的大小，衬垫到纸箱的 5 个面上。

(2) 裁剪下合适宽度（比玻璃瓶长 4cm～5cm）的气泡膜，将玻璃瓶放在气泡膜的中间，用气泡膜缠绕玻璃瓶，缠绕完后将多余的部分压到瓶底，最后用吊带固定气泡膜，如此完成其他瓶子的包装。需要注意的是，气泡膜不宜缠绕过多，否则可能导致无法装进箱子。

(3) 将包好的玻璃瓶装入纸箱，纸箱上面再盖上一张珍珠棉。

新手雷区

包装作业注意事项：

(1) 包装时应做到对商品结构非常了解，不能盲目包装。

(2) 商品有泡沫包装时，泡沫摆放一定要整齐、无碎泡沫垃圾，泡沫包装以填充满不摇晃为标准。

(3) 箱体内不紧凑，箱内产品无倾斜，受力平衡，无摇晃感，纸箱平整饱满；各种标识清晰、整洁。

(4) 封箱胶带要打得合理，并保证纸箱整洁。

(5) 包装好的产品摆放合理，不宜过高，保证在出库过程中安全。

(6) 流水号要书写清楚正确，标签要贴正、贴牢、无破损。

步骤三：包装封箱

刘军仔细核对包装箱内货物并确认无误后，将包装进行封口，同时使用透明胶带将箱口封合，如图 2-5-9 所示。

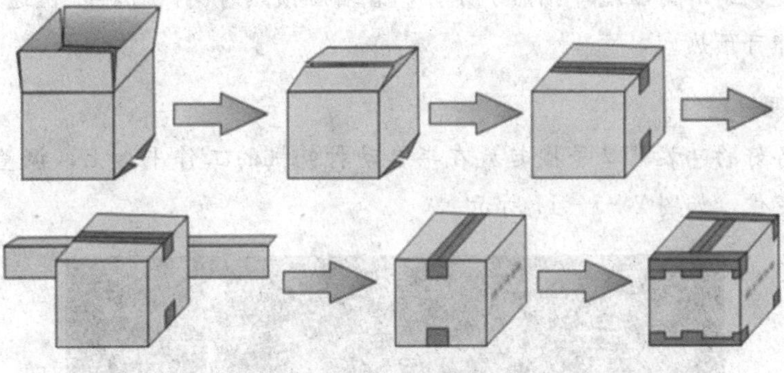

图 2-5-9 封箱过程示意

步骤四：货物打包

刘军将封箱完成的玻璃瓶包装箱拿到打包区，将半自动打包机预热后，开始货物的打包操作，如图 2-5-10 所示。

图 2－5－10　使用半自动打包机打包

小贴士

打包机操作基本流程（示例）

1. 接通电源

插上电源插头，按下开关，指示灯亮。

2. 预热烫头

把温度调到所需温度，预热 1 分钟，若缩短预热时间，可按下快速加热按钮，约 5 秒钟即可预热。

3. 包装箱定位

将准备好的包装箱双手搬起放在半自动打包机的工作平台上，调整位置然后确定最终定位，如图 2－5－11 所示。

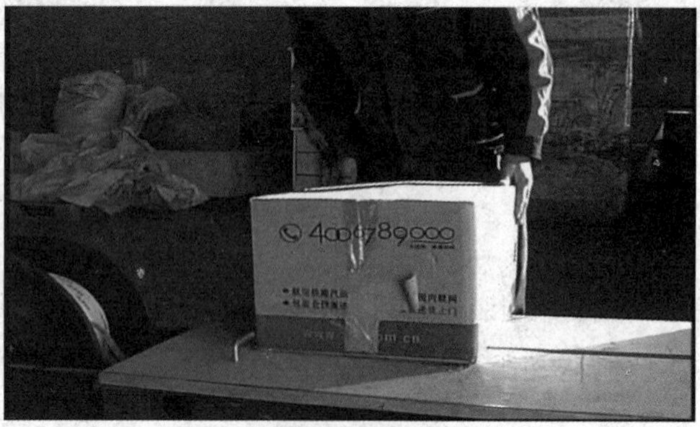

图 2－5－11　包装箱定位

4. 调整供带长度

根据包装箱大小按下供带或退带按钮以便调整适当的供带长度，机器自动供带。同时，电机也已重新转动。调整供带长度动作如图 2-5-12 所示。

图 2-5-12 调整供带长度

5. 触动微动开关

将打包带绕过包装箱，将带头沿着导向槽插入直至触动微动开关，如图 2-5-13 所示。

图 2-5-13 触动微动开关

6. 单条自动捆扎

前顶刀立即上升，将带头顶住，中刀立即上升，将带子切断，与此同时，表面温度约 180 度的热刀伸入上下带子的中间，使聚丙烯打包带表面热熔，随后热刀迅速退出，中刀继续上升，将热熔处的打包带压紧，使接头焊接牢固，最后中刀、前顶刀、后顶刀下降将带子释放，前后经过约 1.5 秒，完成单条捆扎过程，如图 2-5-14 所示。

图 2-5-14　自动捆扎完成

7. 完成井字形打包

调整工作平台上包装箱位置，将包装箱进行 90 度旋转，再次进行包装箱定位、调整供带长度、触动微动开关，完成井字形打包过程，如图 2-5-15 所示。

图 2-5-15　打包完成

8. 关机

打包作业结束后，将包装箱从工作台上取下放在地上，然后关上电源开关或电机开关。

步骤五：粘贴标签

完成打包后，刘军将货物标签正确贴到包装箱上：

(1) 首先将打印好的标签从标签带上完整撕下。

(2) 将货物标签字面朝上，沿着包装箱右下角整齐贴在包装箱上。

步骤六：托盘加固

由于超市送货一般都采用托盘直接送货，因此最后需要将贴好标签的运输包装箱根据码放要求放到托盘上，对其进行拉伸缠绕包装，主要是为了加固整个托盘，防止倒塌、遗漏等问题。为加强保护，托盘单元货载在拉伸包装前，可在单元货物顶部盖上一块每边都比其边缘大出 30mm 以上的塑料薄膜或其他防水材料，如图 2-5-16 所示。

图 2-5-16　拉伸包装示意

加固完毕后，利用搬运车将物品搬运至发货区等待发货。

小贴士

单元货物的质量不大于 1000kg 的拉伸包装，应使用厚度不小于 0.12mm 的 PE（聚乙烯）拉伸薄膜或厚度不小于 0.07mm 的 PVC（聚氯乙烯）或 EVA（乙烯—醋酸乙烯类聚物）薄膜；单元货物的质量不大于 2000kg 的拉伸包装，应使用厚度不小于 0.2mm 的 PE 拉伸薄膜或厚度不小于 0.12mm 的 PVC 或 EVA 薄膜。

军功论赏

序号	考核内容	满分	最后得分
1	能够进行包装准备	15	
2	能够对货物进行装箱	15	
3	能够对包装进行封箱	15	
4	能够对货物进行打包	15	
5	能够准确粘贴标签	10	
6	能够进行托盘加固	10	
7	能够掌握包装作业的注意事项	10	
8	能够掌握常用的包装材料	10	
合计		100	

战术提升

《中华人民共和国国家标准：物流术语》中规定，流通加工（见图 2-5-17）是物品在生产地到使用地的过程中，根据需要施加包装、分割、计量、分拣、刷标志、拴标签、组装等简单作业的总称。其内容包括：

（1）对于流通对象（如钢材、木材等）进行剪切、套裁、打孔、打弯等。

（2）分装或掺和散装性的货物。

（3）组装元件或器件。

（4）给待流转的货物粘贴标签、拴牌子等。

图 2-5-17　流通加工

流通加工是为了提高物流速度和物品的利用率，在物品进入流通领域后，按客户的要求进行的加工活动，即在物品从生产者向消费者流动的过程中，为了促进销售、维护商品质量和提高物流效率，对物品进行一定程度的加工。流通加工通过改变或完善流通对象的形态来实现“桥梁和纽带”的作用，因此流通加工是流通中的一种特殊形式。

流通加工的业务主要有：

（1）根据客户的需求，将大包装换成小包装，或将小包装合成大包装，而不改变事物的本质特性，如大瓶或散装的液体或粉末可进行分装，也可根据需要将长材变成短材。

（2）贴标签，如给服装、化妆品贴标签。

（3）装潢、包装、贴牌。

（4）改变商品颜色。

（5）将几个零件组装，如电脑散件根据订单组装成不同的配置。

(6) 将一个商品分拆成散件。

(7) 配餐员可根据不同的顾客，配置不同的营养餐。

(8) 定量成型。将蔬菜水果冲洗、切割、过秤、装袋。

(9) 促销赠品搭配。

(10) 用机器将生产日期、合格标签打印到包装上。

想一想

1. 连锁超市的配送中心常见的配送加工（流通加工）主要有哪些呢？

2. 常见的包装技术有哪些呢？

3. 你对全自动流水线包装了解吗？

扫一扫

请扫描右侧二维码，观看“全自动包装”视频并讨论以下问题：

（1）全自动包装的整个流程是什么？与半自动的一样吗？

（2）你在生活中有没有包装过哪种东西，分享交流一下。

任务六　集货配载作业

瞄准靶心

※能够完成对货物的集货作业。

※能够完成对车辆的配载作业。

军令如山

2017 年 4 月 5 日，新疆雨润配送中心需要对已经完成包装的所有在集货区的货物进行配送作业（见图 2-6-1），该批货物主要是日用百货等快消品，配送作业主要包括集货分区、配载装车、送货作业，这里先进行前两个环节，具体该如何操作呢？

图 2-6-1 新疆雨润配送中心集货区

横扫千军

步骤一：集货分区

在自动分拣系统的作用下，不同门店或便利店的商品都已经输送到集货区，且拆零的商品也已经进行过包装作业。分拣员需要将发给同一门店或同一便利店的各种商品汇集在一处，按照一定的规律码放在托盘上，进行托盘加固作业后，以待发送。

小贴士

利用自动分类机分货的主要过程：

(1) 首先必须将有关货物及分类信息通过自动分类机的信息输入装置输入到自动控制系统。

(2) 当货物通过移载装置移至输送机上时，由输送系统运送至分类系统。

(3) 分类系统是自动分类机的主体，这部分的工作过程为先由自动识别装置识别货物，再由分类道口排出装置按预先设置的分类要求将货物推出分类机。

步骤二：配货检查

分类后需要进行配货检查，以保证发运前的物品品种、数量、质量无误。

配货检查作业主要包括根据门店配送商品信息和车次对拣送物品进行物品号码和数量的核实以及对物品状态、品质的检查。

目前，配货检查常用的方法有物品条码检查法、声音输入检查法和重量计算检查法。新疆雨润配送中心目前使用的是条码检查法，利用条码扫描器扫描移动着的货物条码，计算机自行统计扫描信息，并与出货单进行对比，从而检查货物数量和编号是否有误。

小贴士

配货检查作业程序及作业效果如表 2-6-1 所示。

表 2-6-1 配货检查作业程序及作业效果

检查方式	作业程序	作业效果
条码检查	导入条码，让条码跟着货物。利用条码扫描器读移动着的货物条码，计算机自行统计扫描信息，并与出货单进行对比，从而检查货物数量和编号是否有误	相对于人工检查，效率高，出错率低
声音输入检查	当物流人员发声读出货物名称、代码和数量后，计算机接受声音并自动判别，转换成资料信息后，与出货单进行对比，从而判断是否有误	效率高，但要求作业人员发音准，且每次发音字数有限，否则会造成计算机识别困难，进而产生错误
重量计算检查	利用计算机计算出货单上的所有货物的总重量，再将计算结果与称出的货物的实际重量进行核对。利用装有检核系统的拣货台车拣货，在拣取过程中就能利用此法来对拣货商品进行检查，拣货人员每拣取一样货品，台车上的计重器就会自动显示其重量并做查对	可省去事后检查工作，而且效率及正确性极高

步骤三：车辆调度

1. 配送路线选择

根据新疆雨润配送中心各线路上门店的订货数量和品种，做线路的调整，保证配送效率。集货区需要配送的门店和位置分布如图 2-6-2 所示。

图 2-6-2 需要配送的门店及其位置分布

其中每个门店的需求量如表 2-6-2 所示。

表 2-6-2　　各门店需求量

	门店 A	门店 B	门店 C	门店 D	门店 E	门店 F	合计
需求量（托盘数）	21	20	28	26	22	24	141
总重量（吨）	1.3	1.2	2.0	1.8	1.4	1.6	9.3

结合各门店之间的距离，确定此次配送路线为“配送中心→门店 E→门店 A→门店 B”“配送中心→门店 C→门店 F”“配送中心→门店 D”，共三条线。

2. 车辆调度

目前配送中心可调配的车辆有 7 辆 2 吨的货车、5 辆 4 吨的货车、3 辆 2 吨的冷藏车。根据配送路线需要调度 1 辆 2 吨货车和 2 辆 4 吨货车，其中 2 吨的货车主要去分店 D。

小贴士

车辆调度的方法有多种，可根据客户所需货物、配送中心站点及交通线路的布局不同而选用不同的方法。这里使用的方法是经验派车法：在有多种车辆时，车辆使用的经验原则为尽可能使用能满载运输的车辆进行运输，如运输 5 吨的货物，安排一辆 5 吨载重量的车辆运输。在能够保证满载的情况下，优先使用大型车辆，且先载运大批量的货物。一般而言大型车辆能够保证较高的运输效率和较低的运输成本。

步骤四：配载装车

货车司机接到出车指示后，检查车辆，并将车辆开到指定装货地点。

随后仓管员对车辆、司机信息进行核对，确定车辆与待配送货物的对应关系。核对后仓管员根据装车单，指导装卸人员进行装车。

装车完毕之后，装车人员与仓管员分别在装车单上签字确认，司机配合仓管员清点装车商品数量，并在出库单上签字。交接完毕后，司机到配送调度处领取送货单作为回单。

小贴士

车辆配载的原则有10个，具体见表2-6-3。

表2-6-3　车辆配载的原则

配载原则	具体介绍
轻重搭配的原则	将密度大的货物与密度小的货物搭配，如棉花与大米搭配，用同一辆车配送，可以提高车辆的利用率
大小搭配的原则	大小搭配，可以进行套装。如在配送餐具时，将勺子放在碗里，将碗放在盆里，这样可以有效利用货车的空间
货物性质搭配原则	根据货物的特性，将可以放在一起的货物进行搭配运输，可以提高运输的实载率
到达同一地点的适合配装的货物应尽可能一次积载	有时到达一个地点的一种货物没有将货车装满，可以把其他到同一地点的货物与原来的货物一起配送，可以有效节约运输成本
确定合理的堆码层次及方法	根据货物的特性及包装的特点，选择合适的堆码层次与方法，以尽量提高货车的利用率
装载易滚动的卷状、桶状货物，要垂直摆放	装载易滚动的卷状、桶状货物时，要垂直摆放，这样可以提高堆垛的稳定性，避免货物倾倒
货与货之间、货与车辆之间应留有空隙并适当衬垫，防止货损	虽然强调尽可能将更多的货物装载入货车，但也必须强调货物的安全性，损坏货物的成本远远比节约的运输成本高，因此要有衬垫物以保护货物
装货完毕，应在门端处采取适当的稳固措施，以防开门卸货时，货物滑落	应该设有挡板等稳固措施，以避免货物的损坏及人员的伤亡
尽量做到“后送先装”	“后送先装”即一车配送到不同地点的货物，将先配送的货物在后配送的货物装车前完成装车，以避免不必要的装卸，这样做可以有效提高配送的效率
装载时不允许超过车辆所允许的最大载重量	装载虽然要尽量多装，但也要强调安全性，不能超载，因为超载很容易出事故，安全运输是减少运输成本最有效的方式

新手雷区

装车作业注意事项：

(1) 因货物性质不同，装车前需对车辆进行清扫、清洗、消毒，达到规定的要求。

(2) 确定最恰当的装卸方式。考虑货物的性质及包装，选择最适当的装卸方法。

（3）合理配置和使用装卸机具，力求减少装卸次数，缩短装卸路径。

（4）防止货物装卸时的混杂、散落、漏损、砸撞，特别要注意，危险货物不得与普通货物混装，性质相抵触及灭火方法不同的货物不能混装。

（5）货物应捆扎牢靠，码放、堆放整齐，标志向外，箭头向上。

（6）提高货物集装化或散装化作业水平，成件货物集装化、粉粒状货物散装化不仅可以提高作业效率，也可以减少作业次数，降低事故风险。所以，成件货物应尽可能集装成托盘系列、集装箱、货捆、货架、网袋等货物单元后再进行装卸作业。各种粉粒状货物尽可能采用散装化作业，直接装入专用车、船、库。

（7）做好装卸现场组织工作，装卸现场的作业场地、进出口通道、作业流程、人机配置等布局设计应合理，避免由于组织管理工作不当造成的装卸现场拥挤、紊乱现象，以确保装卸工作安全顺利完成。

军功论赏

序号	考核内容	满分	最后得分
1	能够掌握自动分类机分货的主要过程	10	
2	能够进行集货分拣作业	15	
3	能够掌握配货检查的主要方法	10	
4	能够进行配货检查	15	
5	能够掌握车辆调度的方法	10	
6	能够进行车辆调度	15	
7	能够掌握配载装车的原则和注意事项	10	
8	能够进行配载装车	15	
合计		100	

战术提升

你知道吗

1. 车辆配载的效率的衡量方法

一般采用吨位利用率来衡量车辆运载的效率，吨位利用率的公式如下：

吨位利用率＝（实际完成周转量/载运行程载重量）×100％

车辆配载一般采用容重配装法，其公式如下：

$$W_A \times R_A + W_B \times R_B = V$$

其中，两种货物的配装重量为 W_A、W_B，质量体积分别为 R_A、R_B，V 为车厢容积。

2. 提高车辆装载率的具体方法

(1) 研究各类车厢的装载标准，根据不同货物和不同包装体积的要求，合理安排装载顺序，努力提高装载技术和操作水平，力求装足车辆核定吨位。

(2) 根据客户所需要的货物品种和数量，调派适宜的车型承运，这就要求配送中心根据经营商品的特性，配备合适的车型结构。

(3) 凡是可以拼装运输的，尽可能拼装运输，但要注意防止出现差错。

3. 影响车辆配载的因素

一般影响车辆配载的主要因素有四个，具体如表 2-6-4 所示。

表 2-6-4　　影响车辆配载的主要因素

因素	举例
货物特性因素	如轻泡货物，由于车辆容积的限制和运行限制（主要是超高），而无法满足吨位，造成吨位利用率降低
货物包装情况	车厢尺寸不与货物包装容器的尺寸成整数倍关系，则无法装满车厢，如货物宽度 80cm，车厢宽度 220cm，将会剩余 60cm
不能拼装运输	应尽量选派核定吨位与所配送的货物数量接近的车辆进行运输，或按有关规定而必须减载运行，比如有些危险品，必须减载运送才能保证安全
装载技术原因	装载没有合理利用货车的空间或载重量，使得能载的货物减少

想一想

1. 配送中心的集货配载过程你掌握了吗？

2. 你在生活中见过车辆配载吗？

扫一扫

请扫描右侧二维码，观看“叉车自动装车系统”视频并讨论以下问题：

(1) 叉车自动装车系统应用原理是什么？

(2) 你觉得装车这个环节还有哪些需要改进的方面？

(3) 查阅资料，看看目前还有哪些先进的装车技术，分享交流一下。

任务七　送货作业

瞄准靶心

※能够掌握送货作业的流程。

※能够按照送货作业的流程完成送货作业。

军令如山

2017年4月5日，新疆雨润配送中心已经完成了任务六中货物的集货配载作业，接下来就需要完成送货作业，司机刘师傅和装卸师傅小王主要配送的路线是“配送中心→门店E→门店A→门店B”，具体他们该如何操作呢？

横扫千军

步骤一：选择最优路线

（1）打开百度地图或高德地图。输入起点“新疆雨润配送中心”和终点名称“雨润分店E”（即门店E），选择“驾车”，进行搜索。一般会搜索出多种方案，如图2-7-1所示。

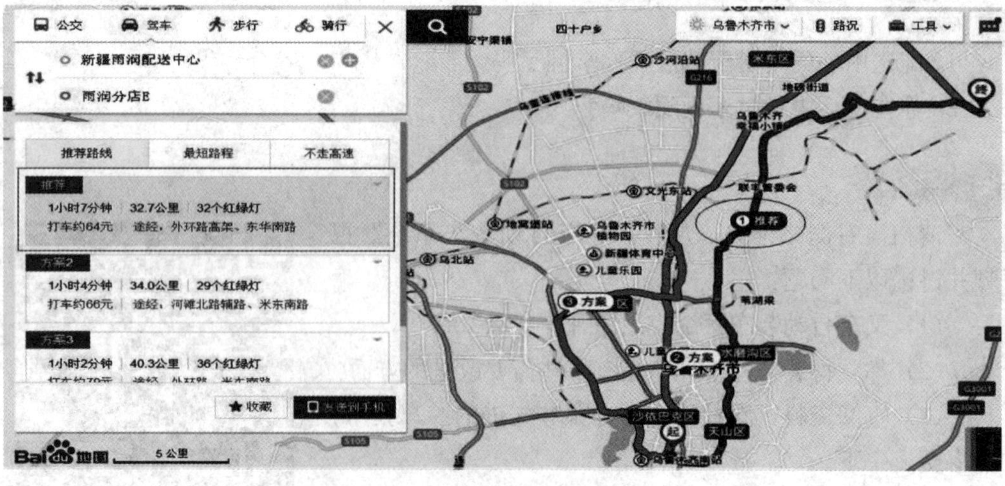

图2-7-1　搜索线路

(2) 查看最短路线，如图 2-7-2 所示。

图 2-7-2 最短路线

(3) 比较推荐路线和最短路程路线，根据对道路交通条件的掌握情况（一般电子地图上可以查看实时路况），选择合适的配送线路。这里可以看到这两个路线是一致的，所以该路线为最优的配送路线。

同理，当送完门店 E 的货物后，继续按照这种方法进行路线选择，直到最终回到配送中心。

小贴士

电子地图是现代社会中被很多有业务分配的企业广泛应用的一种路线工具，因为它不仅能够提供路线规划的各项功能，同时还能够提供许多道路的辅助信息，规划出最佳的路线供用户选择。对于多点路线规划可以通过以下步骤实现：

(1) 标注途经点的位置，如图 2-7-3 所示。数量较少的话，可以通过搜索添加或者手动添加的方式标注途经点；标注点量多的，可以通过上传数据批量标注途经点。

图 2-7-3 标注途经点位置

（2）开启工具的智能路线规划功能，如图 2－7－4 所示。

图 2－7－4　智能路线规划功能

（3）点击路径功能，如图 2－7－5 所示。

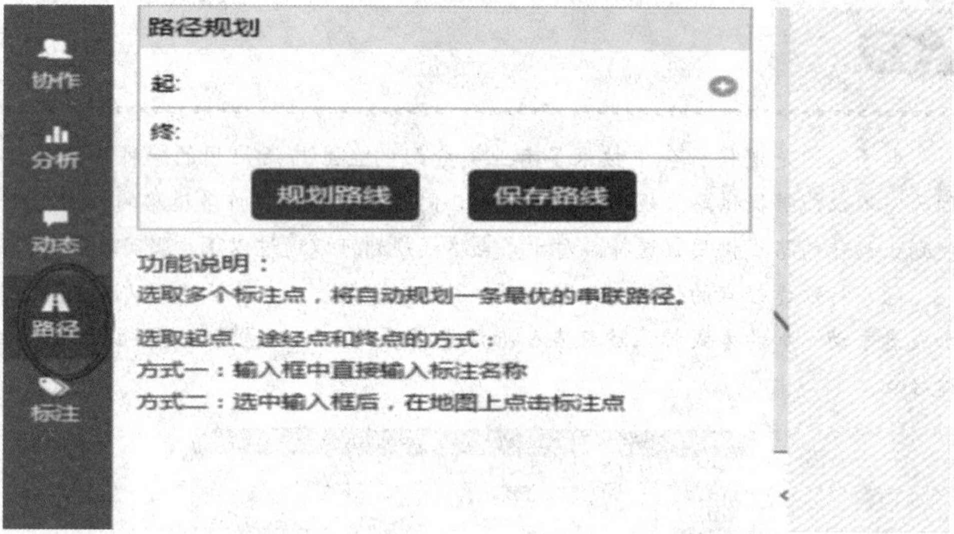

图 2－7－5　路径功能

（4）选择起点、途经点和终点。途经点多的话点击“+”号，添加途经点，如图2-7-6所示。

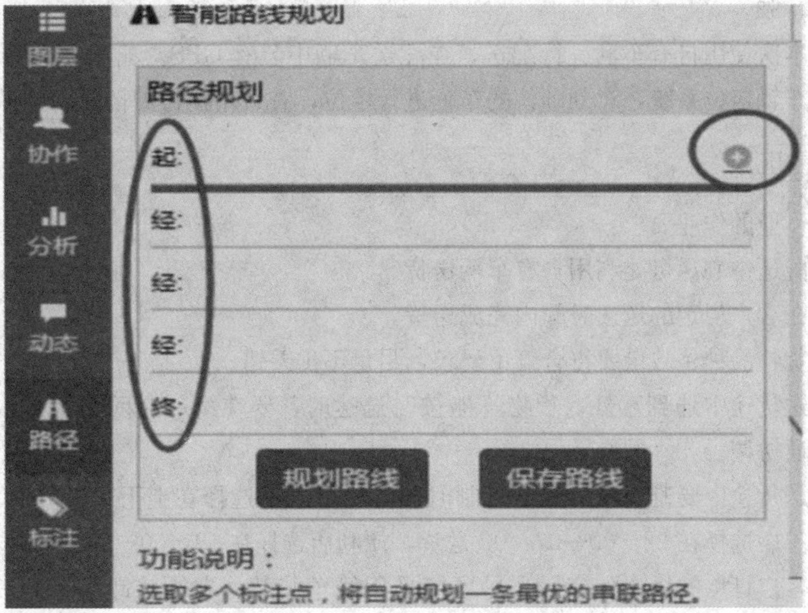

图2-7-6 增加途经点

（5）点击规划路线，平台会通过智能计算规划出最优的路线，如图2-7-7所示。

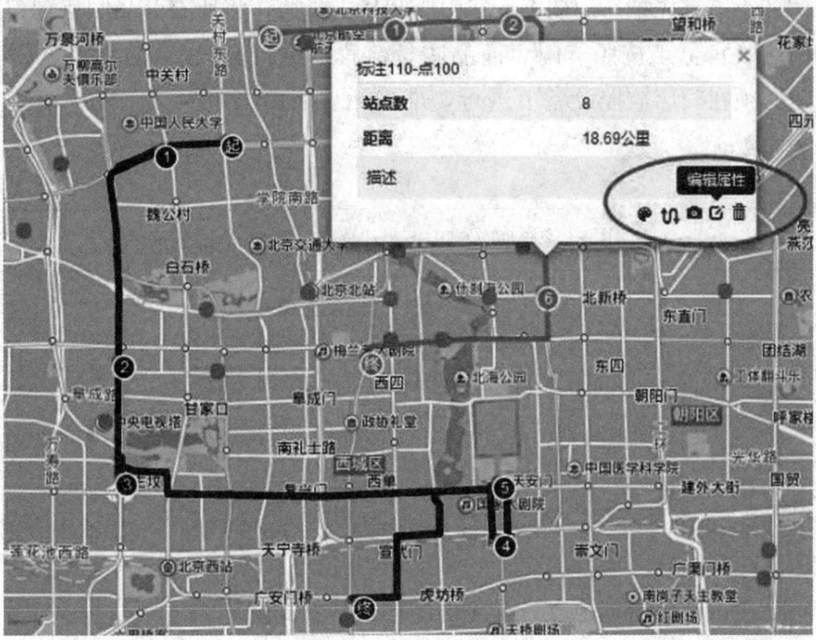

图2-7-7 最优路线

步骤二：货物运送

刘师傅和装卸师傅小王在准备好运送货物和单据后，大约在 21：30 就驾车按既定最优路线行驶。

由于本次使用自有车辆进行配送，在配送车辆中装有 GPS。配送中心的调度员也可以登录车辆定位系统，对刘师傅的车辆进行定位，查看车辆行驶情况。

新手雷区

送货作业的作业要求：

（1）配送中心尽可能利用自有车辆送货。

（2）在客户规定的送达时间内完成送货。

（3）货物品种、数量要符合订单要求，尽量不出差错。

（4）送货途中遇到意外，货物不能按时送达时，要在第一时间与客户取得联系，与客户沟通协调。

（5）送货途中要避开城市交通管制时间，尽可能不选择在上下班高峰时段进行送货。一般门店选择在 22：00—07：00 送货，便利店选择在 19：00—23：00 送货。

（6）客户订单的货物配齐后，尽可能采用笼车装载，方便装卸，减少货损货差，节约货物交接时间。

步骤三：货物送达交割

刘师傅和小王首先抵达门店 E，与门店卸货人员协作将所有商品卸货到门店指定收货地点，门店收货员工按照《门店商品收货流程》进行验收，100%验收商品当面清点。交接时必须在门店监控设备下进行，准确无误后由门店人员在配送单上签字确认（见图 2－7－8）。

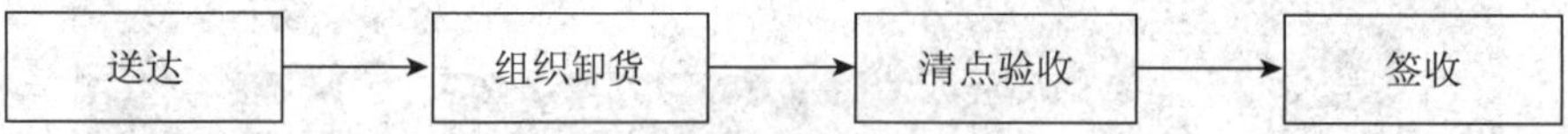

图 2－7－8　货物送达交割流程

送完门店 E 的商品，接着去门店 A，同理，进行卸货交割，再去门店 B，最后返回配送中心。

新手雷区

货物送达交割注意事项：

（1）货物送达客户指定地点后，应协助客户尽快卸货。

（2）在规定的时间内完成货物的交接和单据的交接。

（3）按有关协议完成货款的结算。

（4）当客户有退货请求时，分清责任，接受退货后顺便将货物带回配送中心，客户周转包装箱也顺便带回配送中心。

（5）与客户沟通，及时了解客户需求，掌握客户需求动态，为下次配送提供依据。

步骤四：反馈签单

刘师傅在返回配送中心后，将各门店签字的配送单交给调度员。由调度员认真核对单据联是否正确、收货人是否签名等。核对无误后，登录配送管理系统，进入【配送签收】界面，输入签收人和签收时间，进行签收确认。

步骤五：财务结算

在当日所有门店商品送达完成后，财务部门将根据配送单据对今日的配送费用进行结算。

军功论赏

序号	考核内容	满分	最后得分
1	能够掌握电子地图路线规划的方法	10	
2	能够选择最优路线	15	
3	能够掌握货物运送的注意事项	10	
4	能够进行货物运送操作	15	
5	能够掌握货物送达交割的注意事项	10	
6	能够进行货物送达交割	15	
7	能够进行反馈签单	10	
8	能够与财务进行财务交接	15	
合计		100	

战术提升

美国电子商务巨头 Amazon（亚马逊）公司庞大的物流配送中心有几万名员工工作，每天处理着来来往往的订单。2012 年，Amazon 以 7.75 亿万美元收购了面向物流行业的机器人制造厂商 Kiva Systems 公司。这表明 Amazon 正在非常认真地思考“机器人＋”物流将带来的竞争力与优越性（见图 2-7-9）。

图 2-7-9　无人机

2013 年年底，情况更加有趣了，那就是 Google（谷歌）在机器人上与 Amazon 的对抗。据《纽约时报》著名的科技记者约翰·马科夫（John Markoff）分析，Google 为此而加紧谋划，将一步一步地使从生产制造到物流配送的“完整的消费者产品产业链”实现自动化。

Google 机器人部门由“Android（安卓）之父”安迪·鲁宾（Andy Rubin）率领，此前先期开展的项目还包括自动驾驶汽车。就在大家纷纷揣测 Google 什么时候可以通过自动驾驶汽车实现网上购物当天配送服务的时候，Google 又令人意想不到地公布将在旧金山与硅谷等地推出当天配送服务，即“Google 购物快递”。

Google 正在尝试通过各种技术，按照计算机的计算，优化从工厂到配送中心人工环节的所有劳动资源。换句话说，如果能够使员工像机器人那样，在各个环节都能进行优化配给分工的话，无疑能够最大程度地提高效率。

想一想

1. 你见过无人机吗？
2. 你知道无人机是怎么送货的吗？

扫一扫

请扫描右侧二维码，观看“亚马逊——空中飞行器做物流配送”视频并讨论以下问题：

（1）你觉得空中飞行器未来应用的前景如何？

（2）像超市、便利店这种货量比较大的配送作业，无人机等又该如何解决呢？

任务八 退换货作业

瞄准靶心

※能够掌握退换货作业的流程。

※能够按照流程完成退换货作业。

军令如山

2017 年 6 月 8 日，新疆雨润配送中心所服务的门店 B 有一批商品需要退货，具体退货商品如表 2-8-1 所示。

表 2-8-1 退货商品列表

序号	商品名称	数量	单价（元）	单位	备注
1	梁福吉绿豆糕	40	36	盒	
2	岐山香醋	3	12	瓶	
3	正宗香粽	30	48	盒	
4	康师傅方便面	2	12.5	箱	

新疆雨润配送中心所服务的门店一般退货周期都是两周，该门店已经向配送中心退换货部门发出了退货申请书（见表 2-8-1），后续的具体退货流程是如何进行的呢？

表 2-8-2 退换货申请单（示例）

申请部门：门店 E　　责任部门：　　2017 年 6 月 2 日

客户名称	梁福吉生产商	客户要求	退货☑　换货☐
地　　址		联系方式	13567890234
品　　名	梁福吉绿豆糕	提货时间	2017 年 6 月 8 日
规格型号	1×6	发票号	
色　　别		单　位	盒
数　　量	40	单　价	36
退（换）货原　　因	过季商品	检验意见	售后服务部：
批准人权限意见	总经理：	雨润连锁超市公司经理：	营业部经理：

经办人：

说明：

1. 本单一式四联，第一联库房留存，第二联财务部门留存，第三联售后部门留存，第四联申请部门留存。

2. 开票员凭批准后的申请单开红出库单冲减。

横扫千军

步骤一：接受退货

配送中心退换货部门工作人员在收到该退货申请时，首先需要明确该退货商品是否符合退货标准。

根据退货申请单信息，与门店申请人员进行沟通确定退货原因。一般门店退换货产生的原因有：品质不良、订错商品、送错商品、过期商品、代销商品、顾客申请退换的商品、总部明确规定的滞销商品等。

经过与门店申请人员沟通得知，梁福吉绿豆糕和正宗香粽都属于季节性商品，目前已经滞销，且保质期较短；岐山香醋是因为瓶子被压扁了，属于滞销品；康师傅方便面是因为顾客退货，原因是顾客发现方便面袋子里面没调料。

依据公司的退货标准，季节性商品、滞销商品、顾客退货可以接受退货。

小贴士

门店商品退货标准

（1）可退货的标准：退货商品是采购部要求进行退货的，一般数量比较大，属于季节性商品、滞销商品等；被国家有关政府机构检查出有质量问题的商品；具备退货条件的供应商的商品；属于销售后被顾客发现有质量问题的商品，尤其是服装、鞋、家电等商品。

（2）不可退货的商品：没有退货协议的商品或某一批商品；退货数量、金额过小，无法办理退货手续的；非供应商过错而使商品有瑕疵的，如卫生用品被污染，商品被顾客开包后损失，等等；销售人员或顾客损坏的商品；过期的商品；家电商品缺外包装或配件，服装不配套等；卖场为陈列而展示的样品。

工作人员按照确认后的信息，填写退（换）货情况汇总表（见表 2-8-3）。

表 2-8-3　退（换）货情况汇总

自 2017 年 6 月 2 日至 2017 年 6 月 8 日

序号	客户名称	类别		品种	规格型号	色别	数量	金额	退换货原因
		退	换						
1	梁福吉经销商	√		梁福吉绿豆糕	250g/盒	绿	40	1440	过季商品
2	岐山香醋经销商		√	岐山香醋	400ml/瓶	黑	3	36	滞销商品
3	香粽经销商	√		正宗香粽	400g/盒	黄	30	1440	过季商品
4	康师傅经销商	√		康师傅方便面	600g/箱	白	2	25	顾客退货
合计							75	2941	—

小贴士

门店顾客退换货作业管理

1. 退换货一般性规定

(1) 有质量问题的商品，并且在退换货的时限内，可以退换。

(2) 有质量问题的商品，超出退货的时限，在换货时限内，不可退货，但可换货。

(3) 有质量问题的商品，超出退换货的时限，不可以退换货。

(4) 一般性商品无质量问题，但不影响重新销售的，可以退换货。

(5) 一般性商品无质量问题，但有明显使用痕迹的，不可以退换货。

(6) 经过顾客加工或特别为顾客加工后，无质量问题的，不可以退换货。

(7) 因顾客使用、维修、保养不当或自行拆装造成损坏的，不可以退换货。

(8) 商品售出后因自然灾害造成损坏，不可以退换货。

(9) 原包装损坏或遗失、配件不全或损坏、无保修卡的商品，不可以退换货。

(10) 贴身服饰用品，如内衣裤、睡衣、泳衣、袜子等，不可以退换货。

(11) 超市出售的“清仓品”和赠品，不可以退换货。

(12) 消耗性商品，如电池、胶卷等，不可以退换货。

(13) 化妆品（不包括一般性的护肤品），不可以退换货。

(14) 无本超市的收银小票或非本超市售卖的商品，不可以退换货。

2. 退换货流程

(1) 退货标准流程。

①受理顾客的商品和凭证。

②听取顾客的陈述，判断是否符合退货规定。

③同顾客商量处理方案。

④填写退货单（见表 2-8-4），复印凭证。

⑤退给顾客现金。

⑥处理退货商品。

表 2-8-4　　顾客退货单

日期		退货交易号码	
凭证单据		顾客签名	
购货日期		是否为有缺陷商品	

(2) 换货流程。

①受理顾客的商品和凭证。

②听取顾客的陈述，判断是否符合换货规定。

③决定换货。

④填写换货单（见表2-8-5），复印凭证。

⑤顾客重新挑选商品。

⑥处理换货商品。

表2-8-5　顾客换货单

货号	被换商品品名	数量	单价	金额	金额差异
货号	被换商品品名	数量	单价	金额	总额
制单：		授权核准：		收银：	

步骤二：验收退货

工作人员打印退货单（见表2-8-6）交给送货员，由送货员在给该门店送货后随车带回配送中心。

表2-8-6　退货单

客户名称：门店E　　　　退货日期：2017-6-8

退货单号	商品名称	数量	单价（元）	总额（元）	退款原因	备注
—	梁福吉绿豆糕	40	36	1440	过季商品	
—	岐山香醋	3	12	36	滞销商品	
—	正宗香粽	30	48	1440	过季商品	
—	康师傅方便面	2	12.5	25	顾客退货	
合计金额（元）				2941		

制单：×××　　　　财务：　　　　接收人：×××

送货员将退货带回配送中心，退货部门理货员根据退货单验收退货，核对无误后签字，进行分类整理。由于质量原因产生的退货，要放在残次品堆放区，以免和正常货物混淆。退货商品要进行严格的重新入库登记，及时输入企业的信息系统，核销客户应收账款，并向货物的供应商通知退货信息。

步骤三：退货处理

对于这些退回的商品处理方法如表 2-8-7 所示。

表 2-8-7　　退（换）货处理方法

过季商品	与仓库订有特别协议的季节性商品、试销商品、代销商品等，协议期满后，剩余商品仓库予以退回
滞销商品	
顾客退货	先垫付费用给予顾客赔偿，再联系供应商退货给供应商
换货商品	联系供应商和仓库主管及时进行换货

小贴士

供应商接到通知后，办理相关的退换货手续。具体细则如下：

（1）对于需要换货的商品，供应商应在供货合约中规定的期限内将换货商品送至门店验收，然后送至仓库并更新更换情况，同时，取回退货商品，完成换货手续。

（2）对于需要退货的商品，供应商应到采购部领取退货单，并持退货单到门店仓库登记，取回退货品。对于退货商品还应将退货单呈报主管审核签字，由采购人员编制退货报表，送往会计部门进行扣款，完成退货手续。

新手雷区

办理退换货应注意的事项：

（1）供应商确认，即先查明待退换商品所属的供应商或送货单位。

（2）填写退货申请单，注明其数量、品名及退货原因。

（3）退换商品应妥善保存，一般应放于指定的退换货商品区域，并按供应商或送货单位分别存放。

（4）及时联络各供应商或送货单位办理退换货。

（5）退货时应确认扣款方式、时间及金额。

步骤四：财务结算

仓管员将退回的货物重新入库后，将退货单交给财务部门，财务部门需要完成退货的财务结算。

在进行结算时，配送中心的财务人员需要根据退货单剔除退回货物的金额，在“退货单”财务一栏签字。如客户已经支付了货物的费用，财务人员则准备现金或支票退款，并在“财务”一栏签字。

步骤五：跟踪处理

在整个退货作业的过程中，配送中心的退换货工作人员都要及时跟进，将退货处理结果、退款金额、时间等信息及时反馈给客户，将退货原因、时间、数量、批号、费用、存放地点等信息及时反馈给供应商，将退货原因等信息反馈给相应的管理部门，以便制定改进措施。

军功论赏

序号	考核内容	满分	最后得分
1	能够掌握门店退货的标准	10	
2	能够掌握门店退货的主要原因	10	
3	能够掌握门店退换货作业的注意事项	10	
4	能够接受退货作业	15	
5	能够验收退货作业	15	
6	能够进行退货处理	15	
7	能够进行财务结算	10	
8	能够对退换货作业进行跟踪处理	15	
合计		100	

战术提升

第三方配送中心退换货作业管理

退货作业是指仓库按订单或合同将货物发出后，由于某种原因，客户将货物退回仓库而引发的物流作业活动的总称。退货会大幅度增加成本、减少利润，因此在销售业务中，应尽可能地避免退货与换货。

为规范货物的退换货工作，配送中心要制定一套符合企业标准流程作业的退货作业流程，以保证退货业务的顺利进行（见图 2-8-1）。

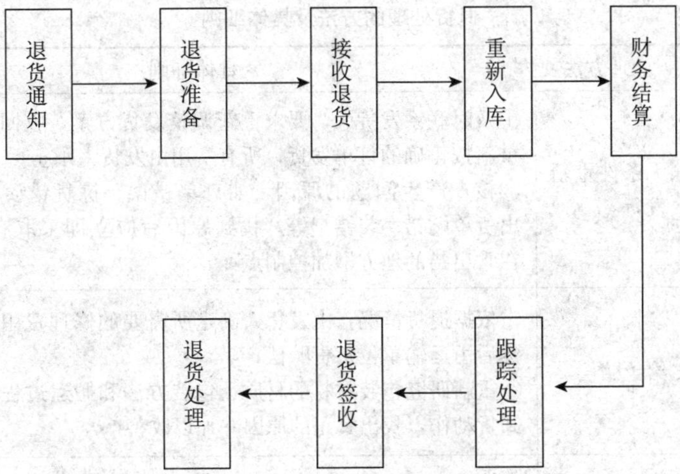

图 2-8-1 退货作业基本流程

通常发生退货（或换货）常见的原因如表 2-8-8 所示。

表 2-8-8 退货常见原因

退货原因	具体介绍
协议退货	与仓库订有特别协议的季节性商品、试销商品、代销商品等，协议期满后，剩余商品仓库给予退回
有质量问题的退货	对于不符合质量要求的货物，如新鲜度不佳、数量不足等，配送中心应予以退货
次品回收	由生产商在设计、制造过程中存在的问题，在货物销售后由消费者或生产商发现，必须立即进行部分或全部收回。这种情况不常发生，但却是不可避免的
搬运途中损坏退货	包装不良或搬运中剧烈震动会造成货物破损或包装污损，配送中心将予以退回。这时必须重新研究包装材料的材质、包装方式和搬运过程中各项上、下货动作，找出真正原因并加以改善
货物过期退回	一般的食品或药品都有相应的保质期，如面包、饼干、速冻食品、加工肉类等。过期货物的处理，要花费大量的时间、费用和人力，无形中增加了物流公司营运成本。为此，要事先分析货物的需求，或多次少量配送，以减少过期货物的产生
货物送错退回	送达客户的货物不是订单所要求的货物，如货物条码、品项、规格、重量、数量等与订单不符，都必须退回

退货处理的方法及具体细则如表 2-8-9 所示。

表2-8-9　　退货处理的方法及具体细则

原因	处理方法	具体细则
按订单发货产生错误	无条件重新发货	①及时联系发货人，要求重新调整发货方案，收回错发的货物，重新按正确的订单发货，所有费用由发货人承担； ②核查产生问题的原因，如订单错误、拣货错误、出货错误、出货单贴错、装错车等，找到原因后应立即采取有效措施，如在常出错的地方增加控制点
运输途中货物受到损坏	给予赔偿	①依据退货情况，由发货人确定所需要的修理费用或赔偿金额，然后由运输单位负责赔偿； ②重新研究包装材料的材质、包装方法和搬运过程中各项装车、卸货动作，找出真正的原因并加以改善
客户订货有误	收取费用重新发货	①按客户新订单重新发货 ②所产生费用由客户承担
货物本身缺陷	重新发货或提供替代品	①物流公司接到退货通知后，应派车派工收回退货，并将被退货物集中到仓库退货处理区进行处理 ②货物回收结束后，物流公司应督促发货方采取措施，用没有缺陷的同种货物或替代品重新向收货人发货

想一想

1. 门店的退换货和第三方配送中心的退换货流程你掌握了吗？
2. 你知道退货的理赔退返管理是什么样吗？

你知道吗

经销商的理赔退返管理

对于配送中心而言，数量较大的配送业务一般是配送中心直接面对客户，但是对于每次配送数量较少的客户而言，配送中心会与各类经销商联系，由经销商代为向客户进行配送，同样客户的退换货业务也会直接与经销商联系，如何才能更好地保障经销商的利益，维护经销商和配送中心的长期合作关系，对于配送中心来说至关重要。

1. 理赔费用

对于易发生退换货的商品，配送中心一般会给予经销商不同额度的理赔费用和赔偿金，这主要取决于经销商的性质、规模、与配送中心的长期合作关系以及商品的性质、数量、风险状况等。一般合作程度越长、风险越大的经销商理赔费用越高。

2. 理赔原则

(1) 及时原则。针对经销商的退换货要及时了解情况，分析原因，及时处理，争取让客户满意。

(2) 效益原则。针对退换货造成的损失，配送中心要积极寻找解决对策，争取最大程度降低双方损失。

(3) 关系原则。在处理退换货问题上，配送中心要本着合作至上的原则，注意维护双方的合作关系。

3. 退赔处理

对于经销商退回的商品，如果尚在维修期内，免费维修；如果超出维修期，收取零件费用和维修费用；如果属于经销商的原因造成的损失，那么费用由经销商承担；如果商品无法修复则要对商品按照流程进行退货。

4. 定期结算理赔费用

根据退赔商品的数量、品种、期限对经销商进行定期理赔费用结算，维护与经销商的长期合作关系。

扫一扫

请扫描右侧二维码，观看《京东退换货流程操作指导》视频并讨论以下问题：

(1) 京东商品的退货退款操作流程是什么？

(2) 你有没有退货退款过？分享交流一下相关体验。

项目三　特殊货物配送业务

任务一　电子商务物流配送业务

瞄准靶心

※能够掌握电子商务配送的作业流程。

※能够根据电子商务配送的作业流程进行操作。

军令如山

京东（见图3-1-1）是中国最大的自营式电商企业，2015年第一季度京东在中国自营式B2C（商对客）电商市场的占有率为56.3%。目前，京东集团旗下设有京东商城、京东金融、拍拍网、京东智能、O2O（线上到线下）及海外事业部。经营内容包含计算机、手机及其他数码产品、家电、汽车配件、服装与鞋类等，共13大类3150万个SKU（库存量单位）的商品。

图3-1-1　京东

截至2015年3月31日，京东在全国有7大物流中心（见表3-1-1），在43座城市运营143个大型仓库，拥有3539个配送站和自提点，覆盖全国范围内的1961个区县。

图 3-1-2　京东配送中心

京东把整个仓叫做履约中心，整个运营体系有 7 万多人，通过精密的管理机制高效运转，仓储中心之间既独立又平行协同，实现有限的仓储、无限的库存。

表 3-1-1　京东七大物流中心覆盖范围

物流中心	覆盖地区
北京物流中心	北京、天津、河北、山西、内蒙古、山东
上海物流中心	上海、江苏、浙江、安徽
广东物流中心	广东、广西、福建、海南
成都物流中心	四川、重庆、贵州、云南、西藏
武汉物流中心	河南、湖北、湖南、江西
西安物流中心	新疆、陕西、宁夏、青海
沈阳物流中心	辽宁、吉林、黑龙江

京东配送服务如表 3-1-2 所示。

表 3-1-2　京东配送服务

配送服务	介绍
211 限时达	当日上午 11：00 前提交的现货订单（部分城市为上午 10 点前），以订单出库完成拣货时间点开始计算，当日送达；夜里 23：00 前提交的现货订单（以订单出库后完成拣货时间点开始计算），次日 15：00 前送达
次日达	在一定时间点之前提交的现货订单（以订单出库后完成拣货的时间点开始计算），将于次日送达
极速达	为用户提供的一项个性化付费增值服务，如果用户选择“极速达”配送服务，需通过“在线支付”方式全额成功付款或货到付款方式成功提交订单后，并勾选“极速达”服务后，京东会在服务时间内，3 小时将商品送至用户所留地址
夜间配	为用户提供更快速、更便利的一项增值服务，如果用户需要晚间送货上门服务，需下单时在日历中选择“19：00—22：00”时段，属“夜间配”服务范围内的商品，京东会尽可能安排配送员在用户选定当日晚间给用户送货上门

此外，京东自提柜可以提供全天不间断的自提服务，用户只需在下单时选择“自助式自提”的配送方式，所购商品则会第一时间送至自提柜，随后京东系统自动发送短信提示消费者取货。取货时，消费者仅需输入订单号和提货码，或直接扫描提货二维码，即可完成身份验证，在按提示完成 POS 机刷卡支付后，便可开柜取货。

1 月 4 日上午 10 点多，家住石景山古城的乐书鹏在京东商城下了自己的订单：一台索尼数码相机，货到付款。下午 16：15，乐书鹏接到货物送达的电话，很快他就拿到了自己购买的相机，可以马上去拍照了。可是这么快是怎么做到的呢？

横扫千军

步骤一：确认并打印订单

1. 订单确认

乐书鹏在京东网上选定需要购买的索尼数码相机后，点击“提交订单”后，新订单生成并将订单编号传递到系统。京东的网络系统可以在网上或现有的 ERP（企业资源计划）系统中看到客户下的订购单。

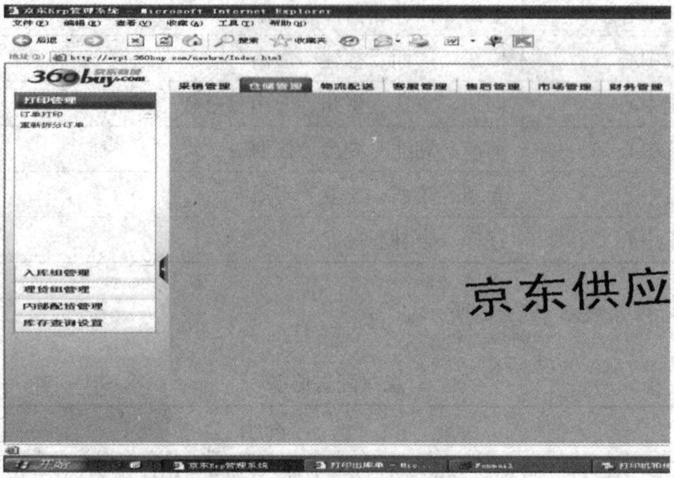

图 3-1-3　京东 ERP 系统

此时客户端可以看到如下物流信息：

2017-01-04 10：34：09　您提交了订单，请等待系统确认。

2. 打印订单

系统确认有货后，自动进入订单打印程序。一般客户在网上下订单后，在京东 ERP 系统中点击“【仓储管理】→【打印管理】→【订单打印】”，就可以打印订单，订单可分为单个打印和批量打印。如点击批量打印按钮，选择对应打印机进行打印（见图 3-1-4）。

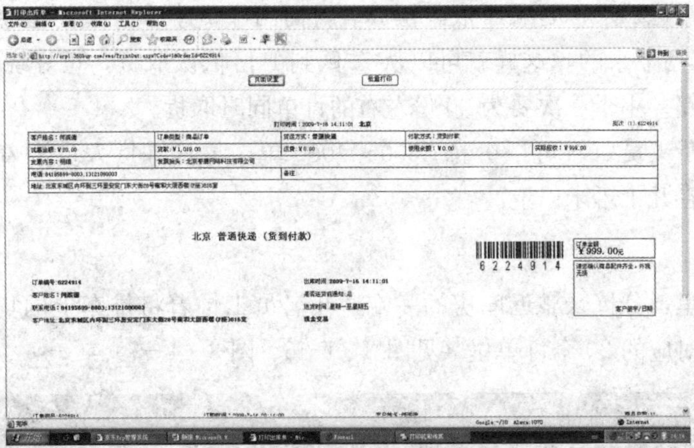

图 3-1-4 订单打印

此时客户端可以看到如下物流信息：

2017-01-04 10：48：20 您的订单已经打印完毕。

2017-01-04 10：44：08 您的订单预计 1 月 4 日送达您手中。

2017-01-04 10：34：42 您的订单已经进入京东 26 号库准备出库。

在北京南五环 1.5 万平方米的仓库里，高速打印机正 24 小时不断打印新订单。京东没有给客户留“后悔时间”，但在出货前，顾客可随时取消订单，待订单打印完后，ERP 系统中的打印栏状态由“未打印”变成“已打印”。再由信息员将已打印的订单进行确认，由订单变成为货物分拣界面。

步骤二：取货分拣

1. 取货

在京东商城 1.5 万平方米的仓库中，1.8 万余种商品并没有按产品类别摆放（如显示器和显示器放一起，冰箱和冰箱放一起等），而是根据销量分区摆放，最畅销的货品都摆放在靠近通道的货架上（见图 3-1-5）。供货商对货品实施少批量多批次送货，80％的供货商每天都要送货，有的产品一天送多次。

图 3-1-5 京东仓库

商品按照字母 A—P 的顺序依次摆放着，而出库员小李手上的汇总订单也是按照 A—P的顺序排列下来的。这样就可以从 A 区到 P 区依次取货，正好绕着仓库走一圈，而不用走回头路。小李一次要为 20 份左右的订单同时取货。

熟练的拣货人员每日可以分拣 3500～4000 单，每日拣货人员沿着同样的线路行走，行走距离在几十千米以上。

2. 分拣

京东库房里，分拣区靠近库房的一端，几名员工忙着将推车上的货品再按照订单明细，分拣到对应的 20 个订单里（见图 3-1-6、图 3-1-7）。

图 3-1-6　多层阁楼拣货区

图 3-1-7　分拣系统

在货物分拣完成后，交给发货包装组进行扫描出库和包装，同时分拣人员在 ERP 系统中将分拣过的货品资料前面打钩后，点击【确定】。同时页面变成“待发货”页面，状态栏为“待发货”状态。再点击【确定】转给我们现有的 ERP 发货系统。

此时客户端可以看到如下物流信息：

2017-01-04 10：51：37 您的订单已经拣货完成。

步骤三：扫描确认订单

库存组依据账物组交给的销售订单进行配货，配货结束在配货单上签字，确认后交给发货组。

在分拣区的后面，两张大长条桌上摆放着4台电脑，发货组扫描员点击“【京东管理系统】→【库房管理】→【出库专用】”，进入如图3-1-8所示的界面。

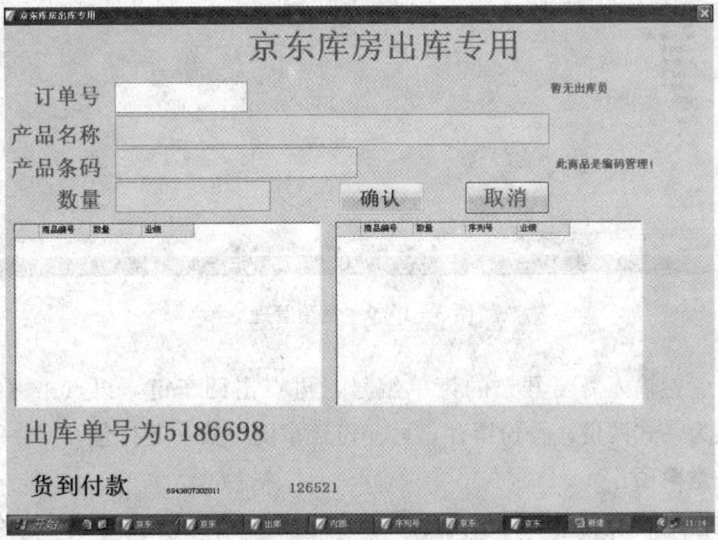

图3-1-8 出库专业界面

将分拣好的货品用扫描枪扫描条形码，扫描一个产品条码，在产品名称一栏会自动显示该产品的名称。再输入订单号，确认货品无误后送往发票开具区。

此时客户端可以看到如下物流信息：

2017-01-04 11：01：39 扫描员已经扫描。

新手雷区

扫描注意事项：

（1）扫描时要比对商品的颜色是否一致。

（2）检查商品是否集中放置，出库员、扫描员、打印员是否签字。

（3）不要对条码存有依赖性，要查看商品的正确性、包装的完整性、厂家质保标识等。

（4）对特殊商品出库要严格要求，如手机、相机出库要留意质保情况、厂家配送的附属赠品及备注中的特殊要求。

（5）所有商品必须逐个扫描录入、严禁一带而过。

(6) 不能扫录的商品一律叫出库员退换，并监督出库员出库的效率及差错率。

开票员在京东 ERP 系统中点击“【库存管理】→【发票管理】→【未开发票信息】”，出现如图 3-1-9 所示界面。

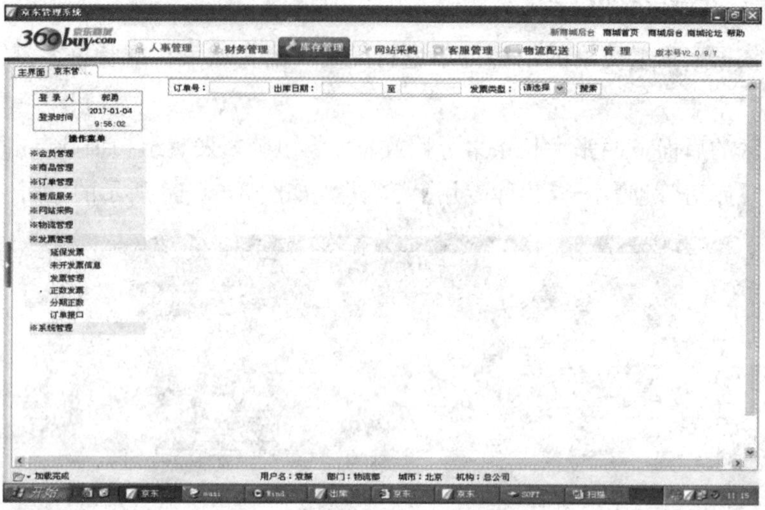

图 3-1-9　发票管理

在订单号一栏输入需要开票的订单编号，再点击回车键，再点击【打印】按钮，打印出的发票为一式两份，一份留存，另一份盖章随单货一起打包。

开发票注意事项：

(1) 备注栏是否有特殊要求，是否要开具发票、有无附属赠品等。除自提、增值税或客户要求不开发票的之外，所有订单都要开票。

(2) 发票打印一式两份，一份留存，另一份盖章随单货一起打包。同时在相应订单上盖章。

小贴士

扫描员的主要工作是将等待出库的商品通过计算机条码识别，将货物商品信息准确地录入输出。同时复核出库商品的颜色、规格、是否完好等，以保证出库商品的准确性。订单在等待出库的状态下由出库员将单货统一交由扫描员进行出库扫描。

开票员将扫描完成的商品根据相关开票原则开具发票。

京东的扫描开票流程如图 3-1-10 所示。

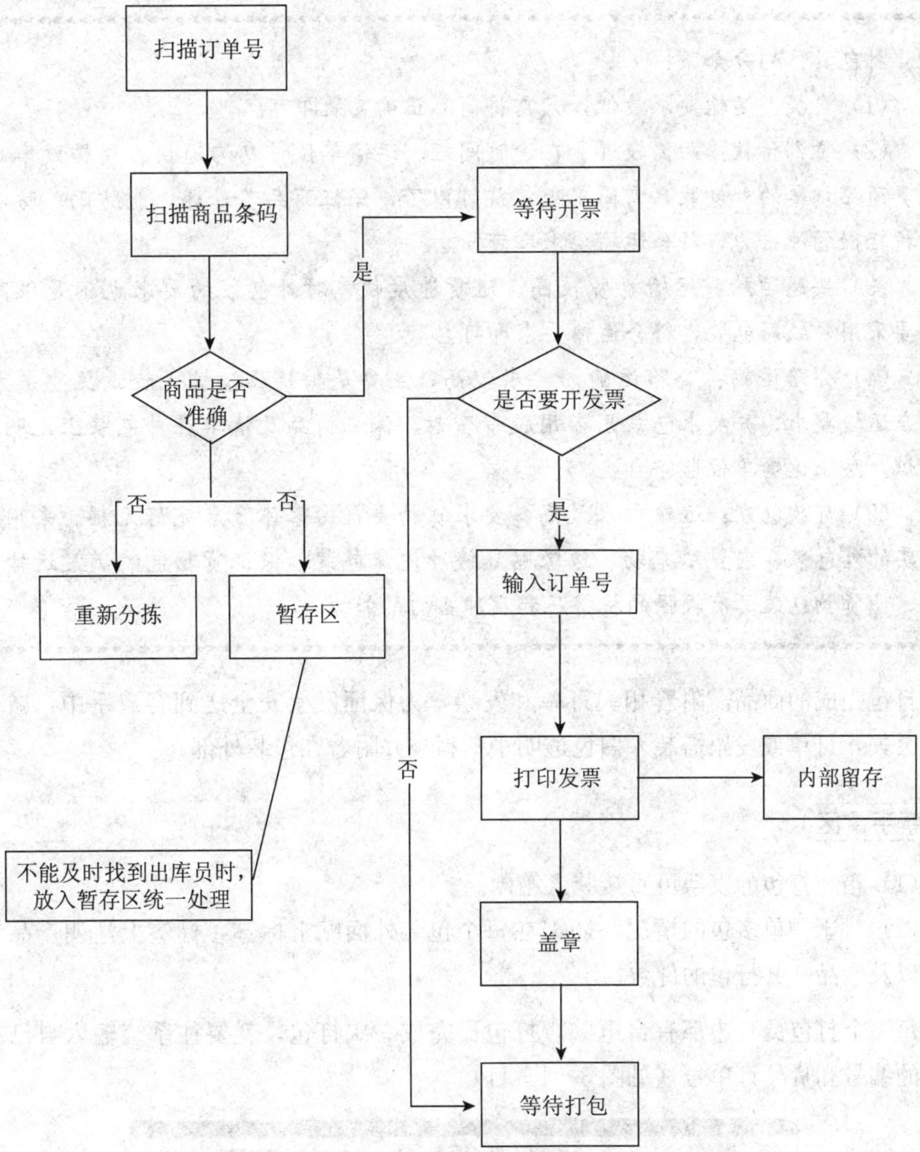

图 3-1-10　京东扫描开票流程

步骤四：打包

扫描和开具发票完成后，货品被送到打包区。货品根据付款方式和送达目的地的不同主要划分为箱式打包和塑料袋打包两种形式（自提、货到付款的订单用塑料袋打包）。北京城内的货品基本是京东自己的配送队伍送货，一般当日或次日送达。为了节约成本，打包员一般用两层塑料包装将货品包裹好封严。

小贴士

打包具体划分如下：

（1）自提：运输要求最低，只需将商品正确装袋即可。

（2）货到付款：距离较近、在途时间短、运输单位信息沟通快、周转效率高，这类商品订单的外包装只需简单袋装就可以了，保证商品不外漏，能防雨、防尘，能抗轻微的冲击力，符合运输要求即可。

（3）快递运输：运输资费较高、送货速度快、对外包装的要求也不是很高，需要采用硬纸箱包装，符合运输要求即可。

（4）公路运输：公路运输的要求较高，主要是耐挤压、抗风险、抗冲击力，符合运输要求；并要求包装用专用胶带密封，保证商品及清单在外包装上无明显标识，防止运输单位监守自盗。

（5）邮政包裹：运输要求最高，要求货物要自由落体 3 米完好无损。采用最结实的外包装、内置填充物、边缘贴置缓冲泡沫包装，保证货物包装满足运输要求，使货物包装具有较强的抗挤压和抗冲击力的能力。

打包完成的商品需附着相关订单和发票，为保证发票安全送到客户手中，减少破损和丢失，订单或发票需装入白色透明小塑料袋并附着在包装外部。

新手雷区

（1）箱式打包的发票可直接装入箱内。

（2）对于一单多包的情况，还需在每个包装外面贴上标签，标签上注明产品订单编号以及产品一共打包的件数。

每一个打包员身边都有台电脑，打包员完成一次打包，就要往系统输入自己打包货品的编号和货品订单号（见图 3-1-11）。

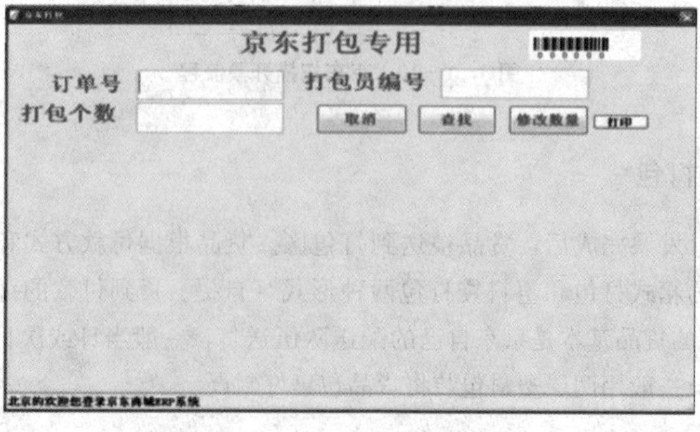

图 3-1-11　京东打包专用界面

在订单号一栏用扫描枪输入订单编号，同时输入打包员编号和打包数量，点击确认。

此时客户端可以看到如下物流信息：

2017-01-04 11：10：44 打包成功。

步骤五：上下车扫描

1. 上车扫描

包裹在由仓库发往配送点时会进行上车扫描。此时客户端可以看到如下物流信息：

2017-01-04 11：12：15 您的订单在京东【北京接货仓】发货完成，准备送往京东【北京分拣中心】。

2017-01-04 11：11：45 您的订单在京东【北京接货仓】分拣完成。

2. 下车扫描

在包裹到达配送点后，操作员会对包裹进行“下车扫描”，这表示货物将分配给该区域的某一位配送员进行配送。此时客户端可以看到如下物流信息：

2017-01-04 13：13：34 您的订单在京东【北京分拣中心】发货完成，准备送往京东【北京石景站】。

2017-01-04 13：13：04 您的订单在京东【北京分拣中心】分拣完成。

新手雷区

如果选用第三方配送，快递公司把货物拿走的同时，还会进行电脑扫描，此时，用户在页面上看到的订单信息就会变为“已经配送”。

步骤六：配送

京东商城的GIS系统（地理信息系统）可以在订单页面上看到包裹实时的移动轨迹。在订单页面的地图上包裹标识以一条红色的轨迹移动。包裹将要经过的线路是一条红色的虚线，已经经过的是条红色的实线。此时客户端可以看到如下物流信息：

2017-01-04 15：36：24 京东配送员【南奔达】已出发，联系电话【185＊＊＊＊6775或133＊＊＊＊4043】，感谢您的耐心等待，参加评价还能赢取京豆哟。

2017-01-04 15：32：59 您的订单在京东【北京石景站】验货完成，正在分配配送员。

步骤七：收货

乐书鹏的索尼数码相机从订单打印到发货品将其处理完毕送到发货区，花了大约34分钟，整个过程类似于流水线作业，经历了“订单打印→出库→扫描→打印发票→打包→发货”7个步骤，每个步骤都有专人负责。

在经过将近6个小时辗转后，乐书鹏拿到了他的索尼数码相机，并在送货单上签字。此时，客户端可以看到如下物流信息：

2017-01-04 16：19：17　感谢您在京东购物，欢迎您再次光临！

步骤八：退货及后续处理

如果乐书鹏购买的索尼数码相机在收货时发生退货。京东的退货分为配送退货和快递退货两种。其退货流程一般如图3-1-12所示。

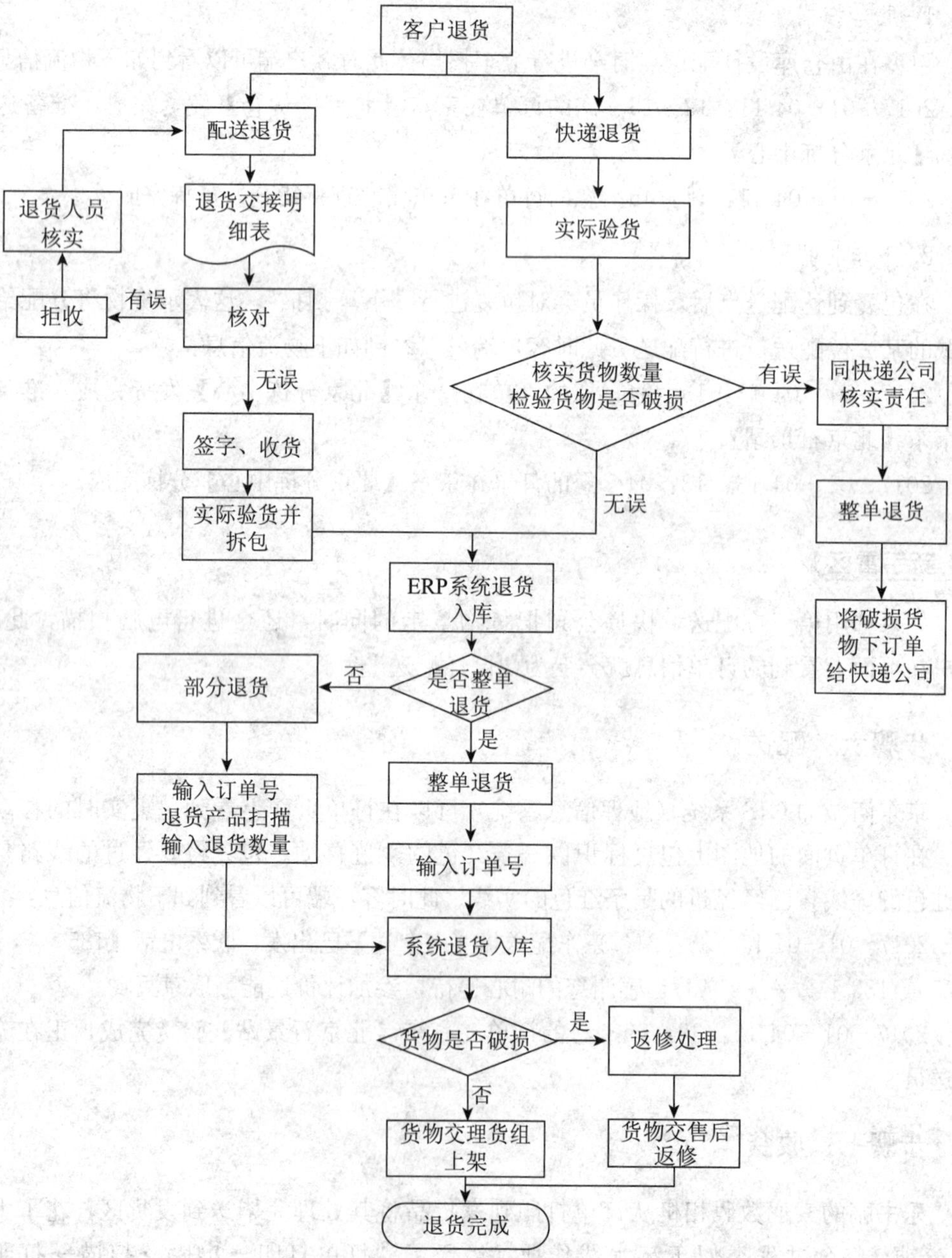

图3-1-12　退货流程

若为配送退货，退货组人员要按照配送送货人员提供的退货交接明细表核对退货箱子和商品的件数，若核对的件数不符，则需与配送送货人员核实后重新退货；若件数相符，退货人员签字，收货。交接完毕后，将所退商品拆包，等待系统入库。

若为快递退货，退货组人员要将所退商品现场拆包验货，按照订单核对商品的数量，观察商品有无破损，若有破损，先与快递公司核实责任，再将此订单整单退货，最后将破损的商品出单给快递公司；若无破损，则将所退商品收货，等待系统入库。

扫一扫

请扫描右侧二维码，观看“京东商城标准化物流流程”视频，看一看视频中京东商城具体的作业过程真的有那么快吗？

军功论赏

序号	考核内容	满分	最后得分
1	能够阐述电子商务企业的订单处理过程	10	
2	能够复述电子商务企业的打包及配送过程	10	
3	能够说出电子商务企业的退货处理流程	10	
4	能够说出电子商务物流配送业务流程	25	
5	能够与小组讨论分析出电子商务物流配送业务流程与快消品物流配送流程的区别	25	
6	能够与小组很好地沟通，团结协作	10	
7	能够利用网络快速准备收集并总结有效信息	10	
合计		100	

战术提升

你知道吗

电子商务物流配送是指物流配送企业采用网络化的计算机技术和现代化的硬件设备、软件系统及先进的管理手段，针对客户的需求，根据用户的订货要求，进行一系列分类、编码、整理、配货等理货工作，按照约定的时间和地点将确定数量和规格要求的商品传递到用户的活动及过程。这种新型的物流配送模式带来了流通领域的巨大变革，越来越多的企业开始积极搭乘电子商务快车，采用电子商务物流配送模式。目前我们最熟悉的电商应该是淘宝和京东。

淘宝网物流配送的过程如下：

(1) 买家在网上寻找自己需要的货物并联系卖家，在淘宝网上下订单。卖家根据买家的订单将货物找好，拿到快递公司位于该地区的收发货网点或是快递公司的快递人员上门收取运输货物，并将货物打包且按照客户在订单上留下的信息填写快递公司给的发货单，由此形成托运关系（见图 3-1-13）。

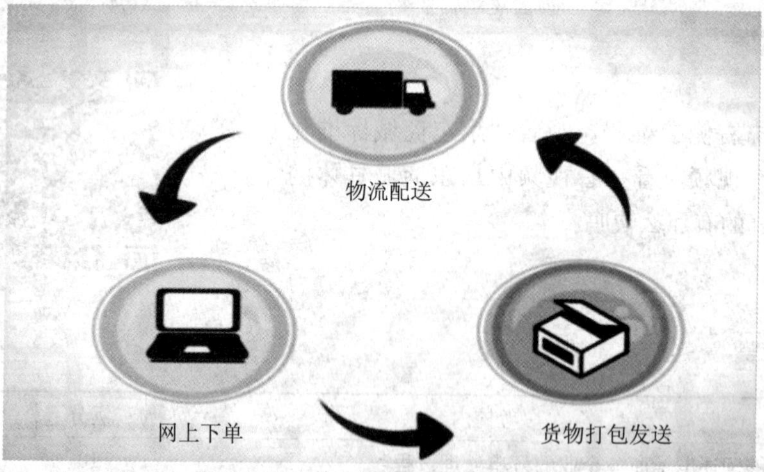

图 3-1-13　淘宝物流配送流程

(2) 快递人员收取货物后将本店的所有货物集中后通过货车等运输工具将其运往该快递公司区域集货网点，再由区域集货网点将所有货物进行整理，将只需区域性配送的货物整理出来，进行直接配送运输，将需要跨省、跨地域运输的货物运往公司位于该地的分发货仓库。

(3) 分发货仓库负责将来自该地区的所有集货网点的货物进行扫描分拨，将所有货物按照配送区域、不同种类及不同运输工具进行堆放。再由货物的运单性质选择货物的运输方式。对于快递公司而言，绝大多数的货物都是汽车运输或是航空运输。分发货仓库将分拨后的货物进行装车，将货运拼车装运并以整车的形式发出。公司的运输部门按照货物运达的城市选择相应的运输路线，以便寻求方便快捷的运输方式。

(4) 买家所在区域内的同一快递公司的分发货仓库在收到发来的货物后将货物卸车扫描，对货物进行检查、整理、归类、分区，将所有货物进行检查核验，将分拨后的货物按地区配送需要分发给买家所在地的区域集货网点。

(5) 区域集货网点在收到货物后再次将其细分，将货物分派后送往离买家最近的收发货网点。

(6) 收发货网点的快递员最后再联系买家，将货物准确无误地送往买家手中，并由买家进行签收货物，整个物流流程结束。

扫一扫

1. 请扫描右侧二维码，观看“菜鸟网络全自动化仓储物流运营中心”视频并思考以下问题：

(1) 菜鸟网络的物流配送过程是什么？

(2) 这种配送过程有何优缺点？

2. 请扫描右侧二维码，观看“震撼视频：京东X计划全套体系大揭秘，以后给你送货的可能不是人”视频并讨论以下问题：

(1) 你觉得震撼吗？为什么？

(2) 未来的配送趋势是什么？

想一想

1. 你对于京东、淘宝这些电商了解多少？

2. 这两家的配送作业流程有何异同？

3. 对比两家新的配送业务的调整或新技术应用异同？

4. 除了这两家电商企业，再搜索查看其他电商企业，如聚美优品、考拉网、唯品会等的配送是如何进行的？

任务二　冷链物流配送业务

瞄准靶心

※能够掌握冷链物流配送的作业流程。

※能够根据冷链物流配送的作业流程进行操作。

军令如山

新疆新火冷链配送中心（见图 3－2－1），是一家集农产品加工冷藏、展示交易、物流配送、检验检测及市场信息发布于一体的专业农产品冷链物流中心。

图 3－2－1　新疆新火冷链配送中心一角

配送中心位于乌鲁木齐经济技术开发区中心地段，占地 20486 平方米，建筑面积 10381 平方米，共 4 层，各层总面积 40941 平方米，全年可加工、运输各种水产品、畜产品、果蔬产品及冷藏、速冻食品共 10 万吨。配送中心配置如表 3－2－1 所示。

表 3－2－1　配送中心的配置及处理能力

<table>
<tr><th>类型</th><th>设备配置</th><th>容量/数量</th></tr>
<tr><td rowspan="8">仓库及设备</td><td>自动化冷库</td><td></td></tr>
<tr><td>自动化堆垛机</td><td>15 台可容纳 12420 个托盘装载单元</td></tr>
<tr><td>水平流动式货架（1 层）</td><td rowspan="2">共容纳 49432 个托盘装载单元</td></tr>
<tr><td>移动式货架（2～4 层）</td></tr>
<tr><td>常温自动化仓库</td><td>1435 平方米</td></tr>
<tr><td>拣货区</td><td>8 处</td></tr>
<tr><td>箱式分类输送线</td><td>7 个滑槽</td></tr>
<tr><td>垂直托盘输送机</td><td>7 个</td></tr>
<tr><td rowspan="2">仓库处理能力</td><td>保管量</td><td>100 万箱（1 个托盘堆积 50 箱）</td></tr>
<tr><td>出入库量</td><td>84500 箱/日</td></tr>
<tr><td rowspan="2">配送车辆</td><td>冷藏车</td><td>20 辆</td></tr>
<tr><td>冷冻车</td><td>20 辆</td></tr>
</table>

世贸国际酒店于 25 日向新疆新火冷链配送中心订购了下个月所需的一批产品，要求下月每天按当日订单供货，具体商品及数量如表 3－2－2 所示。

表 3-2-2 配送商品及数量

序号	商品名称	规格	单位	数量
1	伊利纯牛奶	1×227mL×18 包	箱	1000
2	伊利优酸乳（原味）	1×227mL×18 盒	箱	500
3	香菜	—	kg	100
4	保鲜生姜	—	kg	300
5	保鲜洋葱	—	kg	3000
6	红富士苹果	—	kg	2000
7	香梨	—	kg	1000
8	速冻带鱼	—	kg	2000
9	速冻海虾	—	kg	3000
10	冷鲜羊肉	—	kg	5000
11	冷鲜牛肉	—	kg	4000

该冷链物流配送中心该如何进行下月的供货配送呢？

横扫千军

步骤一：接单备货

首先需要接单备货。冷链物流配送接单作业与其他类型的物流配送作业基本类似，接收订单后同样需要根据订单信息进行库存检索，对于缺货商品也需要进行采购以保证供应。

由于该订单是一张总订单，供货要求按日订单供货，供货期较长，因此某些产品即使库存充足也需要进行采购，对于各类产品的备货策略如下。

1. 奶制品备货

伊利纯牛奶（见图 3-2-2）保质期一般为 30 天，伊利优酸乳（原味）保质期一般为 6 个月，对于这两种奶制品应该采取不同的备货策略。

图 3-2-2 伊利纯牛奶

在食品库存管理中超出保质期1/3的产品将不能够入库，在库商品超出保质期2/3的商品就应该及时处理。由于伊利纯牛奶的保质期相对较短，因此不能够采取大批量进货的策略，按照保质期的要求，每周进货一次较为合适。伊利优酸乳（原味）保质期一般为6个月，因此可以一次采购完所有的需求量——500箱，从而增加规模折扣优势，降低采购成本，购进后在常温库储存即可（见图3-2-3）。

图3-2-3 常温库

2. 果蔬类食品备货

果蔬类中香菜、生姜总需求量较小，洋葱、红富士苹果、香梨需求量较大，因此香菜、生姜采用每周进货一次的备货策略；洋葱、红富士苹果、香梨等属于季节性收货产品，需要特殊储存至下一年消费，所以采用大批量采购策略。

3. 水产品备货

速冻带鱼、速冻海虾由于需求量较大，并且都是速冻产品，储存条件一致，可以采用大批量一次性采购完成策略，再用冷藏库储存、分批次供货的方式进行备货（见图3-2-4）。

图3-2-4 冷藏库

4. 冷鲜肉备货

冷鲜肉要求储运温度是0℃～4℃，储存时间可达一周以上，采用最新的储存技术后可达15天以上，且不会产生质量变化。冷鲜羊肉、冷鲜牛肉需求量较大，并且储存条件一致，可以采用相同的备货方法，考虑到冷鲜肉的保质期，因此采用每日采购一次、采购后冷藏库储存的备货策略。

步骤二：流通加工和包装

接下来就是对要入库保存和马上要配送的商品进行流通加工和包装作业。

冷链物流的流通加工和包装形式较为复杂，方法较多，不同类型的产品、不同的储配条件所采用的流通加工和包装形式各异，但由于伊利奶制品其本身具有集储运和销售于一体的外包装，并且是产成品，因此不需要进行额外的流通加工和包装，其他几种产品的流通加工和包装方法如下。

1. 果蔬类食品

果蔬类食品种类繁多，流通加工及包装方法多种多样。蔬菜类食品的流通加工主要包括摘除烂叶和根、清洗蔬菜本身的泥土等作业。例如，香菜是绿叶类蔬菜，在采购入库前就需要进行摘除烂叶的作业，而对于地下块茎类蔬菜，如生姜等，在出库配送前需要进行清洗作业。

包装作业需要根据不同产品的特性和客户的要求进行。香菜属于绿叶类蔬菜，极易脱水，因此需要将香菜装入乙烯袋中，并扎紧袋口，放置于合适温度下储存，出库配送时可以继续使用储存时的包装或按照客户要求重新包装。生姜和洋葱本身不易脱水和腐烂，因此在储存中对包装的要求不高，只要储存温度合适就可以无包装堆存，但要注意通风散热。配送时，可以进行简单包装，即生姜用乙烯袋包装，洋葱用大网眼编织袋包装（见图3-2-5）。

图3-2-5 洋葱网眼编织袋

优质红富士苹果和香梨本身带有包装（见图 3－2－6），可以不用再做储存和配送环节的包装。

图 3－2－6　优质红富士苹果包装

新手雷区

如果没有包装就需要重新包装，包装时需要将果实逐个用纸或防震乙烯套袋包裹，包纸可以减少水果的水分蒸发，使其不易萎缩，而且纸张又有隔热作用，能阻止果温的剧变。另外，包纸可减少腐烂蔓延、减少机械损伤以及降低水果的呼吸强度。包装用纸不宜过硬或过薄，要有足够的大小，使果实完全被包住。为了减少果品的腐烂，防止霉菌的繁殖，可采用经过化学处理的包装纸。例如，用浸过硫酸铜或碳酸铜溶液的包装纸包装水果，对防止青霉菌的活动有一定效果；用浸过碘液的包装纸包水果效果更好；用浸过联苯的包装纸包柑橘，可减少腐果率；用蜡纸或经矿物油处理过的包装纸包苹果，不仅可减少水分流失，还可预防一种生理病——烫伤病的发生。

包裹完的水果应放入纸箱或果筐等容器中，所有包装容器内最好有衬纸，以减少果蔬的擦伤。果实装入容器时要仔细排列，使其互相紧挨着，不晃动也不挤压，尤其是莱阳梨等果柄较长的水果，装箱或装筐时应特别注意，勿将果柄压在周围的果实上，以免在储配过程中碰破其他水果的果皮。为了避免水果在搬运时或在运输途中的摇动和摩擦，减少摔、碰、磕、压的损耗，可在果实周围空隙加些填充物。对于苹果、梨等，这样处理在寒冷地区运输时还有防冻作用。填充物应干燥、不吸水、无臭气、质轻，如纸条、锯屑、刨花等均可。总之果蔬的包装，应符合科学、经济、牢固、美观、适销的原则。

2. 水产品

水产品的流通加工作业主要包括产品清洗、去除内脏、分割等作业（见图 3－2－7），这些操作水产品供应商（生产商）已经完成，配送中心只需要按订单进行配货及包装。

图 3-2-7　水产品的流通加工示意

包装作业主要是进行装袋、装箱，例如，将带鱼按照数量和品级的要求进行装袋作业，将海虾进行装箱作业，放入低温库储存，在拣货之后、配送之前为了方便销售和运输，再将带鱼装箱，海虾则直接带箱配送。冷链物流中水产品的包装作业主要作用是利于储运和销售。

3. 冷鲜肉

冷鲜肉由于在采购之前已经在加工处理车间进行了基本的流通加工处理，这种加工处理作业主要是将肉剔除筋膜，去掉不利于销售的部分，根据销售的需求分割为不同类型的肉，如将羊肉分割为前腿、后腿、羊脊、羊排、羊脖、羊拐等。

因此，在新火冷链配送中心所进行的主要流通加工处理形式主要是进行分割处理。由于用户是酒店，并且是当日供货、当日使用，且客户没有特殊要求，可以将肉品装入单层聚乙烯薄膜袋中，或者仅用单层聚乙烯薄膜包裹在肉品的表面即可。

小贴士

冷鲜肉的包装形式主要有如下几种：

1. 简单包装

这种包装方法比较简单，主要是将肉品装入单层聚乙烯薄膜袋中，或者仅用单层聚乙烯薄膜包裹在肉品的表面即可，主要作用是防止水分蒸发和阻止部分细菌的侵入。对于不需要储存较长时间的肉品，最好采用这种方式，成本较低。

2. 真空包装

这种方法是将鲜肉包装中的氧气脱除，与有氧气进入的包装相比有较长的保存期，能抑制微生物引起的变质，但肉的颜色会变得较暗并略呈紫红色。打开包装时，肉的表面重新获得氧气，颜色重新转化为氧合肌红蛋白的鲜红色。真空包装的货架期大肉 30 天左右、牛肉 80 天左右。但这种包装需要特殊的真空包装机械设备，对包装材料要求也较高，无疑增加了包装成本。

3. 气调包装

这种方法是在包装袋中充入氮气和二氧化碳。这种方法能保持肉的氧合肌红蛋白颜色鲜红，气调包装的货架期大肉大约 14 天。

步骤三：奶制品配送

在世贸国际酒店当日订单下达以后，就可以组织货物的配送作业了，伊利纯牛奶、伊利优酸乳属于常温液态奶，配送要求稍低于鲜牛奶，但是也需要使用冷藏车配送（见图 3-2-8），车内温度最好在 0℃～4℃，车内保持卫生清洁，货物在车厢内合理堆码，快速完成配送作业。

图 3-2-8　冷藏车

新手雷区

牛奶运输注意事项：

牛奶的运输是牛奶制品生产上重要的一环，运输不当，往往会造成很大的损失，甚至无法进行后续的生产加工。如果用汽车或其他交通工具运输时，必须注意以下几点：

1. 防止配送途中温度升高

特别是在夏季，运输途中往往温度很快升高，因此运输时间最好安排在夜间或早晨，并且用隔热材料遮盖奶桶。

2. 保持清洁

运输时所用的容器必须保持清洁卫生，并严格杀菌。奶桶盖应有特殊的闭锁扣，盖内应有橡皮衬垫，不要用布块、油纸、纸张等作为奶桶的衬垫物。因为布块可成为带菌的媒介物，用油纸或其他物做衬垫时不仅带菌而且不容易把奶桶盖严。此外更不允许用麦秆、稻草、青草或树叶等做衬垫。

3. 防止震荡

容器内必须装满并盖严，以防止震荡。

4. 快速运输

严格执行责任制，按路程计算时间，尽量缩短中途停留时间，以免鲜奶变质。

步骤四：果蔬类食品配送

1. 装车

新鲜果蔬的装车方法属于留间隙的堆码法。按所留间隙的方式及程度不同，又可以分为“品”字形装车法、“井”字形装车法、筐口对装法三种，如表 3-2-3 所示。

表 3-2-3　新鲜果蔬装车法

方法	含义	适用对象	注意事项
“品”字形装车法	该法是奇数层与偶数层货件交错骑缝装载，装后呈现出“品”字形状	适用于箱装或桶装货物以及在高温季节要求冷却或通风，而在寒冷季节则要求加温的货物；适用于有强制循环装置的机械冷藏车	由于只能在货件的纵向形成通风道，因此在高温季节要求冷却或通风，而在寒冷季节则要求加温
“井”字形装车法	该法灵活多样，各层货物纵横交错。实际装载时，根据车辆的有效装载尺寸以及货件的包装规格来具体确定纵向或横向的放置件数	适用于长条形包装的货物	可使空气在每个井字之间上下流通，基本能够保证空气流通无阻；该法装载的货物较为牢靠，装载量也较大
筐口对装法	筐口对装法有多种方式。总体来说，筐口对装法能够保证货物间的空气流通	适用于喇叭形竹筐、柳条筐装载的水果、蔬菜等包装件	竹筐在制作时，由于本身就留有空隙，因此不必再留有专门的通风空隙

根据香菜、生姜、洋葱、红富士苹果和香梨的包装来确定装车法，香菜、生姜都是乙烯袋，因此选用“井”字形装车法；洋葱都是大网眼编织袋包装也采用“井”字形装车法；红富士苹果和香梨都是箱装，则选择“品”字形装车法。

在实际配送中，由于受货物批量的限制，往往很难做到同一车辆中仅装载同一品名的货物。不同品名的货物能否混装，主要遵循以下原则：

（1）不同储运温度的果蔬不能混装。

（2）产生大量乙烯的果蔬不能和对乙烯敏感的果蔬混装。

（3）适宜相对湿度差异较大的果蔬不能混装。

（4）具有异常气味的果蔬不能与其他果蔬混装。

结合前面所述产品的适宜储存温度及实际情况，可以安排香菜、红富士苹果和香梨同车配送，并且可以同车搭配常温液态奶；生姜和洋葱两种商品可以同车配送。

新手雷区

新鲜果蔬装车堆码原则：

（1）货物间留有适当的间隙，以使车内空气能顺利流通。

（2）每件货物都不能直接与车辆的底板和壁板相接触。

（3）货物不能紧靠机械冷藏车的出风口或加冰冷藏车的冰箱挡板，以免导致低温伤害。就冷藏车配送而言，必须使车内温度保持均匀，同时保证每件货物都可以接触冷空气；就保温配送车而言，则应使货堆中部与产品周围的温度保持适中，应避免由于温度控制不好而导致货堆中心的呼吸热量散发不出来，而周围的产品又可能产生冷害等情况。

装车注意事项：

新鲜果蔬配送时，堆码与装卸是必不可少且非常重要的环节。在堆码前要对配送工具进行清洗，必要时还应进行消毒杀菌，并应尽量避免与其他不同性质的货物混装。合理的堆码除了应减少配送过程中的震动外，还应有利于保持产品内部良好的通风环境及车厢内部均衡的温度。

当必须同时装载大小不一的纸箱时，堆码时应将大而重的纸箱放置于车厢底层。此外，还应留有平行通道以便空气在货堆间流通。

堆码完毕后，最后一排包装箱与车厢后门之间应用支撑架隔开，同时货堆还应加固绑牢，以免在配送过程中造成货件间的运动引起产品的震动。同时还可避免货件间的运动影响货堆间的空气流通，以及产品运达目的地后，打开后门时掉下的包装箱对工人可能造成的伤害。因此可以根据实际需要，通过安装一个简单的木制支架就可以解决这个问题。

2．配送过程管理

果蔬产品在配送过程中，冷链配送中心要对所配送的产品进行控制和管理，最大限度地维护和保证果蔬配送所需要的条件，减少损失。

通过使用冷链运输在途管理监控系统，冷藏车的温湿度监控仪将车内温湿度监测数据通过无线网络传送到监控中心，同时可检测到冷藏车的冷机开关状态，也可以统计冷机开机时长、开启时间、关闭时间等多项内容。经过监控发现，冷藏车的各项温湿度指标合格。温湿度监控系统如图3－2－9所示。

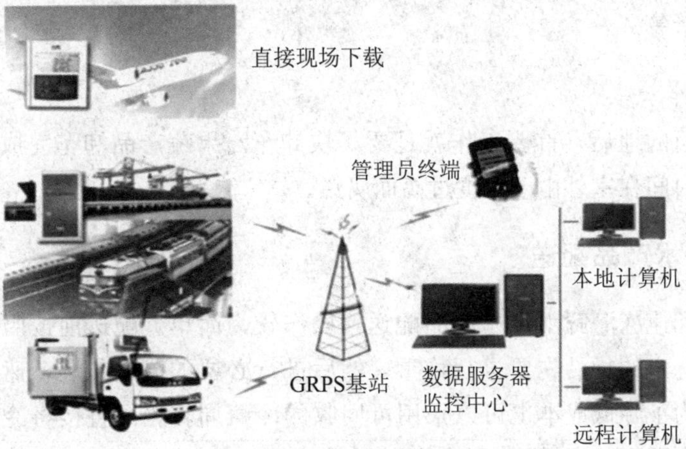

图 3-2-9 温湿度监控系统

新手雷区

配送过程注意事项：

不同的配送方式和配送工具，在配送过程中的管理不尽相同，但总的来说，要注意以下几个方面：

1. 防止新鲜果蔬在配送途中受冻

原产于寒温带地区的苹果、梨、葡萄、核果类、猕猴桃、甘蓝、胡萝卜、洋葱、蒜薹等适宜储运温度在 0℃左右。而原产于热带和亚热带地区的果蔬对低温比较敏感，应在较高的温度下配送，如香蕉配送适温为 12℃～14℃；番茄（绿熟）、辣椒、黄瓜等配送温度为 10℃左右，低于 10℃就会导致冷害发生。冬季配送果蔬等应有草帘、棉被等保温防冻措施。

2. 防止配送中温度的波动

要尽量维持配送过程中适温的恒定，防止温度的波动。配送过程中温度的波动频繁或过大都不利于保持产品质量。新鲜果蔬的呼吸作用涉及多种酶的反应，在生理温度范围内，这些反应的速度随着温度的升高以指数规律增大，可以用温度系数 Q10 来表示。Q10 在 0℃～10℃较高，最高可大于 7℃；而温度在 10℃以上时可降到 2℃～3℃。所以在较低的温度下，温度每波动 1℃，对新鲜果蔬造成的品质影响要比在较高温度下严重。

3. 保证好配送工具内的温度和湿度

在配送过程中，要严格控制好不同果蔬对配送温度和湿度的要求。按照相关规定，每隔一定的时间对温度进行检查。如冷藏汽车配送果蔬时，要定期检查冷藏汽车上的温度计，如果温度过高，要及时开启制冷机。

4. 保证配送过程顺利

要坚持“安全、快速、经济、准确”的配送四原则，确保配送工具的技术状况良好，准时到达目的地。当配送过程中发生机械事故或交通事故时，要及时采取补救措施，如转车过货等。

5. 尽快卸车入库

产品运达目的地后，首要工作就是要尽快卸车。果蔬产品卸车完成后，要及时入库，以防止长时间在室外由于温度过高而腐烂。

步骤五：水产品配送

速冻带鱼和速冻海鲜由于是冻品配送，操作较为简单。配送前按照当日订单的要求组织拣货，拣出的货品先要进行称重，然后进行必要的配送包装，速冻带鱼可以采用纸箱包装，为了降低成本也可以采用可回收的冷藏周转箱，直接将冷库中用乙烯袋包装的带鱼装入即可；海虾可以直接用冷藏周转箱配送。

由于是冻品配送，对配送车辆的要求较高。车厢内必须保持卫生整洁，符合国家检疫要求；配送中车厢内温度应该保持在－18℃或更低，厢体在装载前必须预冷到10℃或更低，并装有能记录车厢内不同位置温度的仪表，确保能在驾驶室内看到温度数值；产品装卸搬运或进出冷库要迅速，防止产品融化；产品在配送途中允许升温到－15℃，但是交货后必须尽快降至－18℃。

由于水产品腥味较重，一般不能够与其他产品同车配送，以免与其他产品串味，影响其他类型产品的品质，但是可以将不同客户的产品同车配送，以提高车辆利用率。产品配送完成后，可以随车带回上次配送时所用的可回收周转箱。

小贴士

活体海鲜水产品的配送方法

活体海鲜水产品的配送方法，大体上以干法和湿法两类为主，归纳起来大致有以下几种：

1. 干运

干运又称无水配送法，它是将水冷却到使鱼虾暂停生命活动的温度，然后脱水配送，到达目的地后，再将鱼虾放入水中，它们会重新苏醒过来。在脱水状态下，其生命可维持 24 h 以上。这种配送法不仅使鱼虾的鲜活度大大提高，而且可以节省运费，是一种较为理想的配送方法。如日本对虾、梭子蟹、龙虾等采用木楞纸箱或泡沫箱装载进行配送。

2. 淋水配送

此方法适用于贻贝、扇贝、文蛤、牡蛎、青蟹等，配送途中要定时观察并喷淋海水。

3. 帆布桶配送

采用粗帆布缝制成帆布桶，其底部多数为正方形，少数为圆形，其长度与高度根据配送数量与车辆体积而定，一般是0.8m～1.2m。支撑后涂刷石蜡，用铁架支撑，装运的数量可根据鱼虾个体大小、水温高低、配送时间长短等条件而定，一般每吨水可装成鱼100kg左右。用普通车辆配送即可，途中采取换水的方法补充氧气。所换水的水质一定要事先处理好，以免发生意外。

4. 塑料袋包装配送

先把活鱼虾消毒，在塑料袋中装入配备好的水，再将鱼虾按不同规格和数量装入，然后挤掉袋中的空气，并灌入适量氧气，用橡皮圈束紧袋口。然后将塑料袋装入纸皮箱中，每箱可装1～2袋，最好用泡沫箱装，夏天气温高时，可在箱内放一小袋冰块降温。此法目前在世界各地被广泛采用，安全系数大。

5. 冷冻配送

采用专用冷冻配送箱装运活鱼。一般配送箱为保证绝热性采用20cm厚的聚氨酯板，用不锈钢制成骨架，注入大约100L海水和90L淡水，再将体积相当于800L的鱼和90L的冰放入箱中，在封闭箱口前，再加入30L冰即可。

步骤六：冷鲜肉配送

如果肉在配送中卫生管理不够完善，会受到细菌污染，从而对肉的保存产生极大的影响。初期就受到较多污染的肉，即使在0℃的温度条件下，也会出现细菌繁殖。

1. 装卸方法

冷鲜羊肉的配送应该采用专门的车辆单独进行，但是可以与其他客户的肉品同车配送。发货前必须确定配送车辆及搬运条件是否符合卫生要求，并签发配送检疫证明。

对于配送的胴体（1/2或1/4胴体），必须用防腐支架装置，以悬挂式配送（见图3-2-10），其高度以鲜肉不接触车厢底为宜。分割肉应避免高层垛起，最好库内有货架或使用集装箱，并且留有一定空间，以便于冷气顺畅流通。堆码要求紧密，这样不仅可以提高配送工具容积的利用率，而且可以减少与空气的接触面，降低能耗。

配送车辆的装卸应尽可能使用机械，装运应简便快速，尽量缩短交运时间。

图 3-2-10 悬挂式羊肉

2. 配送过程管理

配送车辆在整个配送途中，车辆内应保持 0℃～4℃的温度、80%～90%的湿度。并且凡是配送肉品的车辆，不得用于配送活的动物或其他可能影响肉品质量或污染肉品的产品，不得同车配送其他产品，即使是头、蹄、胃，如果未经浸烫、剥皮、脱毛，也不得同车配送。肉品不得用不清洁或未经消毒的车辆配送。

军功论赏

序号	考核内容	满分	最后得分
1	能够说出奶制品配送过程	10	
2	能够复述果蔬类食品配送过程	10	
3	能够阐述水产品配送过程	10	
4	能够简述冷鲜肉配送过程	10	
5	能够说出冷链物流配送业务流程	20	
6	能够与小组讨论分析出冷链物流配送业务流程与快消品物流配送流程的区别	20	
7	能够与小组很好地沟通，团结协作	10	
8	能够利用网络快速准备收集并总结有效信息	10	
	合计	100	

战术提升

冷链物流（Cold Chain Logistics）泛指冷藏冷冻类食品在从生产、贮藏运输、销售到消费前的各个环节中始终处于规定的低温环境下，以保证食品质量，减少食品损耗的一项系统工程。冷链物流的适用范围包括：①初级农产品，如蔬菜、水果；

②肉、禽、蛋，如水产品、花卉产品；③加工食品，如速冻食品、禽、肉、水产等包装熟食、冰激凌和奶制品以及巧克力；④快餐原料；⑤特殊商品，如药品。

食品的种类很多，其形状各异，又都有保质、保鲜期。因此，食品配送有以下三种配送模式：

1. 无储存工序的食品配送模式

第一种模式是在备货工序之后紧接分拣和配货等工序，中间不存在储存工序，即组织到货物（食品）以后基本上不存放，很快进行分拣、配货、配装，然后快速送货。通常保质期短且保鲜要求较高的食品（如点心类食品、肉制品、水产品等）基本上都按照上述流程进行配送，其配送模式如图 3－2－11 所示。

图 3－2－11　无储存工序的食品配送模式

2. 有储存工序的食品配送模式

第二种流程模式是在备货作业后安插储存工序，然后依次进行配货和配装等作业。通常保质期较长的食品主要按照上述流程进行配送。其操作程序是大量货物组织进来以后，先要进行储存、保管，然后根据用户订单进行分拣、配货、配装，待车辆满载以后，随即向各个用户送货。这种带储存工序的食品配送模式如图 3－2－12 所示。

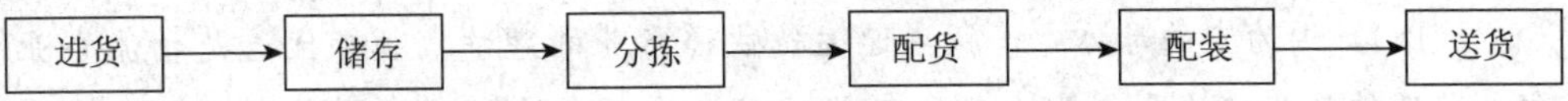

图 3－2－12　有储存工序的食品配送模式

3. 有加工工序的食品配送模式

第三种流程模式是带有加工工序的配送模式。实际操作情况大体上是这样的：大量货物集中到仓库或场地以后，先进行初加工，然后依次衔接储存、分拣、配货、配装和送货等工序，其顺序如图 3－2－13 所示。

图 3－2－13　有加工工序的食品配送模式

鲜菜、鲜果、鲜肉和水产品等保质期短的货物配送经常选用上述包含有加工工序的食品配送模式。食品配送特别要强调速度和保质期。因此一般都采用定时配送、即时配送等形式进行供货。

想一想

1. 你对冷链配送中心的作业流程了解了吗？

2. 你知道全程冷链配送是什么概念了吗？

扫一扫

1. 请扫描右侧二维码，观看“揭秘何为全程冷链配送”视频并讨论以下问题：

（1）什么是全程冷链配送？

（2）大型超市的生鲜食品的配送流程你了解了吗？

2. 请扫描右侧二维码，观看“新鲜及至 冷酷到底——京东生鲜冷链物流”视频并讨论以下问题：

（1）京东的生鲜冷链是什么样一个流程呢？

（2）天猫、德邦、顺丰也都提供生鲜食品配送了，具体都是如何实现的呢？

你知道吗

在众多布局冷链宅配的电商企业中，顺丰优选可谓是独树一帜（见图3-2-14），因为它的母体——顺丰速运是快递行业的翘楚，顺丰优选是物流企业向上游延伸产业链的典型代表。顺丰优选具备完整的冷链运输体系，并拥有丰富的宅配经验，顺丰优选的生鲜电商之路走得格外引人注目。

图 3-2-14　顺丰优选

顺丰优选的品牌优势之一就是“全程冷链”，其运作模式分为两种，均能实现“全程冷链”。

第一种模式，入库的生鲜通过温控设施进行保鲜，在低温环境下完成分拣和包装，之后放入温控箱运输，收派员将商品装入保温袋后上门派件。温控设施设备包括冷库、冷藏箱、冷冻箱、冰盒、冰袋、保温袋等，可有效保证商品在运输途中的质量，减少损耗。

全品类生鲜（如水果、蔬菜、肉类、水产等冷藏、冷冻品等）的配送范围是48个城市。顺丰优选为国内第一家走出北、上、广、深，将生鲜配送拓展至二线城市的垂直食品电商。

第二种模式，产地直供生鲜［如地方特色水果、C2B（客对商）预售生鲜食品等］的配送范围是全国。顺丰优选的产地直供水果从原产地发货时，会采取在包裹中加入冰袋等温控措施。产地直供商品通过顺丰航空等快速物流体系，可以在24小时内直达消费者手中。如果碰到天气不好等外界因素，为了保证新鲜度，供应商则会对生鲜商品推迟采摘，避免在物流过程中发生延误。

以特产水果的北京配送为例。北京顾客当日在网上提交订单给顺丰优选，产地水果供应商收到订单信息，于当日下午完成水果采摘，当晚由顺丰速运接货承运至顺丰速运航空转运中心，再由顺丰航空夜航航班空运至北京转运中心，顺丰速运再将水果配送到顺丰优选北京分拨中心库房，次日完成出库、“到门”配送服务，而物流全程都是在冷链形式下按照标准进行的。

此外，顺丰优选拥有整套保障食品品质的措施。顺丰优选现有北京、嘉兴、广州3个仓库，每个仓库分为5个温控区，包括常温区0℃～30℃、冷藏区0℃～8℃、冷藏区8℃～10℃、冷冻区－18℃、恒温恒湿区15℃～18℃，并配有－60℃冷冻柜。这些先进的仓库拥有跨度达90℃的温控区间，可以满足全品类食品的存储要求。运输、配送在途所使用的温控设备，如冷藏箱、冷冻箱、冰盒、冰袋、保温袋等，在设计时就充分考虑到食品的保温需求及可能产生的挤压碰撞等损耗问题。这些装备和设计，为顺丰优选生鲜冷冻食品的全程冷链解决方案奠定了基础。

以一箱从新西兰空运来的奇异果入库为例。卸货之前首先要进行检疫检查和温度抽样检查，然后进行入库质量挑拣，工作人员会通过品样检查、软硬度评估，筛选掉因运输损坏的个样后，存放进智能升温调节的冷藏库。库存状态中，工作人员要根据本箱奇异果的入库信息，监控对应的存放时间，并实时查看保鲜情况。另外，顺丰优选还成立了“质量与食品安全部”，该部门通过一系列的标准、流程，像“监察大队”一样负责食品质量的监察与控制。

客户体验中很重要的一点就是控制配送速度。目前顺丰优选在北京的配送时效是24小时，基本可以做到第一天下单成功，第二天即可配送到宅，某些偏远地区可能会有所延迟，但一般不会超过48小时。消费者每天收货可以选择两个时间段：9时至15时或15时至21时。

"24小时从枝头到舌头"，这是顺丰优选对于"产地直供"食品的服务口号。荔枝、樱桃、草莓、蓝莓等水果在2013年就已经实现了这一速度。据了解，这一时间还会被继续压缩，以求用更短的时间实现新鲜果蔬从枝头到舌头、从田间到餐桌。

扫一扫

请扫描右侧二维码，观看"顺丰优选 冷链物流提升购物体验"视频并讨论以下问题：

(1) 对于冷链物流配送你现在知道多少？

(2) 你身边有没有与冷链物流配送相关的例子？请分组进行讨论（如新疆海鸿物流港等）。

任务三　医药物流配送业务

瞄准靶心

※能够掌握医药物流配送中心作业流程。

※能够根据医药物流配送中心作业流程进行操作。

军令如山

新疆派生医药物流配送中心是为了构筑全国性的医药物流配送网络而建设的一个医药流通中心，主要以药品批发、物流配送和医药电子商务为主营业务，其经营范围包括：中成药、化学药制剂、抗生素、生化药品、生物制品（除疫苗）的销售（批发）和保健食品的销售；货物配送、普通货运；日用百货、化妆品销售；消杀用品（不含危险品）销售；中药、中药饮片和医疗器械销售；信息咨询服务等。经营产品多达8000余种，品种齐全。

图 3－3－1　新疆派生医药配送中心中药仓库立体图

图 3－3－1 为新疆派生医药配送中心中药仓库立体图。整个配送中心共有五层，其中一层为分拣出库区；二层为整箱和拆零商品的存放和发货作业区；三层、四层为整箱出库区和补货用的储存区；五层为配送中心办公区。仓库一层有 25 扇库门，1～20 号门是出库门，21～25 号门是入库门。该物流配送中心现阶段采用的主要物流软件与硬件设备及其作用如下：

(1) 仓库管理系统（WMS）：可提高配送中心信息处理效率和能力，优化现场作业调度，规范现场管理。

(2) 电子标签拣选系统（DPS）：可极大地提高拣选作业的效率和准确性，使拣选错误率降到万分之五以下。

(3) 高速自动分拣机：分拣速度最高可达 3000 箱/小时，可同时处理 150 家客户的订单，以满足对客户响应速度不断提高的需求。

自 12 月 1 日起，受雾霾天气影响，市区各大医院的呼吸道疾病患者与日俱增，对于呼吸道疾病相关的药品需求量比较大，新疆友好医院（派生长期合作医院）为了更好地应对，于月初向该派生医药配送中心下达了采购配送的订单，要求尽快送达。药品需求明细如表 3－3－1 所示。

表 3－3－1　　药品需求明细（部分）

序号	品名	规格	产地	重量（kg）	数量（盒）	类型	批号	有效期（月）
1	硫酸沙丁胺醇气雾剂	100ug×200	Glaxo Wellcome，S.A.	0.1	142	西药	国药准字 J20140104	24
2	羧甲司坦口服溶液	10ml	广州白云山总厂	0.2	158	西药	国药准字 H20073871	18

续 表

序号	品名	规格	产地	重量(kg)	数量(盒)	类型	批号	有效期(月)
3	辅舒良丙酸氟替卡松鼻喷雾剂	每喷含丙酸氟替卡松50微克，药液浓度0.05%(g/g)	Glaxo Wellcome, S. A.	0.02	164	西药	进口药品注册证号H20140117	36
4	清喉利咽颗粒	每袋装5克（含乳糖）	桂龙药业（安徽）有限公司	0.1	150	中药	国药准字Z20053117	36
5	京制牛黄解毒片	每片重0.6克	北京同仁堂科技发展股份有限公司制药厂	0.48	156	中药	国药准字Z11020472	36
6	修正通窍鼻炎片	36片（盒）	修正药业集团股份有限公司	0.34	135	中药	国药准字Z22021280	36
7	咽炎片	每片重0.26克	吉林市吴太感康药业有限公司	0.3	164	中药	国药准字Z22025983	24
8	香菊胶囊	每粒装0.3克	山东步长制药股份有限公司	0.1	172	中药	国药准字Z19991040	24
9	盐酸萘甲唑啉滴鼻液	8ml×1支/盒（0.1%）	国药集团三益药业（芜湖）有限公司	0.1	154	西药	国药准字H34020314	24
10	邦琪复方鱼腥草颗粒	6g×10袋	广西邦琪药业集团有限公司	0.2	145	中药	国药准字Z20010131	24
11	复方片仔癀含片	每片重0.5克	漳州片仔癀药业股份有限公司	0.1	175	中药	国药准字B20050066	24
12	小儿肺热咳喘口服液	每支装10毫升	黑龙江葵花药业股份有限公司	0.1	190	中药	国药准字Z10950080	36

续　表

序号	品名	规格	产地	重量（kg）	数量（盒）	类型	批号	有效期（月）
13	金银花露	每瓶装 340 毫升（含蔗糖）	湖北午时药业股份有限公司	0.34	168	中药	国药准字 Z42021971	24
14	小儿止咳糖浆	每瓶装 225 毫升	华润三九（郴州）制药有限公司	0.3	178	中药	国药准字 Z43020385	24
15	西地碘含片	15mg×15s	北京华素制药股份有限公司	0.15	190	西药	国药准字 H10910012	24

采购部刘涛收到该医院的订单后，迅速登录配送中心信息系统，查看了库存情况，发现本次配送大多数药品都可以满足，只有其中几样药品现在已经低于安全库存，按照往年同季的销售情况以及上月销售情况来看，也需要进行采购了，那么刘涛该如何进行药品采购以及完成后续药品配送呢？

横扫千军

步骤一：采购入库

1. 采购药品

根据此次配送订单，刘涛首先需要采购药品，药品的采购环节与普通商品类似，一般由采购部门的采购员按照采购计划，通过与供应商进行价格谈判，签订采购合同，为公司采购定量的药品。同时将采购订单上传系统。

扫一扫

请扫描右侧二维码，阅读《药品采购合同你知道是什么样吗》内容，看看药品采购合同是什么样的，具体一份采购合同都包括哪些内容呢？

2. 验收入库

接下来收货组需要进行采购药品的验收入库作业，配送中心的采购药品入库流程如图 3－3－2 所示。

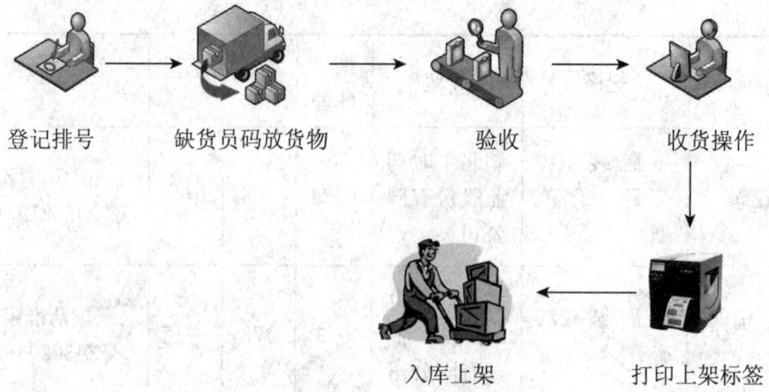

图 3－3－2　采购入库上架流程

供应商首先需要进行登记排号，现在直接可以在网上在线约仓送货（见图 3－3－3），方便送货接收。

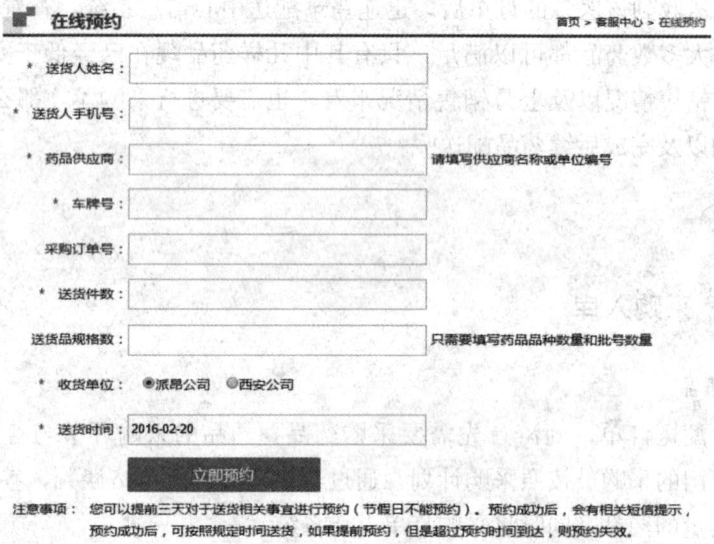

图 3－3－3　在线预约界面

按照预约时间供应商将药品送到配送中心，在入库门收货月台卸货后，配送中心收货组收货员需要根据送货单查找相应的采购单，打印收货单，核对药品的品种、数量、供应商、重量、规格、批号等是否一一对应。验收员杨颖需要对药品进行抽检，并查验药检报告，无药检报告或出现药品破损污染等情况不得收货（见图 3－3－4）。

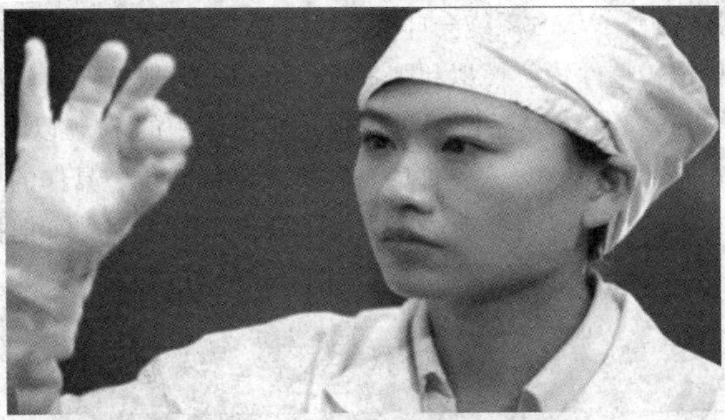

图 3-3-4　验收员检验

新手雷区

按照药品 GSP 认证（Good Supply Practices，意为商品供应规范，是控制医药商品流通环节所有可能发生质量事故的因素从而防止质量事故发生的一整套管理程序）要求，收货与验收不能是同一岗位同一个人，一批货物需同时由验收员与收货员共同完成收货。验收员一般隶属于质量管理部门，对药品质量负责对一批药品是否合格可收货入库具有决定权。收货员一般隶属于物流配送中心仓储部门，卸货过程中负责清点实货数量，核对批号。

若验收不合格时需拒收或通知采购部查明原因，等待处理。

对于冷藏药品，承运商应有运输过程的冷藏措施，收货员在验收入库前要先测量温度。

验收合格后，将整箱药品码放在贴有条码的托盘上，收货员与验收员在收货单上签字，确保药品流程和质量可追溯，并将药检报告交至质管部药检维护员处，上传至系统。

月台货物完成收货后，由叉车转运至待验区，收货员通过移动台车（见图 3-3-5）进行入库操作，打印标签，并在验收系统里进行验收记录确认。

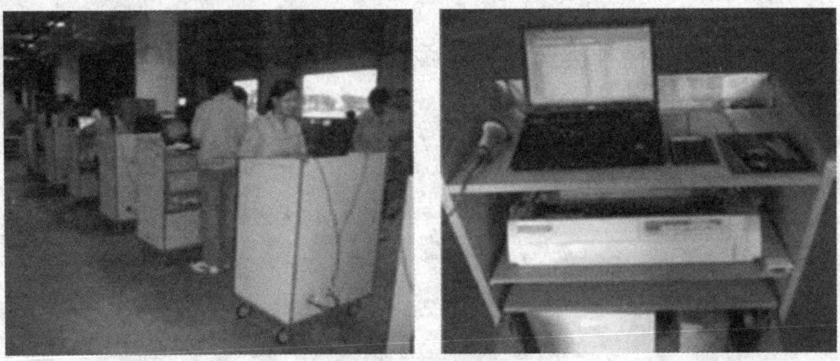

图 3-3-5　移动台车

入库时要扫描条码，WMS系统会自动为货物分配一个库位。入库操作按照入库配置分为整托货位模拟、整件货位模拟和零货货位模拟，一般按照立体库货位标准，堆码标准为1m×1.2m×1.14m。系统通过识别，整托体积的70%以上模拟整托架位，入立体库或者叉车库；不满70%入整件库，零货入零货架位。具体的架位按照入库配置的区域，按照一定的逻辑规则自动选择货位。操作人员使用叉车把托盘放在入库输送线上，按照系统指示自动完成入库作业（见图3-3-6、图3-3-7）。

图3-3-6　整箱自动入库作业

图3-3-7　整托自动入库作业

对于特殊的药品，如精神类药品、冷藏药品等，需隔离其他药品存放，有专门存放地点（见图3-3-8）。

图 3－3－8 冷冻、冷藏药品存放区

步骤二：出库作业

再接下来需要进行出库作业，派生配送中心的销售出库作业流程如图 3－3－9 所示。

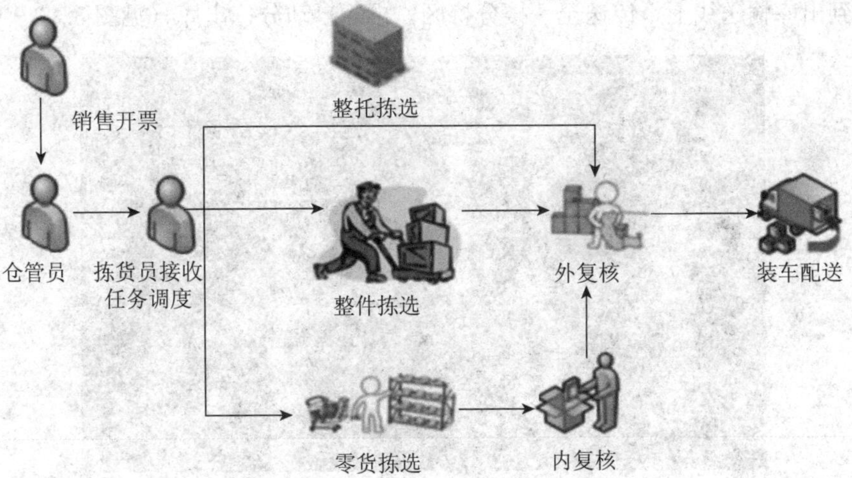

图 3－3－9 销售出库作业流程

1. 销售开票

销售人员根据医院、药店需求，在系统上上传销售订单数据，发送给发货组。

2. 调度任务波次

发货组仓管员通过 WMS 系统打印出库计划单，生成发货波次，并下达给拣货员（见图 3－3－10）。

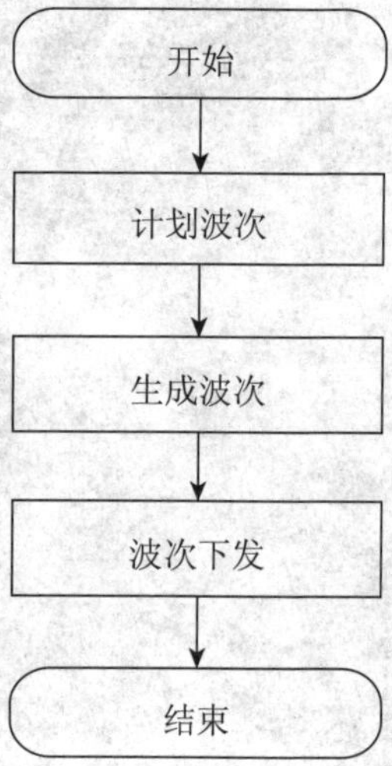

图 3－3－10　出库波次下达流程

3. 拣货

拣货员根据下达的波次，进行拣货作业。根据该医院的药品分为整箱出库和拆零出库。

整箱出库时，拣选员在线拣选，在药品包装箱外贴上带有条码的出库标签，然后将其放到出库输送线上，传送至一楼分拣区，再经自动分拣出库（见图 3－3－11）。

图 3－3－11　立体库区整箱货品出库

拆零出库的药品存放在带有电子标签的货架上。拆零拣选人员通过电子标签将各单品药品投放到与之相关联的周转箱中。当与该周转箱相关联的所有拣选任务完成后，电子标签拣货系统将自动指示拆零拣选人员将作业完毕的周转箱推至中间主输送机，传送到一层的包装区进行包装（见图 3－3－12）。

图 3-3-12 拆零药品出库

小贴士

医药配送中心一层至四层各层的平面布局如图 3-3-13、图 3-3-14、图 3-3-15所示。

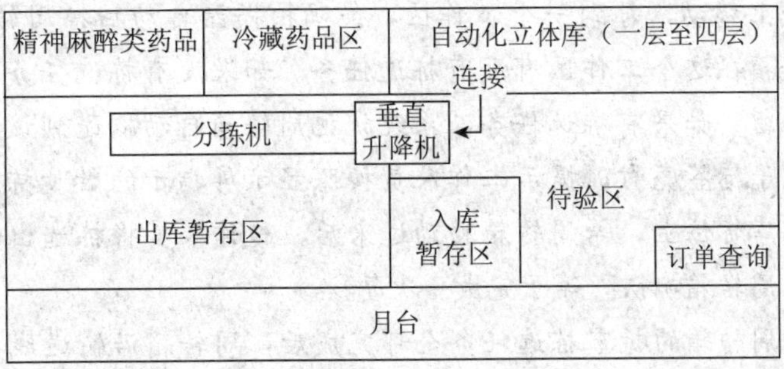

图 3-3-13 一层平面布局

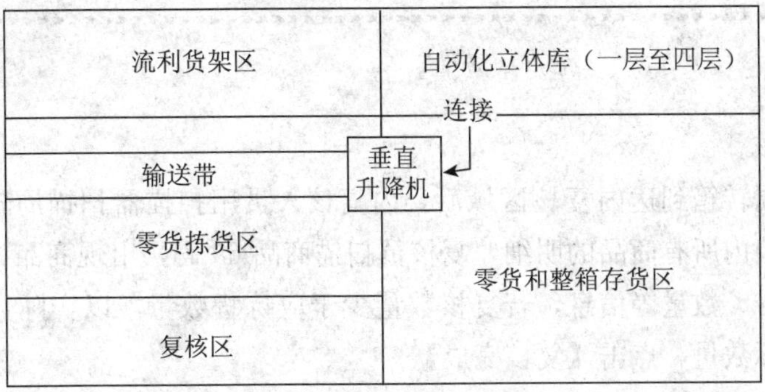

图 3-3-14 二层平面布局

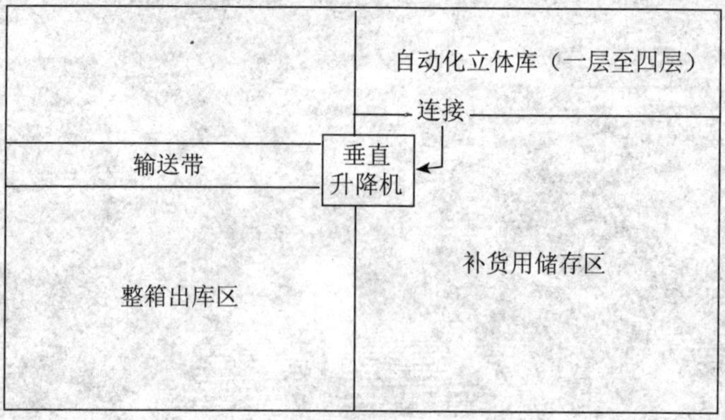

图 3－3－15　三层、四层平面布局

配送中心最为复杂的拆零出库作业集中在配送中心的二层。随着用户需求趋于小批量、多批次，拆零拣选的工作量越来越大，目前每天拆零药品多达 2 万～3 万条订单。

拆零拣选作业在 12 个工作区内接力进行，输送线连接了所有工作区，药品存放在带有电子标签的货架上。工作区和主输送线结合处安装有条码扫描器，周转箱在主输送线上移动，每到一个工作区，条码扫描器自动扫描周转箱上的条码，可以检测周转箱在这个工作区有没有拣选任务。如果没有拣选任务，周转箱通过该工作区不停留；如果有拣选任务，系统就把周转箱自动输送到该工作区，同时相应货位的电子标签亮灯，提示工作人员按照显示屏指示的数量拣选出货品，先暂时存放在出库货位上，等周转箱移动过来后，工作人员将拣选出的药品放入周转箱，并扫描周转箱确认，等于完成一次复核。

等到一个周转箱的拆零拣选任务全部完成后，周转箱沿输送线自动进入复核分拣系统，实现拆零周转箱的自动合流，以确保同一订单的周转箱合流后及时复核。

4. 复核

（1）内复核。

拆零药品周转箱到达内复核区域后，内复核人员用扫描器扫描周转箱号，系统自动带出该周转箱内所有商品的明细，复核员扫描商品 69 码，出现商品详细信息，复核员核对商品批号、数量等信息，若复核数量少于应拣货数量，以实际数量为准，将复核数量改为实际数量，点击【复核完成】。

然后点击【重新装箱】按钮，打印拼箱标签，货物装箱并粘贴标签，将左侧标签贴于箱体侧面左上角，将右侧条码标签贴于箱体上面，货物投输送线。

新手雷区

只有零散拼箱货物需要内复核，整箱货物只需外复核。

(2) 外复核。

二层的整箱出库药品和一层包装区的拆零药品纸箱在分拣区会合，进入全自动分拣机（分拣机共有18条滑道，外加1条退出滑道，处理能力最大为3000箱/时）。在分拣区备有自动全方位条码识读设备，读取每一个经过的货箱的条码信息，以确定其流向系统指定的滑道。不同客户的药品将流向不同的滑道（见图3-3-16）。

图3-3-16 自动分拣机滑道

在每个分拣滑道出口的上方都安装了电子显示屏，显示该滑道客户的药品出库情况。根据显示屏确认出库完毕后，集货员将高速分拣机分拣口的货物堆放至平板车，放在集货区（见图3-3-17）。外复核员根据箱子标签信息将货放至指定暂存区，进行外复核操作。

图3-3-17 集货区

5. 理票装车

外复核完成后，出库药品信息下传至药品资料维护系统界面，打票员打印出库明细单据、药检报告、装车单和物流单，理票员将出库单和药检报告封装在对应的药品包装箱内。

送货员在打票员处提取装车单，按照装车单的明细，将对应出库暂存区的药品完成装车，并与司机一同送货。

小贴士

集货区有3个区域：自提区、配送区和托运区。当客户在客户服务台确认要自提的商品后，工作人员把客户需要的商品信息输入系统中，系统自动将为自提客户服务的工作单设置为最优先位置，也就是系统启动为自提客户优先拣选货物。这样，在客户确认自提的商品清单后，在3～5分钟后，就可以在自提柜台取到自己需要的商品。这样的服务，大大缩短了自提客户的等待时间。

步骤三：补货作业

在步骤二中，当二层整箱和拆零商品的存放和发货作业区需要补货时，通过WMS系统自动发送补货请求。发货人员将存放在三层、四层的货物，通过垂直升降机送到二层，补货员使用PDA扫描条码上架，完成补货工作（见图3-3-18）。

图3-3-18　补货作业

小贴士

派生医药配送中心的四层与立体库连接，主要有两个功能。第一个功能是出库，即整箱出库的药品在这里进行在线拣选。工作人员从托盘上取出货物，并在包装箱上贴上标签，直接放在输送线上，余下的托盘货物自动回到立体库中。

第二个功能是从这里直接给二层补货。WMS 系统设有自动监控功能，如果发现某个货位的存货低于系统设置的最低额度，就会把货物从立库中调出来，放入二层平库货架中，这样就能释放出立体库的空间，存放新的商品，提高了立体库的货位使用率。

步骤四：送货作业

最后就是对该批新疆友好医院的货物进行配送。医药物流对于温湿度有严格的要求，部分货物要求在储藏和配送的全程都保持在 2℃～8℃。因此派生医药物流配送中心对冷藏的药品要用冷藏车和特质冷藏箱进行结合配送（见图 3－3－19、图 3－3－20）。

图 3－3－19 医药冷藏车

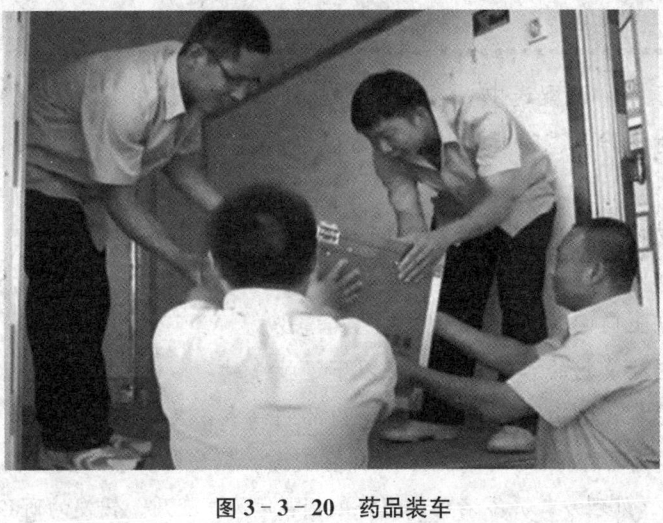

图 3－3－20 药品装车

在配送全程使用最新的 RFID（射频识别）技术实现对全程的温度监控和数据采

集，确保药品在流通环节中安全、有效（见图 3－3－21）。

图 3－3－21　RFID 温度监控

在送达医院后，药品需在与客户交接后，立即进行冷藏储存，实现全程冷链配送（见图 3－3－22）。

图 3－3－22　药品储存

小贴士

1. 派生医药物流配送中心工作范围

（1）及时把药品、随货同行联、药检单和发票送至客户收货处，按客户要求堆放好。

（2）主动协助客户清点数量，办理药品、票据交接及签收手续。

（3）主动清点回收暂存在客户处的周转箱。

（4）定期上门回访，听取客户意见及建议。

（5）对退换货物的客户要求做好以下退换手续：

①客户退货，需由业务员填写回退商品明细表，签字确认（即收即退除外）。

②收货时发现商品短少、破损、污染、变质、错发时，客户应直接在签收单上注明品种、数量、处理方式并签名确认（将破损、污染、变质、错发的商品随车带回）。

③收货时（承诺期内）发现商品短少、破损，客户应立即通知相关的部门，待

下次送货时退回。

④省外客户退货后，相关销售人员应在2个工作日内以书面的形式或传真通知物流中心查收（注明收货方式和地点）。

2. 送货响应时限

(1) 市内客户送货响应时限如表3-3-2所示。

表3-3-2 市内客户送货响应时限

地区	运输方式	开票时间	送达时间	备注
市内	自运	上午：前一天16：00前	上午送到	每车次客户在12个以内
		下午：当天11：00前	下午送到	

注：市内急送药品在3小时内送到（业务开单后确认）。

业务相关要求：

①销售人员接到急送订单后，须立即通知相关部门，将急送单传真给调度，以便合理安排时间和车辆。

②特殊药品配送：麻精药品等由专人专车配送。

(2) 市外客户送货响应时限如表3-3-3所示。

市外配送委托邦达物流配送。

表3-3-3 市外客户送货响应时限

地区	运输方式	开票时间	送达时间	备注
省内	汽运	前一天16：30前	24小时	除偏远地区外
		当天11：30前		
省外	托运	前一天16：30前	24小时～72小时	除偏远地区外
		当天11：30前		

商品托运一天两次，托运时间如表3-3-4所示。

表3-3-4 托运响应时限

开票时间	前一天16：30前	当天11：30前
托运时间	当天8：00—11：00	当天13：00—17：00

军功论赏

序号	考核内容	满分	最后得分
1	能够简述医药采购入库的过程	10	
2	能够阐述医药出库作业的过程	10	
3	能够说出医药补货作业的过程	10	

续 表

序号	考核内容	满分	最后得分
4	能够简述医药送货作业的过程	10	
5	能够说出医药物流配送业务流程	20	
6	能够小组讨论分析出医药物流配送业务流程与快消品物流配送流程的区别	20	
7	能够与小组很好地沟通，团结协作	10	
8	能够利用网络快速准备收集并总结有效信息	10	
合计		100	

战术提升

你知道吗

医药物流（见图 3－3－23）不是简单的药品进、销、存或者是药品配送。所谓医药物流，是指依托一定的物流设备、技术和物流管理信息系统，有效整合营销渠道上下游资源，通过优化药品供销配运环节中的验收、存储、分拣、配送等作业过程，提高订单处理能力，降低货物分拣差错，缩短库存及配送时间，减少物流成本，提高服务水平和资金使用效益，实现物流信息自动化、信息化和效益化。

图 3－3－23　医药物流

医药物流的特点：

1. 品类划分复杂

医药物流与其他行业的物流相比具有很多特点，最大的特点就是药品品种繁多、分类复杂。

2. GSP 要求

医药物流在配送环节上，对药品批号、生产时间、有效期、来源、随货单证等要求都非常严格，在仓储环节上的量化指标要求也极高，所以信息系统必须支持高精度的运作模式。

3. 运输管理严格

药品运输是实现药品的空间位移的手段，也是物流活动的核心环节。在运输过程中应根据不同药品的特性选择不同的交通工具以及采取必要的措施保证药品的安全性。

4. 包装严格

包装材料的卫生情况直接影响到药品的质量，药品包装必须适合药品质量的要求，方便储存、运输和医疗使用；必须按照规定贴有标签并附有说明书；特殊药品的标签，必须印有规定的标志等。

5. 仓储与在库保管严格

患者对于药品的需求是不可预测并且迫切的，企业通常为了满足客户对药品的及时需求，保有一定的安全库存，而这部分安全库存由于药品的特殊性，相对于其他行业来说，无论对于数量和质量都有更高的要求。药品严格分库区存储，药品需要按剂型及自然属性，分别存放于不同温度条件的库区；药品摆放应该遵守“六分开”的原则，即药品与非药品分开、内服与外用药品分开、人用药与兽用药分开、一般药品与特殊管理药品分开、合格药品与不合格药品分开、容易串味及性能互相抵触的药品分开；药品应实行色标管理。

6. 配送严格

出库时应掌握“四先出”原则，即“先产先出、先进先出、易变先出、近期先出”，以确保库存药品自身质量始终保持在较为新鲜的良好状态。药品需求的时效性，对于药品的物流配送则提出了更高的要求，要求医药物流配送系统具有很高的柔性。

想一想

1. 你对医药物流的特点了解了吗？

2. 你觉得一个医药物流配送中心具体仓储和设施设备应该是什么样的？

你知道吗

医药物流配送中心的仓储：

1. 将各个物品按照区域、商品类型、客户区域进行业务划分

作为医药物流配送中心，仓库规划最主要的重点还是满足业务需要。一般而言，现代药品仓库大多数是矩形建筑，因此该药品仓库规划本着“通透式”原则，

即验收入库区和待运出库区在一条直线上，零货库在中间，上下直对验收入库区和待运出库区，整件库区在零货库区的两边，便于直接补货和发货。需要强调的是，冷藏库、易串味库、中药库、二类精神库等各类小库区原则上以靠墙设计为主，目的是既要尽量减少对库区有效使用面积的占用，也要降低中央空调管道和机组的建设成本。

2. 色标管理

首先，对在库药品严格按照GSP的储运要求，实行了专库、专区、分类存放，并要做到药品与非药品，内服药与外用药，易串味药品、中药饮片与其他药品分开存放，危险品单独存放，医疗用毒性中药材专柜存放。实行双人双锁保管、专账记录。仓库按规定实行色标管理，严格分区管理。

为了有效控制药品储存质量，应对药品按其质量状态分区管理，为杜绝库存药品的存放差错，必须对在库药品实行色标管理。药品质量状态的色标区分标准为：合格药品为绿色；不合格药品为红色；质量状态不明确药品为黄色。

按照库房管理的实际需要，库房管理区域色标划分的统一标准是：待验药品库区、退货药品库区为黄色；合格药品库区、中药饮片零货秤取库区、待发药品库区为绿色；不合格药品库区为红色。三色标牌以底色为准，文字可以用白色或黑色表示，防止出现色标混乱。

3. 搬运和堆垛要求

严格遵守药品外包装图式标志的要求，规范操作。怕压药品应控制堆放高度，防止造成包装箱挤压变形。药品应按品种、批号相对集中堆放，并分开堆码，不同品种或同品种不同批号药品不得混垛，防止发生错发、混发事故。

4. 药品堆垛距离

药品货垛与仓间地面、墙壁、顶棚、散热器之间应有相应的间距或隔离措施，设置足够宽的货物通道，防止库内设施对药品质量产生影响，保证仓储和养护管理工作的有效开展。药品垛堆的距离要求为：药品与墙、药品与屋顶（房梁）的间距不小于30cm，与库房散热器或供暖管道的间距不小于30cm，与地面的间距不小于10cm。另外仓间主通道宽度应不少于200cm，辅通道宽度应不少于100cm。

5. 分类储存管理

医药企业有适宜药品分类管理的仓库，按照药品的管理要求、用途、性状等进行分类储存。可储存于同一仓间，但应分开不同货位的药品有：药品与食品及保健品类的非药品、内用药与外用药；应专库存放、不得与其他药品混存于同一仓间的药品有：易串味的药品、中药材、中药饮片、特殊管理药品以及危险品等。

为保证在库药品质量，在养护上实行“三三四”检查，即每个季度第一个月检查30%，第二个月检查30%，第三个月检查40%，使库存药品每个季度能全面检查一次（月查季轮）。同时建立定期上报质量信息报表制度，有效期在6个月以内的，按时填报近效期药品催销表并设立“近效期药品警示牌”，保证过期药品不出库，有问题药品不出售。

6. 温湿度条件

按药品的温、湿度要求将其存放于相应的库中，药品经营企业各类药品储存库均保持恒温。对每种药品，根据药品标示的贮藏条件要求，分别储存于冷库（2℃～10℃）、阴凉库（20℃以下）或常温库（0℃～30℃）内，各库房的相对湿度均保持在45%～75%。

企业所设的冷库、阴凉库及常温库所要求的温度范围，以保证药品质量、符合药品规定的储存条件为原则，进行科学合理的设定，即所经营药品标明应存放于何种温湿度下，企业就设置相应温湿度范围的库房。

对于标识有两种以上不同温湿度储存条件的药品，一般存放于相对低温的库中，如某一药品标识的储存条件为：20℃以下有效期3年，20℃～30℃有效期1年，则应将该药品存放于阴凉库中。

7. 中药材、中药饮片储存

根据中药材、中药饮片的性质设置相应的储存仓库，合理控制温湿度条件。对于易虫蛀、霉变、泛油、变色的品种，设置密封、干燥、凉爽、洁净的库房；对于经营量较小且易变色、挥发及融化的品种，配备避光、避热的储存设备，如冰箱、冷柜。对于毒、麻中药做到专人、专账、专库（柜）、双锁保管。

8. 入库的条件

必须建立并执行进货检查验收制度，并建立有真实完整的药品购进记录。记录必须注明药品通用名称、生产厂家、剂型、规格、批号、生产日期、有效期、批准文号、供货单位、数量、价格、购进日期。仓库的仓储要求是建立药品保管、养护制度，并采取必要的冷藏、防冻、防潮、避光、通风、防火、防虫、防鼠等措施。储存应将中药材、中药饮片、化学药品、中成药分别储存，分类存放，这样才能保证药品质量。在药品出库时，严格执行药品“先进先出、近期先出和按批号发货”的原则，对出库药品，复核人员按照发货凭证对照实物，逐项进行检查核对，并登记出库复核记录，实行质量跟踪。

9. 设施设备选择

根据药品对库房温湿度的严格要求，设置阴凉库，配置冷柜、冰箱、空调；安装排气扇、避光窗帘，并对门窗进行加密加固；在库内、库外设置温湿度计，并及时做好温湿度记录和仓库的温湿度调控工作。

设置货架、货垫、手动液压叉车、无线条形码机、扫描仪、购物小推车以及运输车辆等企业经营的硬件设施。

为加强验收养护，确保药品质量，对验收养护室要按照GSP（《药品经营质量管理规范》）的要求，配置分析天平、澄明度检测仪、标准比色液、水分快速测定仪、三用紫外线荧光灯、生物显微镜、中药标本柜、干燥箱等硬件设施，安装空调等防潮防尘设备，并做好检测记录，确保入库药品质量合格。

扫一扫

请扫描右侧二维码，观看“如何破解药品配送难”视频并讨论以下问题：

（1）为什么药品配送这么难呢？

（2）农村医药应该如何进行规范配送呢？

你知道吗

药品作为一种高度标准化和条码指示性的商品，是最适合电子商务的行业之一。不过在我国，医药电商仍然处于起步阶段，2013年中国医药产品的线上零售额占比仅为1.7%。低渗透率的背后是巨大的市场空间，再加之《互联网食品药品交易管理办法》有望近期出台，包括阿里、京东等传统电商和九州通、一心堂在内的医药流通企业已快速在医药电商行业进行布局。

不过，对于消费者来说，像药品这种特殊产品，如何保证配送的速度与配送产品的质量才是他们最为关心的问题，而这恰恰就是目前医药电商的短板。可以说，加快现有物流体系的建设，提高物流企业配送效率和水平，探索切实有效的物流配送模式是医药电子商务发展的当务之急。

九州通公司的电商平台物流配送方式主要有三种：一是京东商城配送；二是第三方专业物流；三是九州通自身的配送团队。这三种模式也是目前多数网上药店采取的配送模式。

扫一扫

请扫描右侧二维码，观看“九州通医药物流”视频并讨论以下问题：

（1）谈谈你对九州通医药配送的感受。

（2）查找资料，讨论一下国药集团新疆新特药业医药配送中心的作业流程。

任务四 连锁餐饮物流配送业务

瞄准靶心

※能够掌握连锁餐饮物流配送的业务流程。

※能够根据连锁餐饮物流配送的业务流程进行操作。

军令如山

新疆永强连锁餐饮企业是一家以营养、环保、均衡、健康为理念，将中式快餐与西式快餐相结合，主营烤鸡、汉堡、薯条、菜夹馍、粥、米线等快餐的连锁餐饮企业，目前已在新疆、陕西、河南、重庆、辽宁、四川、上海、北京、黑龙江等地区有了自己的分店，各个地区又有很多个门店。新疆永强连锁餐饮企业有自己的原材料和半成品调配基地，其主要作业流程如图 3－4－1 所示。

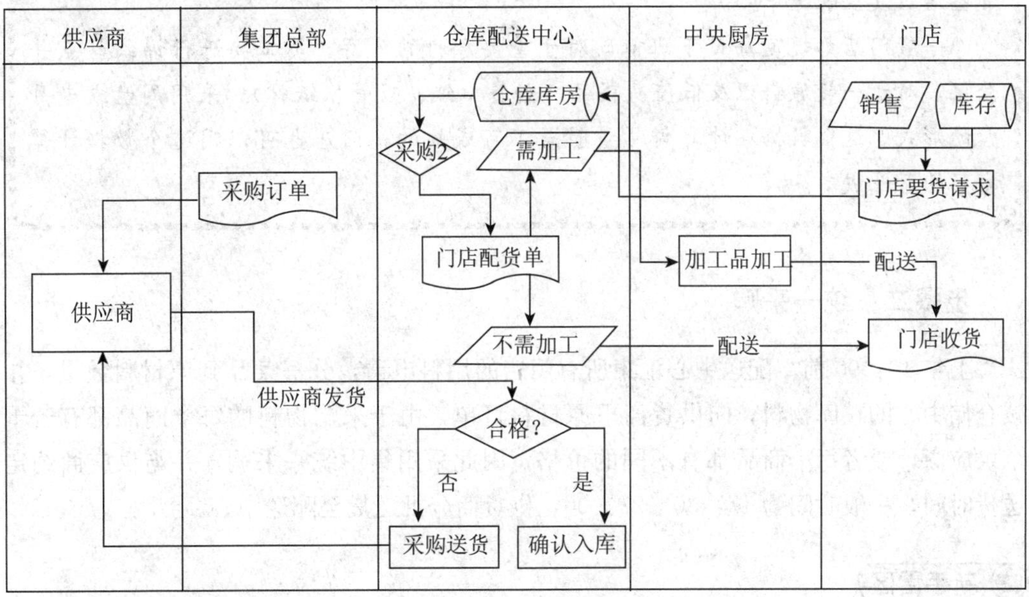

图 3－4－1 新疆永强连锁餐饮物流配送作业流程

张勇是新疆乌鲁木齐友好商圈的一家门店经理，早上 8 点刚到店里，他就打开电脑向配送中心下达了明天需要的菜品订单，让我们一起跟随他去探秘连锁餐饮企业具体物流配送作业过程吧！

横扫千军

步骤一：门店要货

上午 8：30 前，张勇（门店负责人）针对自己的预计销售菜品量及库存情况，向配送中心下达明天的菜品订单，订单中的货品数量应合理估算，保证无大量积压，无断货的可能。

小贴士

这里的菜品订单，其实就是主需求计划。各门店订货经理采用定期补齐式订货策略。原料分为动货、干货、湿货，其中湿货是指保质期较短的蔬菜等。各原料每周订货次数分别是 1 次、1 次、2～4 次，订货量等于需求量和存货量的差额，需求量＝进货周期用量＋订货提前期用量＋安全库存，订货应尽力根据以往销售状况和天气或者其他非常因素计算出一个订货周期的营业额，再根据销售价格转换成材料用量。各门店将需求计划制作成表格，此表格中包括预订原料、计划需求量、在途货物、期末存货、订货量、进货量分配等详细数据，该表格经门店主管签名后发至配送中心。

一般门店都规定每日下班前，对于重要原料的库存，员工要进行详细盘点并登记；对于一般原料以及低值易耗品（如餐巾纸、吸管、纸杯），采用周盘或者月盘的形式。这个数据在计算订货量时是不可或缺的，门店也可以用这个数据计算当日的营业成本。

步骤二：统一采购

上午 10：00 前，配送中心汇集所有门店的用料申请，分解菜品到原材料数量，扣减仓储中心的在库物料，向供货商下原材料订单，由于采购物料的每个商品都有若干个供应商，或者每个商品都有不同的价格，因此采用集中统一采购，并与供应商约定送货时间，一般时间为 17：30—22：00，供货商分批送货至配送中心。

新手雷区

如果在汇集订单时发现门店订货数量变化异常，则配送中心应主动与门店进行沟通确认，接收门店订单的截止时间定为每天 10：00。订货系统关闭后，配送中心负责采购的人员根据库存量和未出货数据，以电子邮件或传真等形式发送至供应商，供应商根据订货数量和时间要求，安排生产计划和运输计划。

步骤三：配送加工

晚上17：30至凌晨00：00，配送中心进行加工和包装，将需要加工的原材料加工成半成品，将需要门店自己加工的原材料包装成小包装。

配送之前，配送中心需要了解下属门店仓库的实时库存状态和货品在途状态，从集约化层面做到资源合理分配。

步骤四：装车配送

晚上23：00，配送中心对第一批门店的要货进行装车。

凌晨，配送中心将货品配送到门店；门店如果同时出现物料变动，可采取临时变更配货量的申请，配送中心及时调整更改物料变动情况。

凌晨3：00，空车返回配送中心，对第二批门店的要货进行装车。

凌晨4：30，配送中心将货品配送门店。

早晨7：00，空车返回，作业结束。

步骤五：门店收货

门店在约定的时间，做好接货准备，等到配送车辆到达时，快速卸货，做好验收操作，验收无误后在送货单上签字，并及时将材料放到仓库中储存。

军功论赏

序号	考核内容	满分	最后得分
1	能够简述门店需求计划制订的过程	10	
2	能够阐述门店要货的流程	10	
3	能够说出连锁餐饮中央配送中心的作用	10	
4	能够画出连锁餐饮配送业务流程时间节点图	10	
5	能够说出连锁餐饮物流配送业务流程	20	
6	能够小组讨论分析出连锁餐饮物流配送业务流程与快消品物流配送流程的区别	20	
7	能够与小组很好地沟通，团结协作	10	
8	能够利用网络快速准备收集并总结有效信息	10	
合计		100	

战术提升

你知道吗

连锁餐饮企业——麦当劳的物流配送业务

麦当劳（McDonald）是全球最大的连锁快餐企业之一（见图 3-4-2），是一家以出售汉堡为主的连锁经营的快餐店，夏晖物流（以下简称夏晖）是麦当劳的全球物流服务商。

图 3-4-2　麦当劳

麦当劳的物流配送操作流程如下：

1. 订单管理

麦当劳餐厅的经理需要预先估计安全库存，一旦库存量低于安全库存，便进入订货程序。麦当劳在网上下订单，将订单发往配销中心。夏晖在接到订单之后，便能够在最短的时间内完成装货，在优化完行驶的路线后，冷藏车就会按照事先制定好的路线和要求将货物送到指定的餐厅。每天，餐厅经理都要把订货量与进货周期对照，一旦发现问题，立刻进入紧急订货程序。虽然紧急订货不被鼓励，但一经确认，2 小时后货品就会被送到餐厅门口。麦当劳通过对其订单的有效管理，使得仓库储备的货物总能保证在安全库存之上，随时能够满足消费者对食品的任何要求。

2. 库存与配送管理

夏晖的库存与配送有以下几个要求：

(1) 保证准时送达率。

夏晖的配送车队每天晚上 11 点到次日凌晨 1 点必须完成送货，准点率在 98% 以上才算符合服务质量要求，因为麦当劳的员工是按小时付薪的，如果在这个时间内不能将货送到，员工的超时工资要由夏晖承担。

图 3-4-3 夏晖配送

(2) 保证麦当劳的任何一个餐厅都不断货。

麦当劳在全国各地有上百家连锁店，尽管通过 POS 机能够实时知道每一种商品的销售情况，但是如何运输、怎样在区域范围内建立物流中心，如何协调社会性物流资源并不是一个简单的问题。这些非常复杂的工程，需要有极强的供应链管理能力以及供应链网络建设的能力。

(3) 保持每一件货物的质量处在最佳状态。

夏晖的送货流程如图 3-4-4 所示。

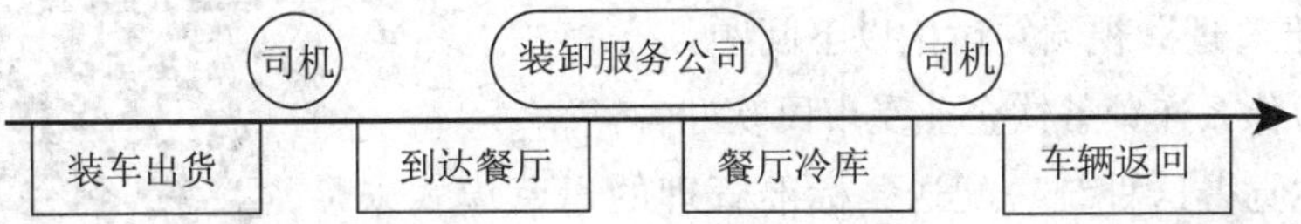

图 3-4-4 夏晖送货流程

在接到订单后，夏晖就开始准备装车工作。在装货的过程中，印有夏晖标志的冷藏冷冻运输车辆整齐地停靠在装货的车道内，使得冷藏冷冻运输车辆与夏晖的冷库实现完全的密封性对接。两个公司为了保证营业期间食品的新鲜，冷藏库坚持“先进、先出”的进出货方式。

物品入库也有标准化的规定，在冷藏库外搬送物品的服务员编上号，按顺序将物品搬至库外，然后在一名更高一级的训练员指挥下，按照原材料放置的先后顺序和各种品种的不同规定，将物品整齐地放入库内。每次的进货都必须由经理亲自检查货物的温度和质量。货物从冷藏库或冷冻库提出来后，要通过一个宽为 6 米左右的缓冲区才能到达冷藏冷冻运输车辆，在这个缓冲区中，温度保持在 1℃～10℃，很好地实现了封闭的自动化操作。

对于装货时间，夏晖也严格按照麦当劳的规定进行。比如一台 8 吨标准冷冻车，装车和卸车的时间被严格限制在 5 分钟之内，根据货品的需要，还会使用一些专用的搬运器械，以避免在装卸过程中出现意外的损失。在冷冻冷藏车内，能按照货物所需要的温度实现货物的分区存储。

当所运输的食品到达麦当劳餐厅时，麦当劳餐厅经理首先会提前检查冷藏和冷冻库温是否正常，记录接货的时间和地点，检查单据是否齐全，抽查产品的接货温度，检验产品有效期，检查包装是否有破损和污染等情况，最后才是核对送货数量，签字接收，如果任何一个环节不符合要求，货品就要退回夏晖。

在卸货的过程中，最先卸下来的是像牛肉饼、鸡翅这样的冷冻食品，然后是大包大包的薯条，最后是面包坯这样的常温食品，在整个的卸货过程中，最关键的一点是“快”，像苹果派这样的食品，对温度的变化是十分敏感的。卸下来的货物，如果是需要冷冻、冷藏的食品就直接放进位于餐厅内的冷库中，使得冷链的最后一个环节依然是有保证的。

想一想

1. 这种配送模式属于哪种配送模式，与前面“横扫千军”有何不同，比较一下。
2. 连锁餐饮物流配送业务流程与普通的物流配送业务流程有何异同。

扫一扫

请扫描右侧二维码，观看“连锁餐饮受市民欢迎 统一配送 标准管理”视频并讨论以下问题：

（1）为什么连锁餐饮企业受市民欢迎？

（2）你觉得这种统一配送、标准管理的运营模式未来是否能成为趋势？

你知道吗

外卖不是那么简单，详解外卖配送方式

图 3-4-5　中国三大外卖

通过外卖平台点外卖的大致流程如图 3－4－6 所示。

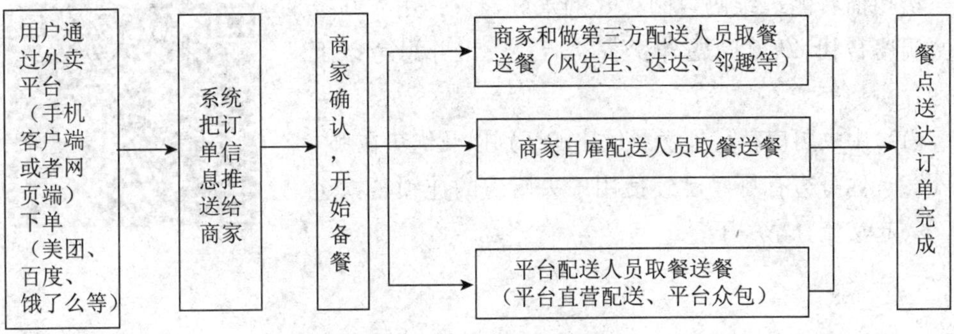

图 3－4－6 外卖送餐流程

这其中外卖平台成了最主要的角色，以前是商家孤军作战，现在外卖平台提供了一个集中展示区，同时还提供运营上的扶持，包括活动补贴、店铺排名以及活动推广等手段。同时，外卖平台也充当了一个客服中心，对各种异常情况进行处理，对商家来说，这样极大地节省了时间和人力成本，可以安心保证供应和品质，而对消费者买家来说，有一个集中的渠道可以反馈订单的各种情况，也更放心。

就配送环节而言，目前仍是以下三种形式共存的局面：

(1) 商家自雇人员负责配送。这是最传统的，老板或者伙计自己把单给送了，前面已经说了这种形式的利弊，以后，除了品牌连锁大商家有能力承担之外，小商家可能会慢慢放弃这种方式。

(2) 和商家合作的第三方负责配送。这里主要指那些从配送切入市场的公司，如达达。它们一般和滴滴一样采用众包的形式吸收了不少兼职人员，当商家有单需要配送时，兼职送餐员会提供配送服务赚取配送费。这种形式的好处和坏处显而易见，众包的形式可以保证日常大多数情况下运力非常充沛，因此总的来说，商家和买家的时效要求都可以得到满足，但是一旦处于极端情况，比如说恶劣天气、春节长假，人员就会严重不足，运力无法保证，时效也无从谈起。而兼职的形式必然会面临送餐人员鱼龙混杂，很多人员并未经过相对系统的培训就开始服务，很难保证服务质量。总之，众包的形式，靠谱起来很靠谱，不靠谱起来也需要花很大力气整改才行。

(3) 平台配送人员负责配送。目前各家外卖平台都在极力发展自己的配送服务，而且基本都有两套体系：直营和众包。众包情况基本和刚刚说的第三方一致所以就不多说了，直营配送才是各平台的“亲儿子”。之所以有这样的区分是因为众包业务更多的是用来阻击竞争对手，而直营配送才是各平台希望用来盈利的工具。通常情况下，平台会为直营配送进行统一的人员招募和培训，以保证足够的运力和服务质量。

扫一扫

请扫描右侧二维码，阅读《刘永好建议：用400家中央厨房替代60万问题外卖餐饮店》资讯并思考以下问题：

（1）中央厨房替代外卖餐饮店的区别以及优势在哪？

（2）你身边有哪些已经使用中央厨房的连锁餐饮企业，一起交流分享一下。

任务五　JIT工业品配送业务

瞄准靶心

※能够掌握汽车零配件的配送作业流程。

※能够根据汽车零配件的配送作业流程进行操作。

军令如山

新疆哥特汽车制造企业（以下简称GT公司）是新疆汽车集团旗下的独资子公司，坐落于乌鲁木齐市，与欧洲知名汽车品牌进行技术合作，引进了先进汽车底盘技术与多款发动机整机技术。GT公司是近两年成立的企业，工厂分两期建设，一期工厂年生产规模为20万台，发动机年产规模26万台。GT公司通过物流模型分析，在入厂物流规划时最终采取厂内生产物流实现更精准JIT供件配送方式，厂外采购物流采用Milk－Run（循环取货）巡回集货方式。为了优化资源配置，进而降低供应商物流成本，GT公司将入厂物流外包给新疆零部件配送中心，具体的入厂物流模式如图3-5-1所示。

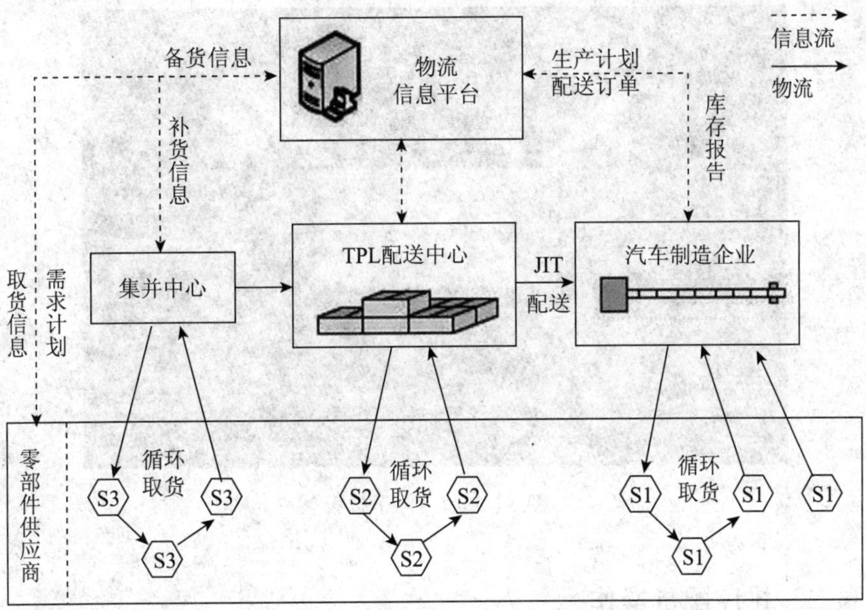

图 3-5-1 GT公司零部件入厂物流作业示意

如图所示，新疆零部件配送中心是建在 GT 公司整车厂附近的配送中心，所实现的功能主要有三个：一是运用循环取货等先进运输方式对各个供应商的零部件进行集并；二是日常的存储和按整车厂生产计划进行排序配货；三是向整车厂小批量、多频次地进行准时配送。

具体 GT 公司的零配件入厂物流是如何进行的呢？我们一起去探究一下！

横扫千军

步骤一：下达要货计划

零部件供应商、GT 公司和新疆零部件配送中心三者之间构建的先进的物流信息平台通过 EDI 进行数据交换，实现了供应链中物流运作相关信息的共享。

GT 公司将月度计划确定后通过信息平台与零部件供应商进行共享，并提前一周确定日生产计划。在日生产计划确定后，GT 公司的物料需求系统自动对整车车型信息进行处理，拆分成具体零部件需求计划，同库存信息比较后，形成每日零部件要货计划和配送订单（电子看板如图 3-5-2 所示），并通过信息平台向供应商和新疆零部件配送中心下达。

图 3－5－2 电子看板

步骤二：排序配货操作

对于乌鲁木齐地区的部分零部件供应商，按照动态排序供应，根据 GT 整车厂的车辆装配顺序组织生产，并排序备货，在规定的时间内由新疆零部件配送中心将零部件直接送到生产线旁。整车厂在生产线上设立信息采集点，获得车辆的生产顺序，并提前通知供应商零部件排序信息。

供应商根据整车厂先前的数据进行生产，完成后再按照零部件排序信息确认顺序并依次放入料架。新疆零部件配送中心在供应商处取货后，直接运送到汽车总装配线，装配工人直接在同一料架依次排序取得与整车配套的零部件进行装配，如图 3－5－3 所示。

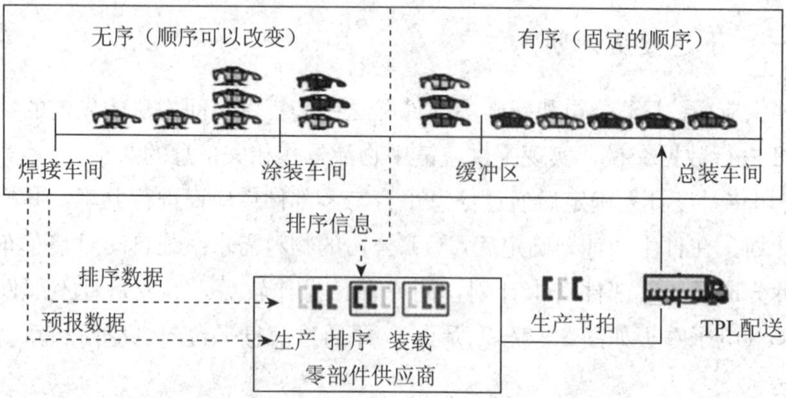

图 3－5－3 零部件动态排序供应示意

小贴士

> 动态供应排序是指零部件物料的顺序与装配生产线上汽车的装配序列相对应。主要是根据生产步骤所需提出订单，其零件大多需要在极短时间内进行多次运送，由于此种提出订单方式对整个送货链的控制及时间要求相当严格，因此适用于大量、高价值或是变化大的零件。

步骤三：准时配送操作

对于乌鲁木齐及周边地区的非排序零部件，按照静态准时供应，新疆零部件配送中心根据零部件日需求计划，采用循环取货直配方式准时配送到GT公司生产车间的物流缓存区。

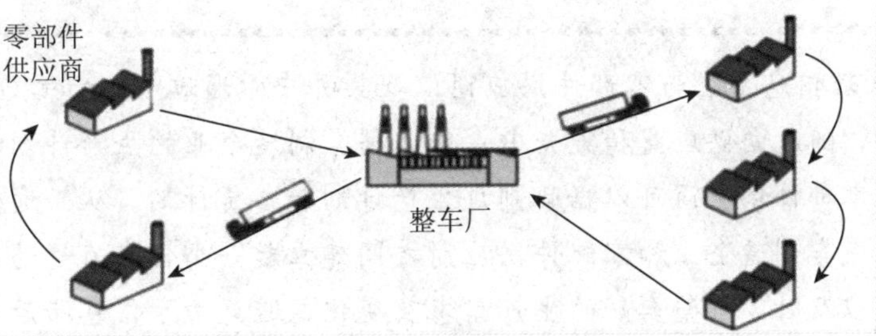

图3-5-4　循环取货直配示意

循环取货方式，即根据预先设计到第一个供应商那里装上准备的零部件，然后到第二家、第三家，依次类推，最后再返回到整车厂。这种方式比较适合分布于整车厂周边的零部件供应商。

小贴士

> 静态准时排序，主要指零部件经过零部件配送中心或者车间的生产物料准备区，在装配生产过程中，通过容器装配送到装配生产线旁缓存区处，物料没有一定的顺序排列，视当日需求量提出需求。

步骤四：集并配货操作

对于乌鲁木齐地区以外远距离的供应商，则通过设立的区域集并中心采取同一地区循环取货，并根据零部件日需求计划，通过干线集中运输至新疆零部件配送中心，新疆汽配中心根据电子看板备货，配送模块自动生成发运零件的上线计划，运输人员根据计划将零件送往线边，准时到货水平控制在 5 分钟的误差内，相关信息通过条码识别进入物流管理系统。

新手雷区

由于供应商地理位置和供应量的不同，零部件的运输也不尽相同，主要包括：

（1）直接运输，将零部件从供应商整车运输到配送中心，再根据整车厂每天的生产需求分批送至生产车间。

（2）循环取货，配送中心运输车辆对供应商进行每日循环取货。

（3）越库配送，通过区域集并中心循环取货的方式进行集货，不需要入库，直接从本地循环取货车辆或收货站台搬运至干线运输车辆上，进行货物对接，然后直接转运至整车厂。

小贴士

物流管理信息系统与零部件供应商以及集并中心通过 Internet（互联网）进行信息交换，随时向供应商和集并中心传递整车制造企业的生产计划和配送中心库存信息，零部件供应商可以据此制订生产计划和备货计划。从而通过物流管理信息系统在汽车制造企业和零配件供应商之间建立起一个信息直通通道，使零配件供应商可以及时了解整车厂的生产需求及变化，避免由于信息滞后所造成的零配件产品的积压和盲目生产，降低了供应链整体库存。同时配送中心可以为整车厂提供有效的准时配送，保障了整车厂生产的高效性和连续性。

军功论赏

序号	考核内容	满分	最后得分
1	能够简述下达要货计划的过程	10	
2	能够阐述排序配货的过程	10	
3	能够说出准时配送的过程	10	
4	能够简述集并配货的过程	10	
5	能够说出 JIT 工业品物流配送业务流程	20	
6	能够小组讨论分析从生产物流的角度来看 JIT 的重要性和必要性	20	
7	能够与小组很好地沟通，团结协作	10	
8	能够利用网络快速准备收集并总结有效信息	10	
合计		100	

战术提升

准时制（JIT）管理已广泛应用于汽车制造企业的生产与物流管理领域。早在20世纪六七十年代，日本丰田、日产等汽车公司已通过按灯和看板等目视化指示方式实现了JIT供件配送。随着IT（计算机技术）技术的日新月异，JIT物流实时拉动式信息系统逐渐发展起来。

图3-5-5 汽车生产车间

JIT物流方式是指在生产物料库存最小化前提下，实现产品多样化的持续生产。零部件从上道工序准时到达下道工序，并被下道工序迅速加工和转移，从而实现准时制目标。即在需要的时间按需要的数量将需要的产品交付给需要的顾客，“不多不少，不早不晚，恰到好处地满足需求”。能有效地降低物流成本，是准时制在现代物流领域中得以应用和快速推广的动因。

在汽车零配件物流配送的过程中，由于汽车零配件种类繁多，根据使用价值和使用频率可分为A、B、C三类。

A类零配件价值最高，通常为非通用件，品种不多，如发动机、车门总成、排气管总成、坐椅等；B类零配件价值较高，品种较多容易混淆，主要有车顶篷、后舱盖、地毯、前底板、后地板等；C类零配件价值较低，主要为标准件，汽车制造厂商对这种零配件消耗量较大且较为稳定，运输频率低，每次运输都会使用相同的包装容器，相同的运输方式，如室内灯、方向盘、遮阳板、标准紧固件等。三类零配件都由汽车制造厂商交给第三方物流公司进行配送，但三种零配件具体的配送方式不同，尤其是在汽车产业集群环境下。

由于汽车零配件品类繁多，第三方物流公司不可能按照一种方式进行配送，必须根据汽车零配件的分类进行配送。这就要求第三方物流公司必须对汽车零配件

A、B、C三类进行不同的配送，这种由汽车制造厂商利用第三方物流公司对汽车零配件的配送叫第三方汽车零配件物流配送方式。

1. C类零配件配送方式

汽车产业集群不是一家核心企业和众多供应商简简单单地聚集在一起，核心企业要求与供应商建立“整车—零配件”网链式结构，这种结构要求把总成类零配件厂整合到2～4家，其他向二级、三级配件厂分流，形成以总成零配件厂商为核心的，二级和三级零配件厂商为供应商，汽车制造厂商为最终用户的零配件产业组织结构，也就是网链式结构。在这种结构下，利用第三方物流公司对C类零配件进行配送，更能达到汽车制造厂商要求的JIT配送。

在汽车零配件A、B、C三类中，C类零配件配送方式最为复杂。一般情况下，汽车制造厂商都靠需求拉动生产，根据生产计划向零配件供应商下达零配件需求计划。零配件供应商根据零配件需求计划进行生产，第三方物流公司根据零配件需求计划进行配送。首先，第三方物流公司在二级和三级零配件供应商中间进行循环取货，在进行循环取货之前，第三方物流公司都会对取货路径进行规划，而在汽车产业集群下，第三方物流公司更能设计出合理的取货路线，使得运输成本最低、时间最短。循环取货完毕后，把零配件运往总成类供应商那里，总成类供应商把多个零配件小模块加工组装成大模块，也就是简单的模块化。第三方物流公司把总成类供应商简单加工的大模块运往配送中心，在配送中心那里把简单加工的大模块进一步地模块化，然后再由第三方物流公司把进一步加工好的大模块准时配送到汽车厂商的缓存区里。最后由第三方物流公司把进一步加工好的大模块同步配送到汽车厂商的生产线上。第三方物流公司对C类零配件进行配送的过程中，会有物流信息平台和看板信息对配送过程进行控制。

2. B类零配件配送方式

在汽车产业集群环境下，供应商为了能达到汽车制造厂商的JIT配送要求，一般都会利用配送中心，这种配送中心是虚拟化的。与传统的配送中心相比，虚拟中心不再拥有规模庞大的仓储中心和数量较多的存货。同时经过配送中心的信息流也不像传统配送中心那样有停滞，而是通过配送中心这一纽带，直接向汽车零配件供应商和汽车制造厂商流动。这时虚拟配送中心是零配件配送的一个通道，而不是像传统配送中心那样是一个节点。

B类零配件价值相对较高且品种较多，配送方式明显不同于C类零配件。配送中心根据汽车制造厂商的零配件需求计划，安排零配件供应商生产并将已完工的零配件送到汽车制造厂商。B类零配件通常会被第三方物流公司直接送到配送中心，在虚拟配送中心进行模块化，然后，再由第三方物流公司送到缓存区，最后，由第三方物流公司把进一步的模块化零配件同步配送到汽车制造厂商的生产线上。同样，第三方物流公司对B类零配件进行配送的过程中，会有物流信息平台和看板信息对配送过程进行控制。

3. A类零配件配送方式

电子看板，从狭义上来讲是生产信号的传递工具，广义上来讲代表着拉动式生产方式。在汽车产业集群环境下，汽车制造厂商开始利用电子看板进行信息传递，电子看板是由软硬件组成的系统。在电子看板系统中，汽车制造厂商的零配件需求信息通过信息系统直接传递到零配件供应商和第三方物流公司的显示终端，增加了信息的及时性。在汽车产业集群环境下，物流信息平台更容易建立，利用电子看板也更有效。A类零配件价值最高，通常为非通用件，品种不多，所以零配件供应商可以直接利用第三方物流公司把零配件直接配送到汽车厂商的生产线上。在此配送过程中，电子看板发挥了重要作用，能够及时补货消灭误差，并起着控制的作用。

扫一扫

请扫描右侧二维码，阅读《汽车零配件的物流运输新境界》内容并讨论以下问题：

（1）根据文章内容，你觉得汽车零配件的运输难题在哪？

（2）如何解决这些难题呢？一起去开开眼界。

想一想

1. 汽车配送业务流程你现在了解了吗？
2. 对于汽车生产线你好奇吗？一起扫一扫吧！

扫一扫

请扫描右侧二维码，观看“宝马汽车全自动生产线太长见识了”视频并讨论以下问题：

（1）结合这个生产线，分析一下其零配件是如何进行配送的？

（2）你觉得汽车零配件的配送流程与普通商品配送流程有何异同之处？

项目四　配送作业岗位工作管理及绩效考核

任务一　配送作业岗位工作管理

瞄准靶心

※能够掌握配送中心的作业岗位设置。

※能够分辨配送中心各岗位职责。

※能够掌握配送中心的工作制度。

军令如山

新疆旋风配送中心目前现有员工 200 余人，下设有物流部、综合部、市场部、财务部四大部门，具体又下设有服务支持科、验收科、仓管科、配送科、后勤科、行政科五大科，下面再下分成具体对应岗位（见图 4－1－1），人员的管理相对比较冗杂，物流部新上任的物流部总经理需要对整个物流部所有岗位进行管理，他首先需要做的就是对整个配送中心，尤其是物流部的岗位进行认知，那么该如何认知呢？

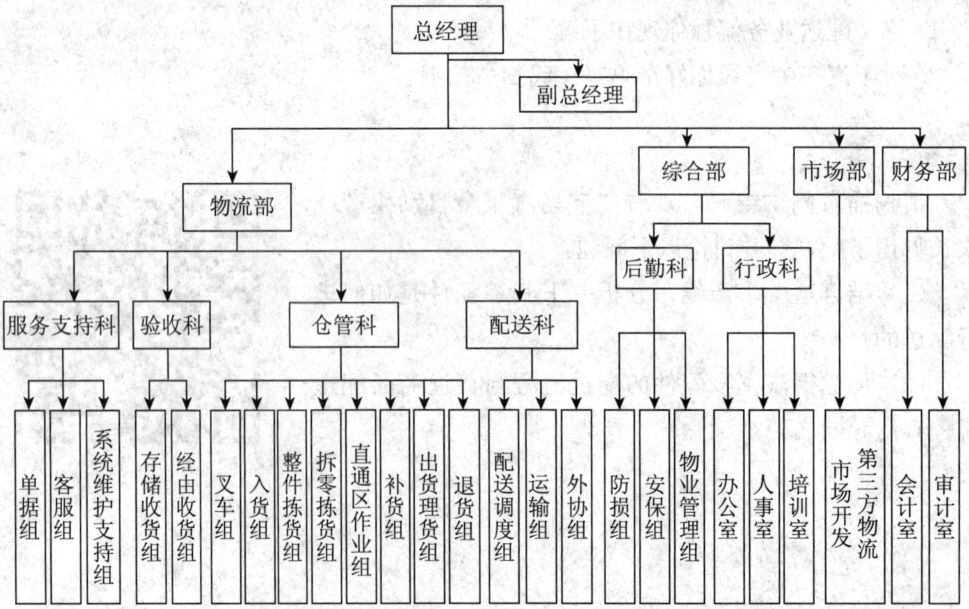

图 4－1－1　新疆旋风配送中心组织结构

横扫千军

步骤一：明确配送中心的岗位设置

首先，他需要确定新疆旋风配送中心的岗位设置，新疆旋风配送中心的岗位设置比较完整，具体如表 4-1-1 所示。

表 4-1-1　新疆旋风配送中心的岗位细分

<table>
<tr><th>部门</th><th>科级</th><th>区域或小组</th><th>职员</th><th>说明</th></tr>
<tr><td rowspan="17">物流部
岗位：
物流部经理 1 名
物流部副经理 1 名</td><td rowspan="3">服务支持科
岗位：科长 1 名
副科长 1 名</td><td>单据组
岗位：主管 1 名</td><td>组员
单据员：5 人</td><td>收费员 1 个
单据员 4 个</td></tr>
<tr><td>客服组
岗位：主管 1 名</td><td>组员
客服员：10 人</td><td>主管兼职记录约仓情况</td></tr>
<tr><td>系统维护支持组
岗位：主管 1 名</td><td>组员
系统维护员：1 人</td><td>—</td></tr>
<tr><td rowspan="2">验收科
岗位：科长 1 名
副科长 1 名</td><td>存储收货组
岗位：主管 1 名</td><td>组员：
收货员：8 人</td><td>—</td></tr>
<tr><td>经由收货组
岗位：主管 1 名</td><td>组员：
经由收货员：4 人</td><td>包括直通作业部分</td></tr>
<tr><td rowspan="9">仓管科
岗位：科长 1 名
副科长 1 名</td><td>叉车组
岗位：组长 1 名</td><td>组员
叉车驾驶员：4 人</td><td>—</td></tr>
<tr><td>入货组
岗位：组长 1 名</td><td>组员
入货员：4 人</td><td>—</td></tr>
<tr><td>整件拣货组
岗位：组长 2 名</td><td>组员
整件拣货员：24 人</td><td>—</td></tr>
<tr><td>拆零拣货组
岗位：组长 1 名</td><td>组员
拆零拣货员：3 名</td><td>—</td></tr>
<tr><td>直通区作业组
岗位：主管 1 名</td><td>组员
直通分拨员：1 名
直通摘果员：1 名</td><td>—</td></tr>
<tr><td>补货组
岗位：组长 1 名</td><td>组员
补货员：4 人</td><td>—</td></tr>
<tr><td>出货理货组
岗位：主管 2 名</td><td>组员
出货理货员：20 人</td><td>—</td></tr>
<tr><td>退货组
岗位：主管 1 名</td><td>组员
退货理货员：6 名</td><td>包含经由退货</td></tr>
<tr><td>配送调度组
岗位：主管 1 名</td><td>组员
调度员：1 名</td><td>—</td></tr>
<tr><td rowspan="3">配送科
岗位：科长 1 名
副科长 1 名</td><td>运输组
岗位：主管 1 名</td><td>组员
驾驶员：10 名</td><td>—</td></tr>
<tr><td>外协组
岗位：主管 1 名</td><td>组员
外协员：1 名</td><td>—</td></tr>
</table>

续 表

<table>
<tr><th>部门</th><th>科级</th><th>区域或小组</th><th>职员</th><th>说明</th></tr>
<tr><td rowspan="6">综合部
岗位：
综合部经理1名
综合部副经理1名</td><td rowspan="3">后勤科
岗位：科长1名
副科长1名</td><td>防损组
岗位：主管1名</td><td>职员
防损员：1名</td><td>—</td></tr>
<tr><td>安保组
岗位：主管1名</td><td>职员
安保员：1名</td><td>—</td></tr>
<tr><td>物业管理组
岗位：主管1名</td><td>职员
物业管理员：1名</td><td>—</td></tr>
<tr><td rowspan="3">行政科
岗位：科长1名
副科长1名</td><td>办公室
岗位：主管1名</td><td>职员
办公室文员：1名</td><td>—</td></tr>
<tr><td>人事室
岗位：主管1名</td><td>职员
办公室文员：1名</td><td>—</td></tr>
<tr><td>培训室
岗位：主管1名</td><td>职员
办公室文员：1名</td><td></td></tr>
<tr><td rowspan="2">市场部
岗位：
市场部经理1名
市场副经理1名</td><td>市场开发科
岗位：科长1名</td><td>—</td><td>职员
市场开发专员：3名</td><td>—</td></tr>
<tr><td>市场维护科
岗位：科长1名</td><td>—</td><td>职员
市场维护员：2名</td><td>—</td></tr>
<tr><td>财务部
岗位：
财务部经理1名
财务部副经理1名</td><td>会计科
岗位：科长1名
审计科
岗位：科长1名</td><td>—</td><td>职员
会计：1名
职员
审计员：1名</td><td>—</td></tr>
</table>

新手雷区

配送中心岗位设置注意事项：

配送中心岗位设置是依据配送中心仓储部及相关现场作业部门的组织架构来设定的。设定的基础为配送中心各项物流作业所可能需要的工种，在这里将工种设定为一种岗位，但实际执行中可能会将相近的工作量尚不大的工种合成由一个工作岗位人员来完成，这不影响工种的划分。

岗位的设置随组织架构的调整及配送中心业务的变更而改变，也可随工作人员对于各项工作的熟练程度而加以合并或重新分工。

步骤二：分辨配送中心各岗位职责

其次，根据新疆旋风配送中心的岗位设置，其每个岗位都对应其岗位的职责，具体细分如表4-1-2所示。

表 4-1-2　　新疆旋风配送中心岗位职责（物流部）

部门	职位	岗位职责说明
高层管理部门	总经理	负责配送中心正常业务的开展； 负责统合、协调、管理、指挥配送中心的日常运作事务； 负责第三方物流业务开发，合同签约； 负责审核配送中心日常收入及支持； 负责配送中心外协业务沟通及签约； 负责配送中心发展战略规划及安排； 负责配送中心紧急事务处理
	副总经理	负责协助总经理，完成配送中心业务的正常开展； 负责协助总经理统筹、协调、管理、指挥配送中心的日常运作事务； 负责协助总经理第三方物流业务的开发，合同签约； 负责协助总经理配送中心外协业务沟通及签约； 负责协助总经理配送中心发展战略规划及安排； 负责协助总经理配送中心紧急事务处理； 负责紧急情况下代理总经理
服务支持科	服务支持科科长	负责制定本部门的验收作业规范及作业流程； 负责本部门内各种作业单据的完整； 负责监督及掌控配送中心的整体运作数据的完善； 负责配送中心各种“支持性数据”的提取及分析； 负责协助配送中心经理完成其他各项管理工作； 负责监督和检查本部门各组织工作的规范性和准确性； 负责完成配送中心经理交代的其他工作内容
	单据组主管	全面负责配送中心业务过程中的各项作业单据； 负责单据员的分工及考核； 负责监督各项单据列印及回单的及时准确性； 负责进行异常单据的处理； 负责协助上级领导完成其他事宜
	单据员	负责服从单据组主管的安排； 负责严格依各项作业流程进行单据处理； 负责保证数据录入的准确性、单据列印的及时性； 负责异常单据的及时报告； 负责熟悉配送中心的各项作业流程； 完成单据组主管交办的其他事宜
	客服组主管	负责安排整理、归档已完成的单据； 负责本组内所涉及的与供应商及门店之间的相关沟通工作； 负责协调本组人员间的工作衔接； 负责工作中异常事项的及时上报与处理； 完成服务支持科科长交办的其他事宜
	客服员	负责与供应商及门店之间的相关沟通工作； 负责协助库内人员与门店之间的差异处理； 负责配合部门主管做好其他相关工作

续 表

部门	职位	岗位职责说明
服务支持科	系统支持员	负责保证配送中心电脑的正常运行及数据的安全性； 负责配送中心操作系统的日常维护，主要包括基础程序更新、历史数据的协助清理； 负责于数据库后台批量提取数据及仓内数据分析，提出商品及储位调整建议； 负责新进单据员的基础系统使用培训； 负责与“系统提供商”的沟通联系； 负责完成上级领导交办的其他事宜
验收科	验收科科长	负责商品收货作业规范及作业流程的制定、修改、完善和优化； 负责协助制订收货的验收标准等； 负责监督和检查本部门收货人员工作的质量； 负责协助处理客诉问题； 负责对收货员进行绩效考核
	存储收货组主管	全面负责并严格执行自行存储类商品收货作业规范及作业流程； 对进货商品的品质、数量、验收准确性及效率负全责； 负责存储商品收货月台的统一安排； 负责对日常收货人员作业分工及时间的统一安排； 负责收货过程中例外事项的处理； 负责向上级科长提报本组范围内与作业相关的流程优化； 负责协助完成上级领导安排的其他事项
	收货员	服从收货组主管的指挥及安排； 严格依照配送中心既定的收货作业流程进行验收作业； 严格依配送中心的允收标准进行验收； 保证作业单据的完整与及时回单； 负责例外事件的及时发现及报告； 服从收货组主管临时安排的其他事项
	经由收货组主管	全面负责并严格执行经由商品收货作业规范及作业流程； 对进货商品的品质、数量及验收准确性及效率负全责； 负责经由商品收货码头的统一安排； 负责经由收货员的合理分工进行； 负责协助处理客诉问题； 收货过程中例外事项的处理； 负责向上级科长提报本组范围内与作业相关的流程优化建议； 完成上级领导安排的其他事项
	经由收货员	服从收货组主管的指挥及安排； 严格依照配送中心既定的收货作业流程进行验收作业； 严格依配送中心的允收标准进行验收； 保证作业单据的完整与及时回单； 负责例外事件的及时发现及报告； 服从收货组主管临时安排的其他事项

续 表

部门	职位	岗位职责说明
仓管科	仓管科科长	全面负责库内各项理货作业规范及作业流程的完善； 负责仓库内规章制度的制定； 做好叉车驾驶员、补货员、拣货员、出货理货员、退货员的作业分工及安排； 负责科内员工在各仓间的分配、工作岗位调整、作业工具调拨、工作进度协调和工作时间安排； 负责科内员工的日常管理； 负责对商品进行不定期抽查； 负责科内员工绩效考核； 安排库内设备的定期维护、整洁并保证其安全； 负责对库内商品的存放、保管、调拨、安全量、移库、保存期限、品质管理、整洁及数量负全面责任； 负责定时、定期安排库内的盘点、移库、补货、储位整理、良品的退货整理等工作； 负责库存量差异的报告与追踪； 负责协助处理客户投诉问题； 负责例外事件的处理； 负责协助上级领导处理其他事项
	叉车组长	负责本组作业流程的制订与修正； 负责本组作业规范的监督与检查； 负责仓内整板商品的及时上、下架作业； 负责仓内商品的搬运工作 完成上级领导安排的其他事项
	叉车驾驶员	服从组长的安排，完成商品的入库、上架、下架、储位整理、整板拣货、盘点等作业； 严格依配送中心既定的作业流程进行作业； 严格依配送中心既定的各项作业动线进行工作，保证交通安全； 负责例外事件及时汇报； 负责叉车的定期维护、卫生与保养； 保证作业单据的完整与及时回单； 保证每笔入库上架作业的准确性； 完成组长安排的其他事项
	直通作业组主管	负责配送中心直通商品分播作业的规范流程的制订与执行； 熟悉分播及摘果所涉及的“电子标签”的使用； 负责验收完成的直通商品分播任务的派发； 负责分播完成的商品的摘果任务的派发及过程监督； 负责商品分播及摘果过程中异常情况的处理（含电子标签）； 负责电子标签设备的保养； 负责与其他部门的协调沟通工作

续 表

部门	职位	岗位职责说明
仓管科	直通分拨员	负责验收完成的直通商品（整件＋零散）的分播工作； 严格按本部门既定的“标准作业流程”进行分播作业； 作业过程中异常情况的及时上报及协助处理； 分播过程中对所使用设备的爱护及保养； 完成部门主管交办的其他事宜
	直通摘果员	负责验收完成的直通商品（整件＋零散）的摘果工作； 严格按本部门既定的“标准作业流程”进行摘果作业； 负责摘果完成的商品及时运送至“配送出货暂存区”； 负责作业过程中异常情况的及时上报及协助处理； 负责摘果过程中对所使用设备的爱护与保养； 负责完成部门主管交办的其他事宜
	整件拣货组长	全面负责库内整件商品拣货作业规范与作业流程执行； 负责分派拣货任务（拣货单）给拣货员； 负责拣货单回单的追踪； 负责对拣货员的日常管理； 负责拣货过程中例外事件的处理； 负责协助上级主管处理其他事宜
	整件拣货员	服从拣货组组长的安排及时完成拣货任务； 严格依配送中心拣货作业流程进行拣货作业； 保证拣货单据的准确、清楚填写、完整与及时回单； 负责拣选货位商品的整理工作； 负责例外事件及时汇报； 保证作业工具的整洁与完好； 服从拣货组长安排的其他事宜
	拆零拣货组长	全面负责库内拆零商品拣货作业规范与作业流程； 负责分派拆零拣货任务（拣货单）给拆零拣货员； 负责拆零拣货单回单的追踪； 检查周转箱明细单与周转箱内商品的附属关系是否正确； 负责对拆零拣货员的日常管理； 负责拣货过程中例外事件的处理； 负责协助上级主管处理其他事宜
	拆零拣货员	服从拆零拣货组组长的安排及时完成拣货任务； 严格依配送中心拆零拣货作业流程进行拣货作业； 负责例外事件及时汇报； 保证作业工具的整洁与完好； 负责回收纸箱的整理工作； 完成拣货组长安排的其他事宜

续 表

部门	职位	岗位职责说明
仓管科	出货理货组主管	全面负责库内各项理货作业规范及作业流程的执行； 做好叉车驾驶员、拣货员、出货理货员的作业分工及安排； 负责组内员工绩效考核； 安排库内设备的定期维护、整洁并保证其安全； 负责对库内商品的存放、保管、调拨、安全量、移库、保存期限、品质管理、整洁及数量负全面责任； 负责定时、定期安排库内的盘点、移库、补货、储位整理、良品的退货整理等工作； 负责库存量差异的报告与追踪； 负责协助处理客户投诉问题； 负责例外事件的处理； 负责协助上级领导处理其他事项
	出货理货员	严格依配送中心的出货作业流程进行作业； 负责商品的复核作业； 负责依据箱板规则进行商品整理； 保证整理单据及出货单据的准确性与完整性，并及时回单； 负责拣货差异商品回放至原仓位； 负责商品的装车； 负责商品的盘点工作； 负责例外差错事件的及时汇报； 服从主管安排的其他事项
	补货组长	全面负责库内各项补货作业规范及作业流程的执行； 负责仓内日常补货任务的派发与监督执行； 负责仓内日常的移库作业任务的派发与监督执行； 负责补货及移库过程中异常情况的处理； 负责协调本部门与其他相关部门的工作； 完成部门主管交办的其他事宜
	补货员	负责仓内各个补货任务的准确及时完成； 负责仓内移库任务的准确及时完成； 补货及移库过程中异常情况的及时上报及协助处理； 完成部门主管交办的其他事宜
	退货组主管	负责库内退货作业规范及作业流程的执行； 负责退货组成员的分工及考核； 安排销货退回的验收、进货退回的退货作业； 销货退回验收单据的回单及进货退回单据的回单； 退货商品的管理（盘点、整理、移库、拣货、退厂等）； 负责发出退货商品的退货申请； 负责协助上级领导完成其他事宜

续 表

部门	职位	岗位职责说明
仓管科	退货理货员	服从退货主管的安排； 严格依退货作业流程行事； 保证退货单据的完整、清楚填写、及时回单； 保证退货商品的合理放置； 退货商品的保管（盘点、整理、移库、拣货、退厂等）； 服从退货组主管安排的其他事宜
配送科	配送科科长	负责部门内部的日常管理工作； 负责部门内部各项制度的建立和完善； 负责加盟承运商合同签订及加盟承运商的管理； 负责配送系统的改进优化； 负责规划配送路线，制定配送频率； 负责制定承运车辆的结算标准及方式，负责组织采购和淘汰车辆的处置工作； 负责运输旺季临时车辆的租赁工作； 协助处理门店投诉； 完成上级领导交办的其他事项
	配送调度组主管	主要负责物流中心配送商品的相关运输工作； 负责完成配送商品与门店（客户）的交接； 负责向门店（客户）回收配送单据及相关退货单据等； 全面负责配送中心配送车辆的调度； 协助配送科长规划配送路线、制定配送频率并监督执行； 全面负责配送车辆的保管、保养与维修； 负责配送车辆司机的管理及考核； 货物追踪查寻及汇报； 负责记录并登记每天承运商出车情况的数据统计； 协助处理有关配送过程中的客诉事宜； 负责处理运输事故； 完成上级领导交办的其他事宜
	驾驶员（运输组）	负责承担物流中心配送商品的装车堆码工作； 负责配送中心配送商品的押运工作； 负责配合运输司机与门店（客户）的交接工作； 服从运输调度的任务安排； 负责配送中心商品的监装监卸及配送工作； 依配送中心出货、退货作业流程执行配送（退配）作业； 保证配送途中的商品安全与完好； 做好与配送中心及门店的商品交接工作； 保证配送单据的完整交接； 完成上级领导交办的其他事宜
	外协员（外协组）	负责内部车辆的日常维修、加油及年审； 协调交警、车管所、交通局等职能部门，保证车辆安全畅行； 负责物流部的正常报销工作； 完成上级领导交办的其他事宜

新手雷区

配送中心岗位职责注意事项：

由于配送中心岗位职责不同，企业所负责的内容会有所差异，具体还需根据企业实际情况进行细分。

步骤三：熟悉配送中心的工作制度

最后，他需要对每个科的工作管理制度进行熟悉，下面主要对仓储科和配送科的工作制度进行介绍，具体如下：

仓储科工作制度

为了更好地完善公司的内部管理，增强企业的凝聚力，明确仓储科员工的利益与公司的效益的关系，提高仓储人员的工作责任心，特定如下制度。

一、货物入库管理规定

第一条　仓管员接到返货配载清单后，安排好堆货区、卸货人员及卸货设施。

第二条　仓管员在卸货时对每项进库的物品，应于卸货完成时详加验收。

第三条　仓管员应依据配载单上有货名、包装、货号、件数及到达地核对货物的品名、数量等内容核对实物是否相符，包装是否完好。

第四条　仓管员在验收货物过程中，短少、数量不符或货物破损、污渍，应立即通知主管进行处理。如主管遇到无法解决的问题或出现异态，要上报经理处理，在经理处理完后办理相关登记才能入库。如擅作入库处理，日后发现货物损坏等问题，视为仓管员管理不善，自行承担相应责任。

第五条　已入库的货物在一段时间内无人取货，仓管员应及时通知订单处理人员进行催取，在 3 个月后仍无人提取的货作为呆滞货进行上报财务处理。

第六条　公司网点退回货视为重新入库也要严格按流程办理入库手续，交回若有损坏，应由部门主管与网点主管进行责任认定，并报知理赔人员进行登记，由主管签字作为依据备查。

第七条　严格做到五点不入库：手续不全不入；包装损坏没有上级签字不入库；件数不准确且没有批示的不入；单货不符不入；危险品不入。所有异常都必须立即上报并做好登记。

第八条　入库物品验收无误后，仓管员要进行入库登记，注明货到时间，主管复核签字确认方可有效。

第九条　送货入货位，仓管员应巡视货物有无倒置、编号脱落、货物倾斜的现象并采取补救，对贵重物品、食品、电子产品、保价物品进行专区存放。

二、在库保管管理规定

第十条　货物的储存保管，以公司线路规划设置仓库，并根据仓库的条件划区。出入库量大的线路要放于易进出的地方，量小的线路要靠近库房里面。线与线之间要能区分开，做到易找、易拿。

第十一条　物品堆放的原则：在堆垛合理安全可靠的前提下堆放，根据货物特点，尽量做到过目有数，检点方便，成行成列，整齐堆码。

第十二条　仓库保管员对库存体货物、设施等负有经济责任和法律责任。如有异常保管员应及时报告上级主管，分析原因，查明责任，按规定进行处理，未经批准一律不准擅自做主。仓管员不得多货时隐藏私自处理，开包装私拿私用，对其他人在做违纪违规时不报等违纪做法。

第十三条　保管物品要根据属性和保管常识，加强保管措施。同线路物品堆放，考虑先进先出，取货方便，留有回旋余地。大件货要放在易使用叉车的地方，贵重物品要靠墙，如有危险存在，仓管员及时采取相关防护措施，否则导致货物损坏，仓管员应负责任。

第十四条　已入库货物，未见取货手续，一律不得出库。

第十五条　仓库要严格保卫制度，禁止非本仓库人员擅自入库。仓库严禁烟火，仓管员有权对抽烟入库的人员进行劝阻，内部人员可以直接报行政部进行处罚。

第十六条　网点退回物品（为方便盘点清库）必须有明显的标志进行区分或另行堆放。

第十七条　仓库地面必须保持干净整洁，库房内配备常规洁具，应当每日进行清扫，保持仓库清洁。

三、出库管理规定

第十八条　取货人在订单处理人员处凭身份证办理提货手续后在运单的黄联上盖章后交与仓管员，仓管员运单上信息：货名、编号、数量等内容出货，若有内容不明确应即时与办单员核对、确认。

第十九条　大客户特殊紧急出库时（我公司要去厂家接货顺带送货的），订单处理人员必须以手机短信方式通知客户且让驾驶员或其他相关工作人员在相关单据上签字，并上报部门主管批准后方可发货，事后补办手续，收取相关费用。原则上必须收货人办理取货手续后才能出货。

第二十条　物品出库时，仓管员应在《货物保管记录本》上登记取货日期及取货方式（自提、中转、送货、返回字样），中转货物、发货等均要驾驶员或发货员在单据上签字确认，以便核查。

第二十一条　经申请批准处理的货物，在财务部人员、订单处理人员、主管三方在场且清点无误签字后出库。严禁将已损坏、无人取等呆滞货物自己变卖。

第二十二条　严禁任何人无任何单据货物出库，包括公司所有工作人员（主管、发货人员、外来人员、公司领导）。

第二十三条　有急货、公司大客户取货需出库时，若无特殊情况，仓管员须遵循优先出库原则确保公司整体利益。

第二十四条　为防止错误出库要求做到“三核对”：

(1) 出库手续（托运单、清单）与实物相核对。

(2) 核对取货人身份证与运单签字人是否一致。

(3) 核对运单号与货物编号是否一致。

第二十五条 对每票货的进库时间、出库时间进行登记，原则上当天货物当天出库。如有异常及时登记并上报上级处理。

第二十六条 特别注意：正常库存货物在见到提货手续后的当日出库。因客户原因不能当日全部出库的，仓管员应及时上报取货人员与上级主管并说明原因，协商取货方式及时限，并要求主管出示相关手续才允许。否则仓管员对此负全部责任，主管负连带责任。

第二十七条 任何货物在进行出库作业时，仓管员均应于出货当日登记。

四、发运管理规定

1. 货物的出库

第二十八条 发货员在拿到中转票据时，发货员应仔细检查《托运单》的货名、编号、数量、线路是否清晰，如有部分地名不清楚时要及时采取相关措施进行核实。在核对清楚后通知库管备货。

第二十九条 所有发运物品，必须填制清单，列好编号、件数，方便自己清点及仓管人员找货，装车完毕后发货人员须在清单上签字，事后仓管员在《货物保管记录本》上登记。

第三十条 装车过程中及运输途中采取好的保护措施，以防止货物的损坏，特别是玻璃品、酒等。

第三十一条 对于体积较小价值较高的小物品，发票类，一律要放在安全的位置，并做醒目标记，避免合作物流公司当作废弃物品丢弃，造成损失。

第三十二条 木箱货物，要注意上面的标识，按标识进行装车，并且在与对方交接时要求对方注意保护木箱，避免因包装破损影响交货造成的麻烦和损失。

2. 货物的装卸运输

第三十三条 搬运货物时应小心轻放，不能猛撞，不得个人英雄主义，严禁一切人为可能损坏货物的行为。如人为损坏，由相关责任人负责，并按货物实际价值赔偿。

第三十四条 搬运时要注意人员和货物的安全，特别是大件货物、铁件重货，要讲究团队协作和机械作业，要完全避免人员伤害和货物损坏。

第三十五条 车辆离开库区时发货员检查货物在车厢的状况是否有损坏的可能性，并且检查车门是否已锁上，防止车辆在运输中出现货物丢失损坏，特别是玻璃门和人造石要固定好，防止其本身货损，也防止其倾倒造成其他货物损坏。

第三十六条 在其他物流公司发货卸货时，首先要分清货物，避免错发，其次是要求司机在车厢旁照看货物，在与对方物流公司协调好承运事宜后，认清对方卸货人员，防止盗窃违法分子乘机偷拿货物，另外防止对方卸货过程中造成的货损。

第三十七条 在对方开好托运单时，要仔细核对收货人信息、联系方式及相关运输费用，如有代收运费尽量要求对方现返和代收，如有回单，须提示对方在回单上注明回单份数和签收要求。

第三十八条　若因工作失误，发错货物或发错地方，造成经济损失，相关责任人应对来回运输费用及丢失、损坏的货物承担全部经济责任，并视情节轻重进行行政处罚。

3. 物品的交达

第三十九条　物品直接交接客户时，送货人员应要求对方出具有效证件及电话，在确定无误后方能卸货，并要求收货人在托运单或回执单上签字盖章。签字的运单要交回公司指定专人妥善保管。如有到付运费，送货人员要仔细检查钱币真假，并对其负责。

第四十条　通过物流公司发运首先给对方交代详细签收要求，保管好对方的托运单，并要做好查询工作及时了解货物状态，如需回执的，要在客户收货后打电话询问收货情况，要及时催促合作物流公司尽快返回回执单。

第四十一条　货物发出后，相关责任人必须及时做好货物外包单，以便于公司负责货物跟踪的人员进行跟踪。

4. 运费审核及控制

第四十二条　单票运输费用在 100 元（含）以上 200 元以下，应填写《发货确认单》，报请部门主管审批。费用在 200 元以上的必须由经理审批，在审批后方能发货。

第四十三条　对运输公司的选择应遵循“货比三家”的对比原则，对其价格、安全性、服务快捷进行综合评估，选择最适合的运输公司和运输方式。

第四十四条　运费的控制：无论是公司付款，还是到付，发货人员都必须选择最节省、最快捷、最安全的运输公司和运输方式，违规者公司将严肃处理。

五、库区安全管理规定

第四十五条　库房钥匙仅限于库管人员保管，如因工作需要可由经理指定或上级安排。

第四十六条　除库管人员和因业务、工作需要的有关人员外，任何人不得进入仓库移动货物。

第四十七条　仓库不准代私人保管物品，在无正当手续的下线存放货物时要上报上级主管，经同意后方能放在指定的位置。

第四十八条　任何人员不得私自打开包装，如有特殊情况要上报上级，而且要求3～5人同时在场。

第四十九条　库房内不准堆放易燃易爆物品，严禁吸烟，库管可直接向行政部举报吸烟者。

第五十条　所有账本、单据、记录本等相关重要的资料应妥善保管好，做到人员离开时锁好。丢失资料，相关责任人承担全部责任。

第五十一条　在工作时间内库房内必须有人值班。

第五十二条　下班后库管离开库房时，必须关闭所有电源，锁好所有门，加强防患意识。

六、处罚管理规定

第五十三条　仓库办单员、主管、经理的实际工作时间以公司管理规定为准，特殊情况可临时加班，加班超过 3 小时上报公司行政进行加班费核算。

第五十四条　由于装卸人员工作的特殊性及不定时性，所有人员必须保证当日事当日毕，保证当日工作的及时、连贯完成后，方可下班，考勤可根据实际情况调整上下班时间。擅离工作岗位者，每缺岗 1 次，罚款 50 元，并扣除当天工资。

第五十五条　任何人员不得长时间占用公司业务电话，如有违反，视情节轻重处以 50～100 元的罚款，或警告、记过等处分。若因通信原因，造成工作延误，规定如下：手机关机 2 次以上的每次扣款 50 元；月累计 5 次（含）以上给记过处分（不论是公司电话还是私人电话在每天早上 8：00 到晚上 21：00 期间）。

第五十六条　严禁外来人员进库打牌，违者每次罚款 50～100 元。

第五十七条　上下班前检查仓库门是否完好无损。出现卷帘门脱落、变型、不能上锁要及时上报上级主管报修并调查原因，如知情不报造成损失，处罚款 100 元。

第五十八条　爱护库内设备，如属人为损坏，按损坏总金额负责赔偿，款项在当月工资中扣除。

第五十九条　严格按规定出库，坚持原则，单货相符，如未见票出库或出错货，承担全部责任并罚款 50 元。

第六十条　严禁公司内部人员无票私自取货，违者向公司申请罚款 100 元，其造成的一切后果全部由当事人承担。

第六十一条　仓库卷帘门以内如发现烟头，对库管处以每根 5 元的罚款，以此类推。对在仓库抽烟的人员进行劝阻，公司内部人员抽烟向其上级申请罚款 50 元，如其上级故意包庇就向行政部申请处罚，对举报人员进行嘉奖 50～100 元。

第六十二条　库区内环境卫生，由经理每天进行检查。第一次检查不合格，责令及时整改达标，如再次检查不合格，罚主管 10 元。

第六十三条　严格遵守上班纪律，坚持按正常班次轮换或轮休，不得无故拖延休息时间，特殊情况必须经主管领导同意，违者每天罚款 50 元。

七、本制度如与公司管理规定有冲突以公司管理规定为准。

配送科工作制度

为了更好地完善公司的内部管理，增强企业的凝聚力，明确配送科员工的利益与公司的效益的关系，提高配送人员的工作责任心，特定如下制度。

一、车辆与配送人员基本管理制度

第一条　车辆由公司指定人员负责管理，公司根据配送人员的全年工作表现，从配送人员的产值、安全行车、维修费用、服务态度、客户意见等各方面全面考虑，对表现好的员工给予奖励，对表现差的员工按公司有关制度进行处罚。

第二条　车辆由公司指定的配送员专用，其他人员未经批准不得驾驶，专车不能将车转借他人或其他单位使用，如有违反扣罚 100 元，造成后果由配送员本人承担。

第三条　车辆除执行运输任务外，未经批准不得随便驶离指定的停车场，包括不得私自开车回家和办私事，任务完成后应及时将车辆开回指定的停车场，以上如发现第一次扣罚 100 元并追究责任，重犯要双倍处罚。

第四条　车辆在市内行驶时，均要遵守有关纪律、制度，限速为 20 千米/小时，如有违反第一次追究责任，罚款 10 元并写检讨书，重犯者双倍处罚。

第五条　配送员每天按时上班（早上 8 时），特殊情况除外（如当天零时后收车者），不得无故旷工、迟到、早退。请假要事先通知管理人员，经批准后方可休息。否则，报公司从严处理（处罚规定依据员工管理制度）。

第六条　配送员不得向货主提出要小费、吃饭、住宿等，不得参与赌博、嫖娼等违法犯罪行为。否则，报公司处理和送交公安部门。

第七条　配送员执行运输任务时，在外遇特殊情况或不幸发生事故，不论在何时何地，必须马上通知公司领导或公司管理人员。

第八条　配送员报销停车费等必须要做到如实反映，不得弄虚作假、虚开发票收据，如发现经核实后按金额双倍处理。

第九条　配送员对待货主要文明有礼，努力提高服务素质，如有客户投诉，第一次罚款 10 元，重犯者双倍处罚。

第十条　配送员把车放在停车场但未锁车，第一次罚款 10 元，重犯者双倍处罚，如果造成车辆丢失者，须全款赔偿车辆。

第十一条　对于配送员送完货回来、车内留有货物、未及时交付库管的，第一次罚款 10 元，重犯者双倍处罚，如果造成货物丢失者，须全款赔偿货物。在送货员途中造成货物丢失的，由个人承担全部责任。

第十二条　在规定时间内公司管理人员要求配送人员对车辆进行清理，未在规定时间内清理完毕的，第一次罚款 10 元，重犯者双倍处罚。

第十三条　对在工作时间内穿拖鞋或不穿上衣等影响公司形象的，第一次罚款 10 元，重犯者双倍处罚。

第十四条　对工作期间内不穿工作衣，不带工作证的人员，第一次罚款 10 元，重犯者双倍处罚。

第十五条　在运输过程中有特殊情况，如车辆须维修或其他特殊情况，时间过长，却不及时反映而给公司造成不必要损失的，第一次罚款 10 元，重犯者双倍处罚。

第十六条　管理人员有急事呼叫配送员，而配送员故意不复机的每次罚款 10 元。

第十七条　在目的地装卸货时不注意观察破损情况，不及时要求客户签收，而给公司造成不必要损失的，第一次罚款 10 元，重犯者双倍处罚。

第十八条　在配送员把货物送到目的地后，客户投诉包装在运输过程中破烂或者太脏而配送人员之前未及时处理的，第一次罚款 10 元，重犯者双倍处罚。

第十九条　对故意不及时归还工具的每次罚款 10 元，对遗失随车工具的按工具购买单价赔偿。

二、车辆维修和丢失处理的管理制度

第二十条　车辆（从购买发票时算起）在保修期内，造成其他维修费用的：从购买时算起，3 个月内由个人完全承担；3 个月以上 6 个月以内，个人承担 70%，公司承担 30%；6 个月以上 9 个月以内，个人承担 50%，公司承担 50%；9 个月以上 12 个月以内，个人承担 30%，公司承担 70%；12 个月以上，由公司全部承担。

第二十一条　车辆于上班时间在公司规定的停车场停放，如因未关锁造成丢失的，由负责相应车辆的个人承担全部责任；如已经锁住车辆而发生盗窃丢失的，由个人和公司各承担 50%；如在送货途中丢失的，由个人承担全部责任。

三、安全行车制度

第二十二条　配送人员必须积极参加安全学习会，进一步落实各项交通安全措施，加强安全行车意识。

第二十三条　配送人员必须严格遵守公安、交通部门所颁发的一切条例规定，严格按照国家规定的操作规程行车。在工作过程中造成事故的由员工个人承担全部责任。

第二十四条　严格遵守交通规则，不能超速、乱抢道等违章行车，造成罚款的由个人承担全部责任。

第二十五条　配送员在上班时间内不能饮酒，严禁醉酒驾驶。

第二十六条　在运输作业过程中，对安全行车的配送员工，公司根据其全年实际表现设立安全行车奖，年终时一次性奖励给配送员，以作鼓励。

四、奖励方法

第二十七条　对全年没有发生任何交通事故、服务态度好、能同公司节约维修等费用、工作积极的配送员给予 500 元的奖励。

第二十八条　对全年发生一次小事故和维修费用 50 元以下的配送员奖励 300 元。

第二十九条　对全年发生一次小事故和维修费用 100 元以下的配送员奖励 100 元。

新手雷区

这里主要是对于仓储科、配送科制定的工作制度，不同的配送中心其管理重点不同，内容也会有所差异。

军功论赏

序号	考核内容	满分	最后得分
1	能够画出配送中心的组织结构图	10	
2	能够阐述配送中心岗位设置注意事项	10	
3	能够说出配送中心各岗位职责细分注意事项	10	
4	能够简述配送中心的各部门具体工作制度	10	
5	能够说出配送中心的岗位设置情况	20	
6	能够小组进行角色扮演，自述各自的岗位职责	20	
7	能够与小组很好地沟通，团结协作	10	
8	能够利用网络快速准备收集并总结有效信息	10	
合计		100	

战术提升

你知道吗

配送中心的组织结构一般可按三种方式来划分，如表 4－1－3 所示。

表 4－1－3　　配送中心的组织结构划分方式

方式	定义	特点	适用范围
按职能划分	按职能部门划分来组织经营活动，可体现企业活动的特点。配送中心是利用其高效、快速的配送能力实现商品流通的，其基本职能是营销、储运和财务，同时还包括一些保证经营活动顺利进行的辅助性职能，如人事、公共关系和法律事务等。在配送中心的基本职能部门内也会发生相应的任务划分，即当任何职能部门发觉自己所管辖的事务太宽时，就自然派生出一些子部门，以此来适应管理的需要	确保高层管理者维护企业基本活动的权力与威望，可以使人力的使用更为有效，但由于各职能部门的管理人员长期在一个专业部门工作，形成了自己的行为模式，因此往往从本位出发考虑问题，只忠实于自己所在的部门，而不把企业看成一个整体，部门之间难以协调，导致企业对外界的反应比较慢	这种结构比较适合于外部环境比较稳定、采用常规技术的中小企业，如专业配送中心和特殊配送中心

续 表

方式	定义	特点	适用范围
按产品划分	产品分工进行组织结构的设置，建立产品型组织结构。该结构要求高层管理者授予一位部门管理人员在某种产品经营上的广泛权力，并要求其承担一部分利润指标，而高层管理者仍然控制财务、人事等方面的职能，规划整个企业的发展方向	可减少市场风险，提高劳动效率，降低经营成本；有利于企业加强对外部环境的适应性，以市场为主导，及时调整经营方向；有利于促进企业内部的竞争。但按产品划分部门，必须有较多的有全面管理能力的人员；由于总部和事业部中的职能部门可能重叠而导致管理费用增加；各产品部门的负责人具有较大的决策权，可能过分强调本单位的利益，而影响企业的统一指挥	这种结构比较适合于外部环境不稳定、不采用常规技术，产品经营多样化的企业
按区域划分	在经营范围分布很广的企业中，应按区域划分部门，建立区域型组织结构，即将一个特定地区的经营活动集中在一起，委托给一个管理者去完成	按区域划分部门可以调动各地区管理者的积极性，加强各地区各种活动的协调，还可以减少运输费用和时间，降低配送成本。但也存在着需要较多管理人员，造成机构重复设置、高层管理者难以控制各地区管理工作的问题	这种组织结构较适合于综合配送中心

扫一扫

请扫描右侧二维码，观看“精编仓管员的一天”视频并讨论以下问题：

(1) 京东大件运营中心的仓管员一天的工作内容是什么？

(2) 你看了有什么样的感受？

想一想

1. 不同的配送中心具体的岗位不同，管理方法也不同，讨论一下特殊货物配送企业都会设置哪些工作岗位呢？又是如何进行管理呢？

2. 想一想，我们以后胜任这些岗位需要具备哪些要素或技能呢？

扫一扫

请扫描右侧二维码，阅读《一个优秀的仓储主管必须具备哪些条件》并讨论以下问题：

（1）一个优秀的仓储主管必须具备哪些条件？

（2）你觉得你未来想从事哪个岗位？为什么？

（3）目前你针对想从事的岗位做了哪些准备，还需要做哪些准备？

任务二　配送作业岗位绩效考核

瞄准靶心

※能够掌握配送岗位绩效考核准备内容。

※能够分辨配送作业岗位绩效考核指标；

※能够完成配送岗位绩效考核作业。

军令如山

新疆旋风配送中心新上任的物流部经理，为了全面了解、评估员工工作绩效，发现优秀人才，进一步提高员工工作绩效，赋予每个员工绩效的自我管理能力，他需要对3月的工作绩效进行一次作业考核（见图4-2-1），具体该如何进行考核呢？

图4-2-1　绩效考核

横扫千军

步骤一：准备配送作业岗位绩效考核

首先是进行此次配送作业绩效考核的准备工作，主要从以下几个方面入手：

1. 明确配送作业绩效考核的目的

此次绩效考核的主要目的是为了提高配送人员的工作效率与服务质量，规范公司配送人员的工作流程，增强公司配送竞争力，全面了解、评估员工工作绩效，发现优秀人才，进一步提高员工工作绩效，赋予每个员工绩效的自我管理能力。

2. 确定配送作业绩效考核的对象

（1）各部门总体考核。

（2）物流部包括物流副经理在内的所有人员。

3. 确定配送作业绩效考核的时间

考核期：3月1日—3月7日。

小贴士

一般考核时间安排：

（1）月度考核一年开展12次，考核时间为从每月最后一天开始的7个工作日。

（2）季度考核一年开展4次，考核时间分别为3月31日、6月30日、9月30日、12月31日后的5个工作日。

（3）半年度考核随第二季度考核一同开展。

（4）年度考核一年开展1次，考核时间是本年12月31日—次年1月20日。

4. 考核内容权重分配

在对配送作业部门员工进行考核时，工作业绩、工作能力和工作态度考核指标所占的权重如表4－2－1所示。

表4－2－1　　月/季/年度考核内容权重分配　　单位：%

职位	工作业绩权重	工作能力权重	工作态度权重
配送作业部副经理（含各科主管）	80	10	10
配送作业部门基层员工	70	15	15

步骤二：查看配送作业岗位绩效考核标准

接着是需要根据各部门相关人员绩效考核标准设定量化标准，具体关键绩效考核指标大致如表 4-2-2 至表 4-2-5 所示。

表 4-2-2　运输部人员关键绩效考核指标

序号	KPI 指标	考核周期	指标定义/公式
1	运输任务完成率	月/季/年度	$\frac{\text{实际完成运量吨数}}{\text{计划完成运量吨数}}\times 100\%$
2	运输路线计划更改次数	月/季/年度	运输过程中或重复运输路线时对运输路线计划更改的次数
3	完成运量及时率	月/季/年度	$\frac{\text{按运输要求时间完成的运量吨数}}{\text{完成总运量吨数}}\times 100\%$
4	运输货损率	月/季/年度	$\frac{\text{当月货损金额}}{\text{当月送货金额}}\times 100\%$
5	单位运输成本降低率	月/季/年度	$\frac{\text{单位运输成本降低额}}{\text{单位运输成本预算额}}\times 100\%$
6	装卸标准合格率	月/季/年度	$\frac{\text{抽样调查车次数}}{\text{抽样调查总车次数}}\times 100\%$
7	车辆完好率	月/季/年度	$\frac{\text{完好运输车辆数}}{\text{运输车辆总数}}\times 100\%$

表 4-2-3　仓储部人员关键绩效考核指标

序号	KPI 指标	考核周期	指标定义/公式
1	物资入库差错率	月/季/年度	$\frac{\text{入库出错次数}}{\text{入库总次数}}\times 100\%$
2	出货差错率	月/季/年度	$\frac{\text{出货差错次数}}{\text{出货总次数}}\times 100\%$
3	单位库存成本降低率	月/季/年度	$\frac{\text{单位库存成本降低额}}{\text{标准单位库存成本}}\times 100\%$
4	库存货损率	月/季/年度	$\frac{\text{当月库存货损金额}}{\text{当月平均库存总额}}\times 100\%$
5	仓库环境良好率	月/季/年度	仓库环境抽查达到良好及以上水平的次数与环境抽查总数的百分比
6	库存盘点账实不符的次数	月/季/年度	仓库盘点过程中发现账实不符的次数
7	仓库报表与台账出错次数	月/季/年度	考核期内发现仓库报表与台账出错的次数
8	仓储设施完好率	月/季/年度	$\frac{\text{仓储设施完好数}}{\text{仓储设施总数}}\times 100\%$

表 4-2-4　　配送部人员关键绩效考核指标

序号	KPI 指标	考核周期	指标定义/公式
1	配送计划完成率	月/季/年度	$\frac{\text{配送计划实际完成数}}{\text{配送计划数}}\times 100\%$
2	配送及时率	月/季/年度	$\frac{\text{配送及时的次数}}{\text{配送总次数}}\times 100\%$
3	正点到达率	月/季/年度	$\frac{\text{配送正点到达的次数}}{\text{配送总次数}}\times 100\%$
4	配送的差错率	月/季/年度	$\frac{\text{配送出现差错的次数}}{\text{配送总次数}}\times 100\%$
5	单位配送成本降低率	月/季/年度	$\frac{\text{单位配送成本降低额}}{\text{标准单位配送成本}}\times 100\%$
6	收发货差错率	月/季/年度	$\frac{\text{收发货差错的次数}}{\text{收发货的总次数}}\times 100\%$
7	分拣准确率	月/季/年度	$\frac{\text{分拣无误订单笔数}}{\text{订单总笔数}}\times 100\%$
8	客户满意度	月/季/年度	接受调研的客户对配送部工作满意度评分的算术平均值

表 4-2-5　　信息部人员关键绩效考核指标

序号	KPI 指标	考核周期	指标定义/公式
1	信息技术服务满意度	月/季/年度	信息技术服务满意度调查
2	死机时间百分比	月/季/年度	$\frac{\text{本期工作时间内死机的小时数}}{\text{本期总工时数}}\times 100\%$
3	系统出错次数	月/季/年度	业务系统出现错误的总次数
4	信息技术维护费用预算达成率	月/季/年度	$\frac{\text{本期信息系统实际维护费用}}{\text{本期信息系统维护预算}}\times 100\%$
5	新系统上线准时性	月/季/年度	$\frac{\text{新系统开发所用的实际用时}}{\text{新系统开发计划用时}}\times 100\%$

步骤三：考核配送作业岗位绩效情况

再接着就是对各个岗位的配送作业情况进行考核实施的过程。

1. 配送作业绩效考核

在对应量化表中的相应框内填写3月该员工的具体表现情况，表4-2-6是对仓储部主管岗位的具体量化示例。

表4-2-6　仓储部主管绩效考核指标（示例）

考核人姓名		×××	职位	物流部总经理	部门	物流部
被考核人姓名		×××	职位	仓储部主管	部门	仓储部
序号	类别	KPI指标	权重（%）	绩效目标值	考核得分	备注
1	工作绩效	部门工作计划完成率	20	考核期内部门工作计划完成率达到100%		
2		仓储管理费用控制	15	考核期内仓储管理费用控制在预算范围之内		
3		单位库存成本降低率	10	考核期内单位库存成本控制在____%以上		
4		库存货损率	10	考核期内库存货损率控制在____%以下		
5		仓库环境良好率	5	考核期内仓库环境良好率在____%以上		
6		库存盘点账实不符的次数	5	考核期内仓库盘点账实不符的次数在____次以下		
7		仓储作业流程改进计划完成率	5	考核期内仓储作业流程改进计划完成率达到100%		
8		仓储设施完好率	5	考核期内仓储设施完好率在____%以上		
9		仓储事故次数	5	考核期内一般性仓储事故在____次以下，重大仓储安全事故为0		
10		员工管理	5	考核期内部门员工绩效考核平均得分在____分以上		
11	工作态度	工作积极性	5	工作积极、努力，并以此带动其他人的工作		
12				以饱满的热情投入自己的工作		
13				能够以较高的工作标准开展工作		

续 表

序号	类别	KPI指标	权重（%）	绩效目标值	考核得分	备注
14	工作态度	工作积极性	5	能够以一般的工作标准完成工作		
15		工作协作性	5	能够与不同部门进行沟通、合作，协同完成工作		
16				努力维护相互合作的工作关系		
17				做好本职工作的基础上与人合作		
18				以自我为中心，不寻求协作、支持		
19		工作责任感	5	以积极的态度承担责任，寻求有效的方法达成工作目标		
本次考核总得分						

被考核人	考核人	复核人
签字： 日期：	签字： 日期：	签字： 日期：

新手雷区

此部分只对一个岗位进行了示例讲解，因为主管级别的一般量化的标准都是整个小组或部门考核指标的综合，比较有代表性。其他岗位的量化都是依据关键考核指标和岗位职责进行的，原理一样。

2. 配送作业部门考核结果的计算

月度考核成绩＝月度绩效计划考核得分±单项加减分

3. 配送基层作业人员考核结果计算

配送作业部门月度考核成绩＝本岗位月度工作业绩考核得分

小贴士

（1）配送作业部门半年度绩效考核得分＝∑上半年6个月工作业绩考核得分/6。

（2）配送作业部门年度考核成绩＝本岗位年度平均工作业绩考核得分×70%（80%）＋本岗位全年工作能力的考核得分×15%（10%）＋本岗位全年工作态度考核得分×15%（10%）。

在上述公式中，括弧内为配送作业部门经理（含主管）的绩效权重。

4. 考核结果等级划分

考核结果按得分高低划分为“优秀”“良好”“中等”“及格”“较差”五个等级，具体标准如表 4-2-7 所示。

表 4-2-7　　考核结果等级

等级	分值（X）	总体表现
优秀	$X \geqslant 90$	工作绩效经常超越本职位常规标准要求，具有下列表现：在规定的时间之前完成任务，完成任务的数量/质量等大大超出规定的标准，得到相关部门的高度评价
良好	$80 \leqslant X < 90$	工作绩效达到本职位常规要求，具有下列表现：严格按照规定的时间要求完成任务，在数量/质量上超过规定的标准，得到相关部门的满意评价
中等	$70 \leqslant X < 80$	工作绩效经常维持本职位常规标准要求，具有下列表现：基本上达到规定的时间、数量/质量等工作标准，没有接到相关部门的投诉
及格	$60 \leqslant X < 70$	工作绩效基本维持本职位常规标准，具有下列表现：偶有小的疏漏，有时在时间、数量/质量上达不到规定的工作标准，偶尔接到相关部门的投诉
较差	$X < 60$	工作绩效低于常规本职位工作标准的要求，具有下列表现：工作出现大的失误，或在时间、数量、质量上达不到规定的工作标准，经常有投诉发生

步骤四：反馈工作岗位绩效考核结果

最后就是根据考核结果对表现好的岗位进行奖励，表现较差的岗位进行改进或提高。

1. 考核结果反馈

（1）在考核过程中，配送作业部门负责人有责任与被考核者就被考核者的工作业绩、工作能力、工作态度的评价结果进行沟通、确认，并协商确定被考核者今后工作的改进方向与改进方法。

（2）在考核过程中，被考核者如认为受到不公平对待或对考核结果感到不满意，有权在考核期间或知道考核结果 5 个工作日内直接向人事行政部提出申诉。

（3）员工向人事行政部申诉时需要以书面形式提交申诉报告，人事行政部负责将申诉统一记录备案。

2. 考核结果应用控制

将月度考核结果作为岗位工资调整、绩效工资、奖金计算和分配的直接依据。

（1）部门月（季）度绩效工资总额的计算如下：

部门月（季）度绩效工资总额＝部门月（季）度绩效考核成绩×部门月（季）度

绩效工资基数总和×90%

剩余的10%作为部门奖励基金，由部门负责人根据部门的具体情况进行发放，可以用于奖励每期表现突出的员工，也可以随半年奖和年终奖一同发放。

(2) 员工的月（季）度绩效工资的计算公式如下：

员工月（季）度绩效工资额=个人绩效工资基数×个人绩效成绩×（部门绩效工资总额/部门内员工个人绩效工资基数）×部门内员工个人绩效成绩

军功论赏

序号	考核内容	满分	最后得分
1	能够说出配送作业岗位绩效考核的目的	10	
2	能够阐述配送作业岗位绩效考核的对象	10	
3	能够说出配送作业岗位绩效考核时间安排	10	
4	能够简述配送作业岗位绩效考核权重分配	10	
5	能够说出配送作业岗位绩效考核需要哪些准备	20	
6	能够说出配送作业岗位绩效考核指标	20	
7	能够与小组很好地沟通，团结协作	10	
8	能够利用网络快速准备、收集并总结有效信息	10	
合计		100	

战术提升

配送绩效评价指标体系

配送活动涉及的作业环节多，绩效评价指标体系较为复杂，不同的评价方法，其指标体系也有所不同。例如，对于作业分类评价法，指标体系根据作业来分类；对于综合评价法，指标体系则按整体来分类。作为配送物流员一级的管理人员，重点是熟悉按作业分类评价法的指标体系。

1. 进出货作业

在进出货作业方面，主要考虑进出货作业人员的工作量安排是否合理、进出货装卸设备决定率如何、站台停车泊位利用率如何、供应商进货时间带的控制如何、客户要求交货的时间集中控制度如何。其效率化评价指标主要包括站台使用率、站台高峰率、每人每小时处理进货量、每人每小时处理出货量、进货时间率、出货时间率、每台进出货设备每天装卸量，计算公式分别为：

站台使用率＝进出货车次装卸停留总时间/（站台泊位数×工作天数×每日工作时间）

站台高峰率＝高峰车次/站台泊位数

每人每小时处理进货量＝进货量/（进货人员数×每日进货时间×工作天数）

每人每小时处理出货量＝出货量/（出货人员数×每日出货时间×工作天数）

进货时间率＝每日进货时间/每日工作时间

出货时间率＝每日出货时间/每日工作时间

每台进出货设备每天装卸量＝（进货量＋出货量）/装卸设备数×工作天数

2. 储存作业

储存作业的评价指标包括单位面积保管量、平均每品项所占储位数、库存周转率、库存管理费率以及呆废货品率，计算公式分别为：

单位面积保管量＝平均库存量/可用保管面积

平均每品项所占储位数＝货架储位数/总品项数

库存周转率＝（出货量/平均库存量）－（营业额/平均库存金额）

库存管理费率＝库存管理费用/库存费用总量

库存管理费用包括仓库租金、仓库管理费用（入出库验收、盘点等人事费，警卫费，仓库照明费，温控温调费，设施设备器具的维修费）、保险费、损耗费（变质、破损、盘损等费用）、货品淘汰费用和资金费用。

呆废货品率＝呆废货品件数/平均库存量＝呆废货品金额/平均库存金额

3. 盘点作业

盘点作业的评价指标包括盘点数量误差率、盘点品项误差率、批量每件盘差商品的金额，计算公式分别为：

盘点数量误差率＝盘点误差量/盘点总量

盘点品项误差率＝盘点误差品项数/盘点实施品项数

批量每件盘差商品的金额＝盘点误差金额/盘点误差量

4. 订单处理作业

订单处理作业的评价指标包括日均受理订单数、每订单平均订货数量、日均商品单价、订单货件延迟率、紧急订单响应率、缺货率和短缺率，计算公式分别为：

日均受理订单数＝订单总量/工作天数

每订单平均订货数量＝出货量/订单数量

日均商品单价＝营业额/订单数量

订单货件延迟率＝延迟交货量/出货量

紧急订单响应率＝未超过12小时的出货订单/订单数量

缺货率＝接单缺货量/出货量

短缺率＝出货短缺量/出货量

5. 拣货作业

拣货作业的评价指标包括人均每小时拣货品项数、批量拣货时间、每订单投入拣货成本、误投率，计算公式分别为：

人均每小时拣货品项数＝(订单总笔数/拣货人员数）×每天拣货时数×工作天数

批量拣货时间＝（每日拣货时数×工作天数）/拣货分批次数

误投率＝拣取错误笔数/订单总笔数

6. 配送作业

配送作业的评价指标包括人均配送量、平均每辆车的配送量、空驶率、平均每车次配送吨公里数、外车比例、配送成本比率、每车次配送成本、配送延迟率，计算公式分别为：

人均配送量＝出货量/配送人员数

平均每辆车的配送量＝配送总件数/（自车数量＋外车数量）

空驶率＝空车行驶时间/配送总距离

平均每车次配送吨公里数＝（配送总距离×配送总重量）/配送总车次

外车比例＝外车数量/（自车数量＋外车数量）

配送成本比率＝（自车配送成本＋外车配送成本）/配车总费用

每车次配送成本＝（自车配送成本＋外车配送成本）/配送总车次

配送延迟率＝配送延迟车次/配送总车次

7. 采购作业

采购作业的评价指标包括出货品成本占营业额比率、进货数量误差率、进货次品率，计算公式分别为：

出货品成本占营业额比率＝出货品采购成本/营业额

进货数量误差率＝进货误差量/进货量

进货次品率＝进货不合格品数量/进货量

1. 对于配送作业岗位绩效考核你学会了吗？
2. 对于配送作业指标考核你了解了吗？两者之间有联系吗？
3. 想一想，特殊的配送中心岗位绩效如何考核？

扫一扫

请扫描右侧二维码，阅读《配送中心岗位考核秘法》内容并讨论以下问题：

（1）配送中心主要评价指标有哪些？

（2）南方某大型医药连锁配送中心各岗位的绩效考核指标都有哪些？

（3）如果你去管理一个小部门人员或者一个班级学生，你会如何进行绩效考核，以小组为单位讨论一下。

项目五　配送信息管理

任务一　配送信息系统操作

瞄准靶心

※能够对配送信息系统界面各功能进行具体操作。

※能够完成配送信息系统整个流程的操作。

军令如山

2017 年 2 月 16 日下午，新疆万盛物流公司运输客服部王婷婷接到一份客户签字盖章的 E-mail（邮件），该配送订单具体内容如图 5－1－1 所示。

配送信息单

TO：新疆万盛物流公司

我司有一批家电需配送到新疆新思维教育培训中心，具体信息如下表所示：

序号	商品名称	数量	单位	重量（kg）	体积（m^3）	到货日期
1	咖啡机	2	箱	20	32	2017－02－16
2	饮水机	2	箱	15	28	2017－02－16
收货单位：	新疆新思维教育培训中心					
收货地址：	乌鲁木齐市新市区银川路 1685 号　邮编 830000					
联系人：	刘雯					
电话：	13572993452					

急需发运！收到请回复！

FROM：新疆创新科技有限公司　刘立宇　13411072672

乌鲁木齐市天山区大湾北路东 17 巷

邮编 830000

图 5－1－1　客户配送信息单

说明：客户要求返运单作为回单。

新疆万盛物流公司该次订单的配送费用合计 150 元整，另附杂费 30 元，运输费用以托运人月结的方式来结算，那么如何完成配送信息系统操作呢？

横扫千军

步骤一：登录配送信息系统

新手雷区

为了实现多品种、少量、多频度的及时配送要求，减少缺货率，降低配货的差错，提高劳动效率，降低成本，就必须依靠信息系统的管理。不同企业的配送管理系统有所不同，进而所拥有的功能以及操作流程也不同，这里只是示例。为了更好地实践，可以购买或与某企业进行洽谈实际操作。

打开新疆万盛物流公司的配送信息系统，输入账号和密码登录物流综合业务系统，进入如图 5-1-2 所示的界面。

图 5-1-2 新疆万盛物流公司综合业务系统

点击配送管理系统，进入如图 5-1-3 所示的界面。

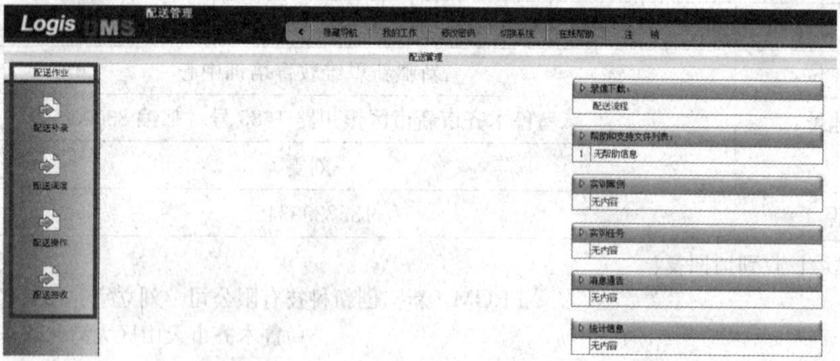

图 5-1-3 新疆万盛物流公司配送管理系统界面

该系统主要是对配送订单进行配送补录、配送调度、配送操作、配送签收等环节的管理。

小贴士

配送信息系统整体业务流程：

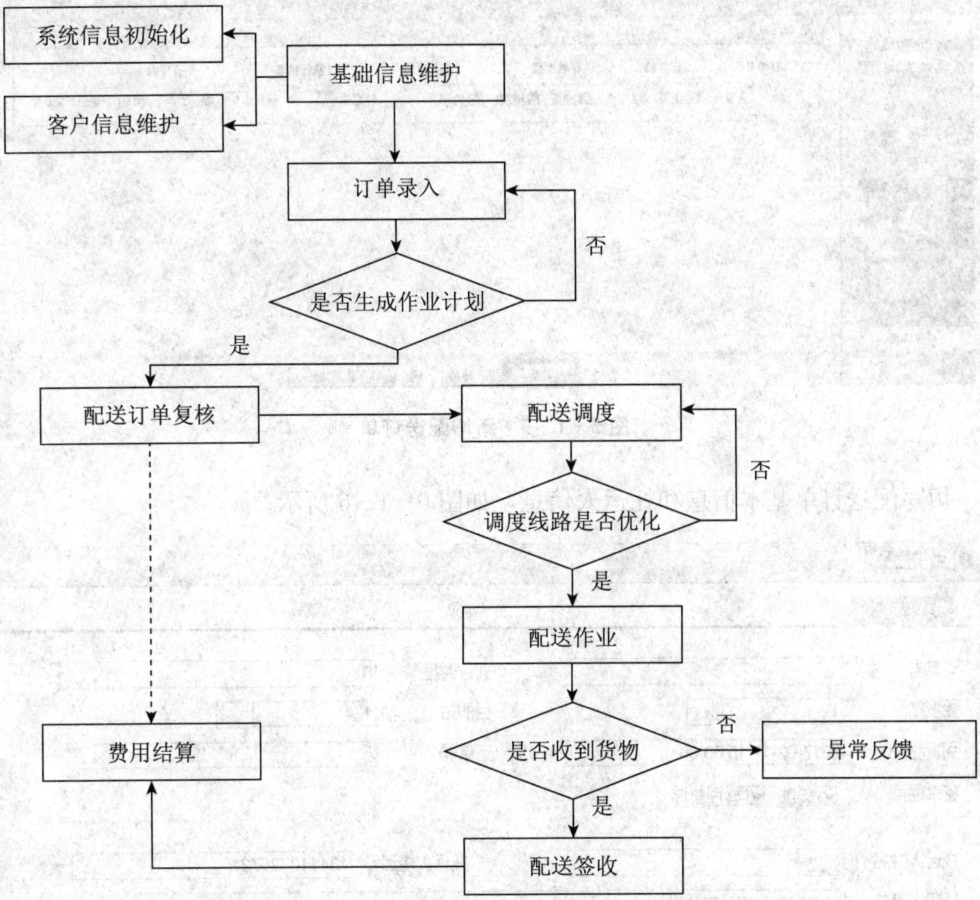

图 5-1-4 配送信息管理系统整体业务流程

(1) 基础信息维护。启动运输信息系统，先要进行系统信息初始化，进行配送客户的信息维护。

(2) 录入并复核配送订单。系统判断是否能生产作业计划，进行配送订单的复核。

(3) 配送调度。进行现有订单的线路优化，形成优化的配送线路。

(4) 配送作业。配送运输，在途监控。

(5) 配送签收。送货上门，货物签收，异常反馈。

(6) 费用结算。

步骤二：配送订单录入

切换系统进入订单管理系统，【新增】一个“配送订单”，如图 5 - 1 - 5 所示。

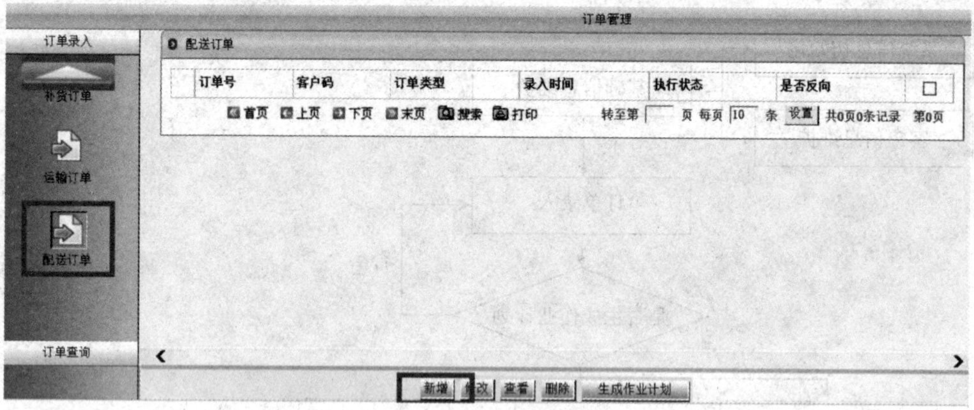

图 5 - 1 - 5　新增配送订单

填写配送订单基本信息和托运人信息，如图 5 - 1 - 6 所示。

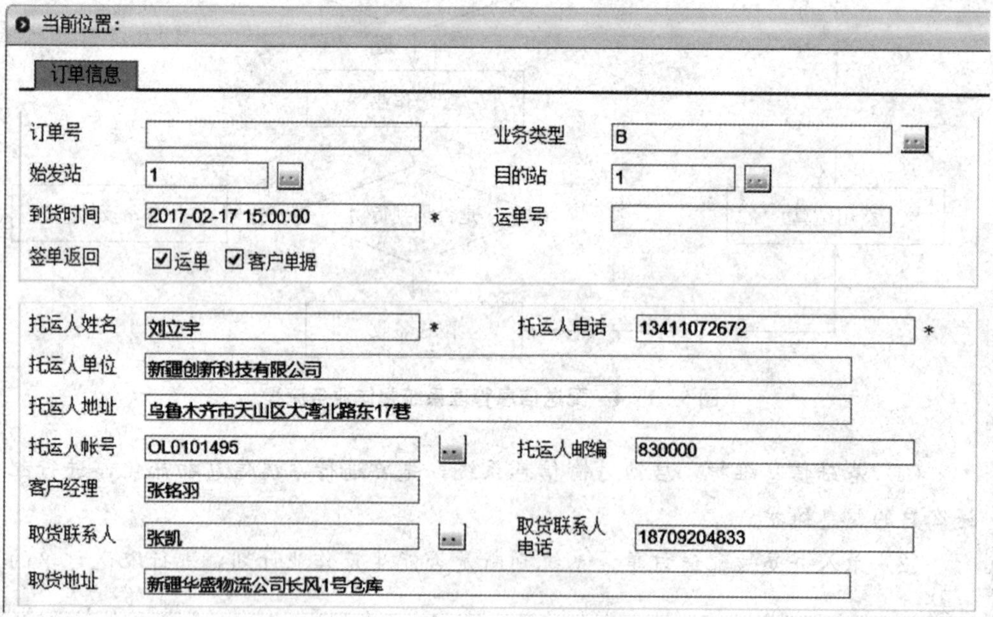

图 5 - 1 - 6　配送订单填写

填写收货人信息和运费情况，如图 5-1-7 所示。

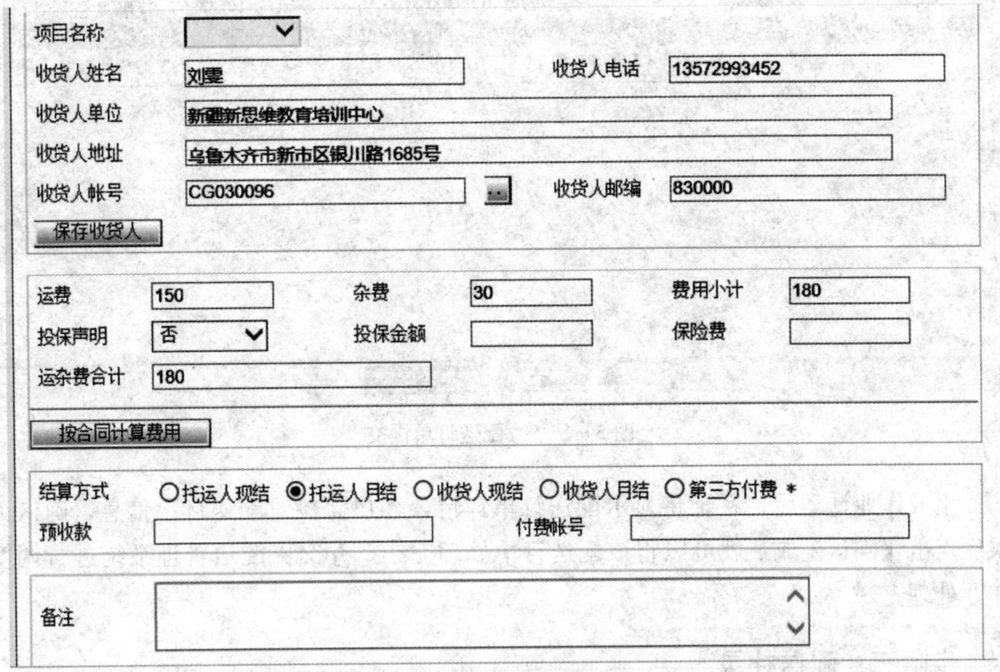

图 5-1-7 收货人和配送费用填写

增加配送货品信息，填写货品单位、体积、数量和重量信息，如图 5-1-8 所示。

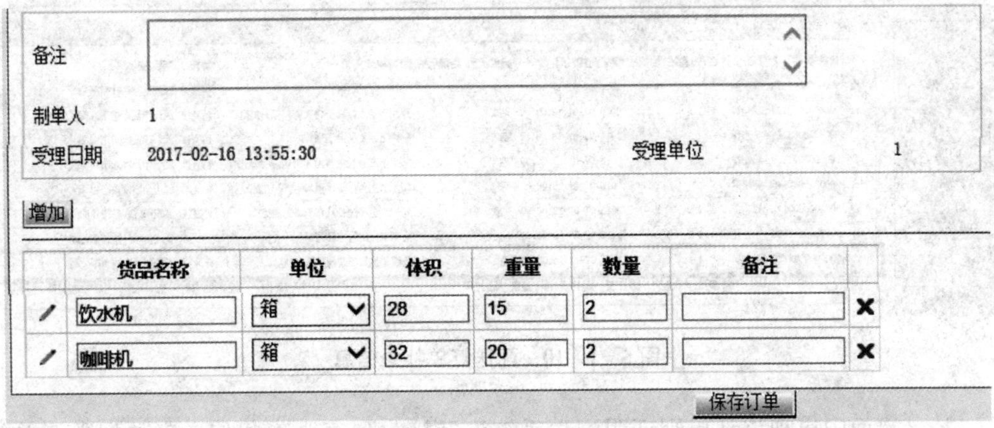

图 5-1-8 配送货品信息填写

运输订单填写完毕后，点击【保存订单】返回到配送订单列表，勾选该订单，点击【生成作业计划】，提交该配送作业计划，如图 5-1-9 所示。

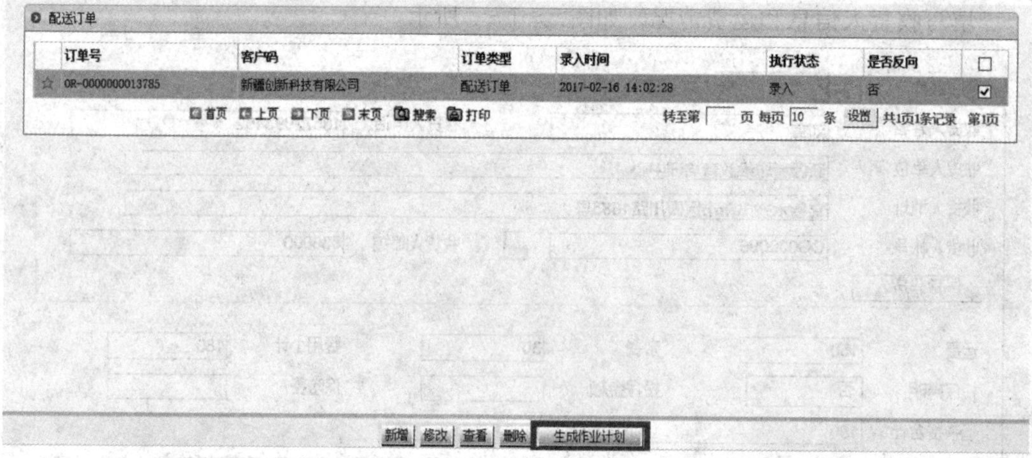

图 5-1-9　配送订单提交

生成作业计划后，系统将显示配送订单详情，客户需核对配送订单信息，确认无误后点击【确认生成】就可以将该配送订单处理完毕，并交由配送管理系统进行调度作业处理。

步骤三：配送补录

切换系统至配送管理系统，可以在【配送补录】中查看到刚提交过来的配送订单，如图 5-1-10 所示。

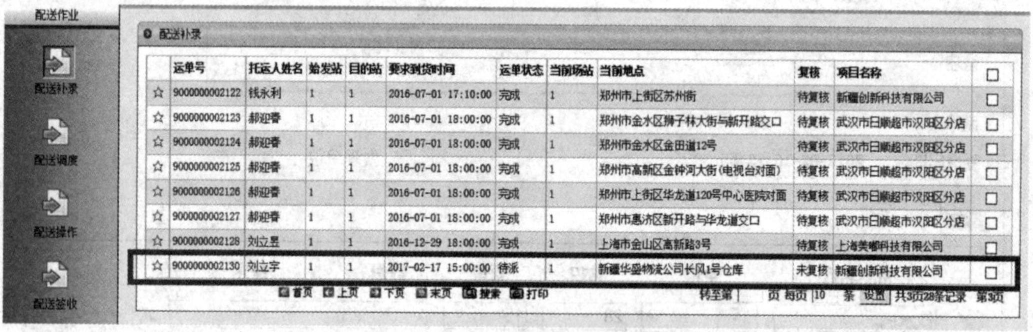

图 5-1-10　配送订单补录信息

补录界面中出现该订单则证明配送系统已经接收到客服部门传递来的配送订单信息。如果需要修改配送订单内的信息，只需勾选该订单点击【修改】即可；若配送费用需要进行修改，则点击【费用调整】。如果订单无须修改则勾选订单，点击【提交复核】，等待审核配送订单信息，如图 5-1-11 所示此时订单的复核信息将变为“待审核”。

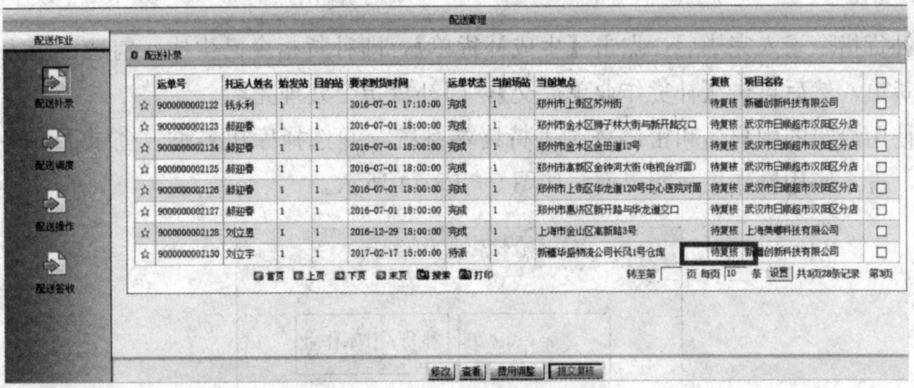

图 5-1-11　配送订单复核

步骤四：拣货作业

订单提交复核后，仓管员需要根据订单进行拣选作业，经查询电子拣选区内没有可供拣选的该货物，因此需要先进行补货作业。

1. 补货作业

点击进入订单管理系统，选择左侧任务栏中的【订单录入】进入补货订单添加界面，如图 5-1-12 所示。

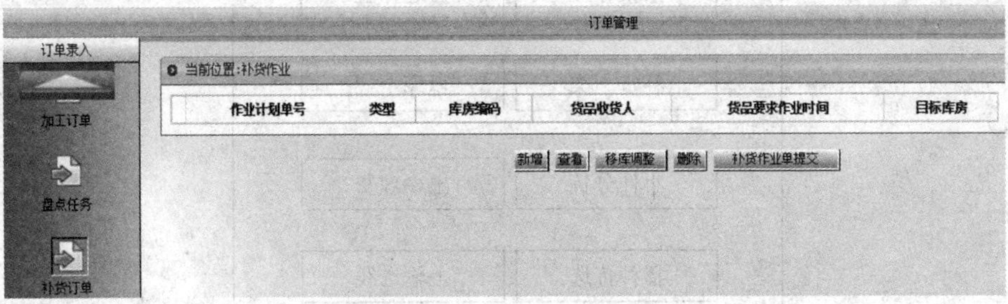

图 5-1-12　新增补货作业单

点击【新增】后，按照补货指令要求录入相关信息生成补货单，如图 5-1-13 所示。

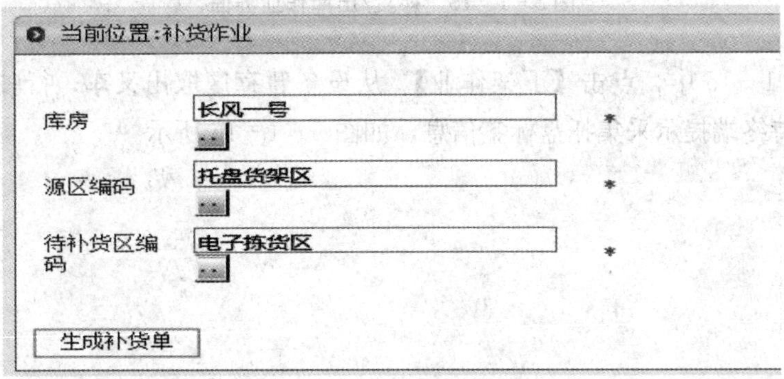

图 5-1-13　生成补货单

补货指令录入完毕后，点击【生成补货单】，即补货指令已生成。勾选已录入完毕的补货单，然后点击【补货作业单提交】，即补货指令处理完毕。

使用给定的用户名和密码登录手持终端系统，并选择库房名称。登录手持终端系统后，进入应用操作主功能界面，如图 5-1-14 所示。

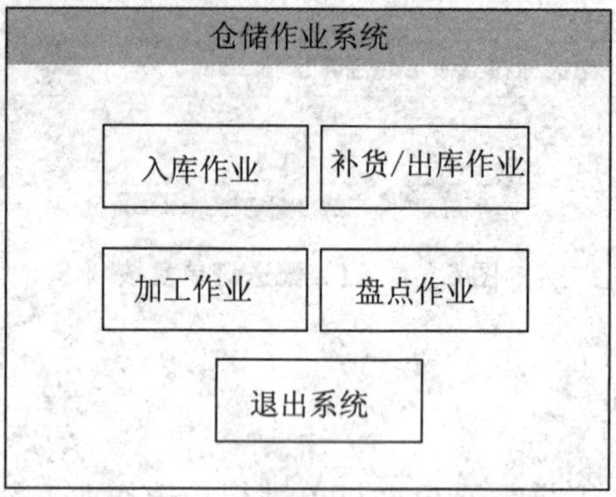

图 5-1-14　手持终端主功能界面

在图 5-1-14 中，点击【补货/出库作业】，进入图 5-1-15 所示界面。

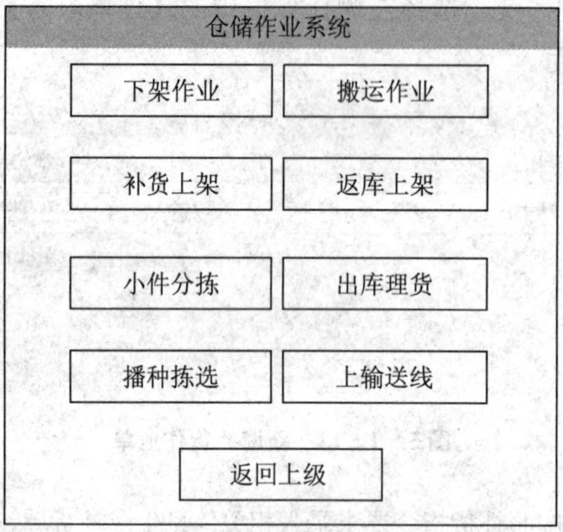

图 5-1-15　补货/出库作业界面

在图 5-1-15 中，点击【下架作业】。从设备暂存区取出叉车，行驶至托盘货架区，根据手持终端提示采集托盘标签信息，如图 5-1-16 所示。

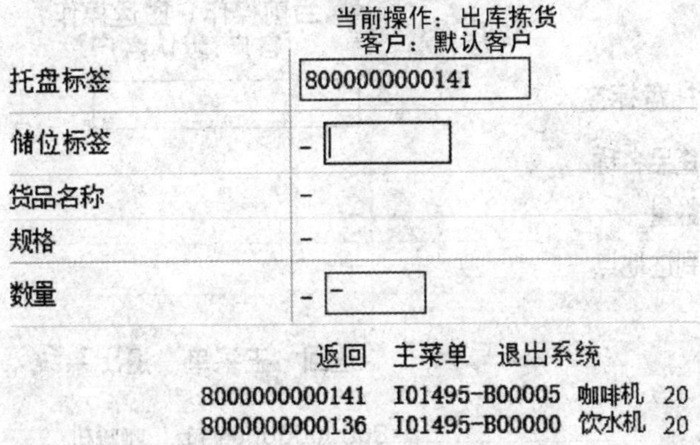

图 5－1－16　采集托盘标签信息

信息采集成功后，手持终端系统自动显示默认拣货数量和储位信息，如图 5－1－17 所示。

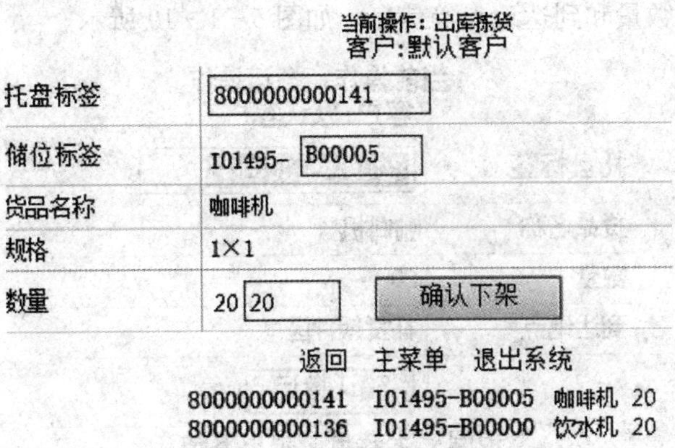

图 5－1－17　采集储位标签信息并确认

根据手持终端提示的储位标签，采集储位信息，核对补货下架数量无误后，在图 5－1－17 所示界面中点击【确认下架】。同理，将所有商品补货下架，待手持终端中的待下架列表为空，证明货物已经下架完毕。

根据手持终端的提示信息，利用叉车将补货下架的货物从正确储存位下架，并搬运至托盘货架交接区。

在手持终端补货/出库作业界面点击【搬运作业】，进入图 5－1－18 所示界面。

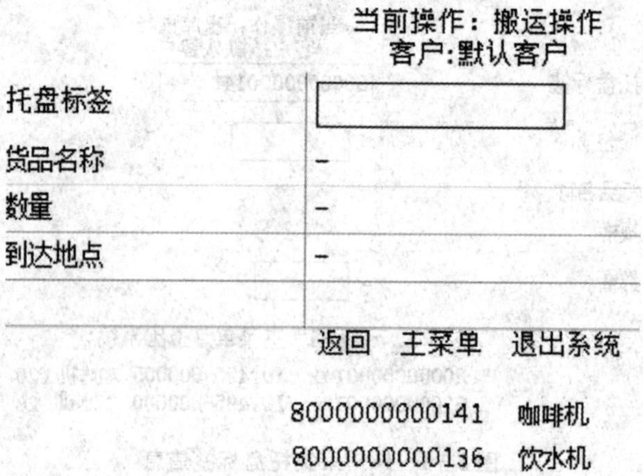

图 5－1－18 补货搬运

根据手持终端提示，采集托盘标签信息。信息采集成功后，手持终端系统自动显示货品名称、货品数量和到达地点等信息，如图 5－1－19 所示。

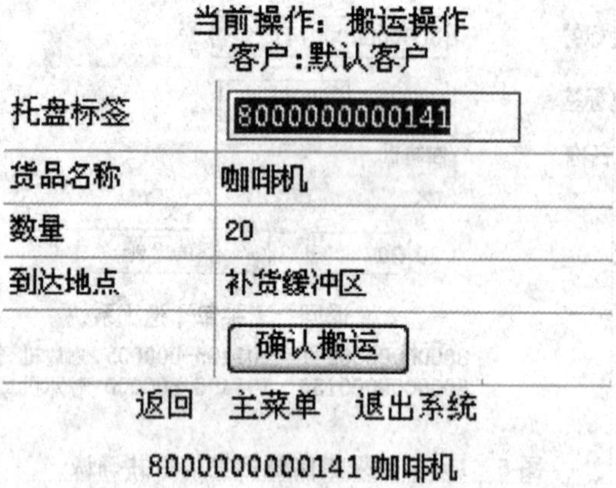

图 5－1－19 采集托盘标签信息并确认

在图 5－1－19 中，点击【确认搬运】，完成补货搬运操作。

在手持终端补货/出库作业界面，点击【补货上架】，进入图 5－1－20 所示界面。

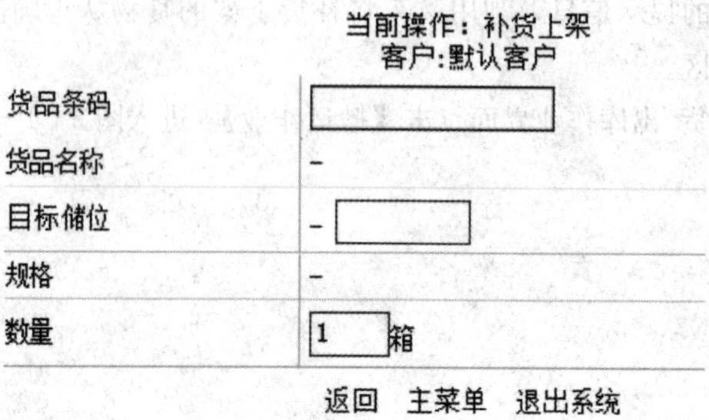

图 5－1－20 补货上架

利用手持终端扫描货品条码，信息采集成功后，如图 5－1－21 所示。

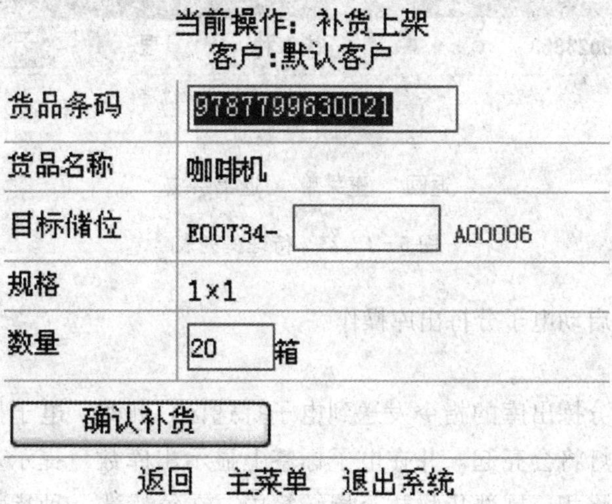

图 5－1－21 采集货品条码信息

将货物摆放到电子货架区（E00734—A00006）的正确储位上。摆放时须正确、规范操作。

进入手持终端补货上架界面，扫描已补货的储位标签，信息采集成功后如图 5－1－22所示。

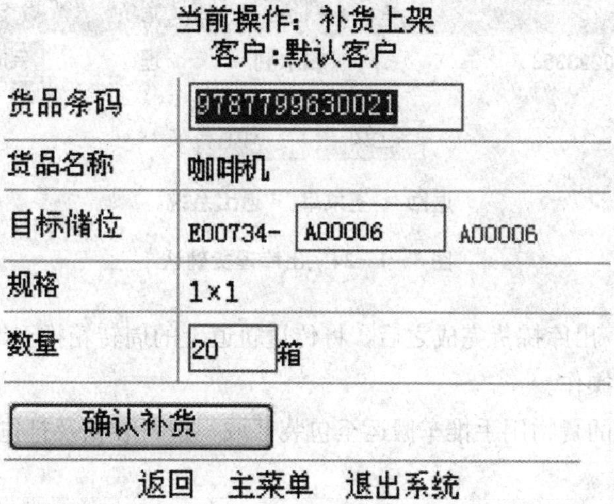

图 5－1－22 确认补货

在图 5－1－22 中，确认补货信息后，点击【确认补货】，补货上架完成。

2. 拣选作业

(1) 出库理货。

在手持终端主功能界面找到【出库理货】，点击【出库理货】，进入待理货列表，如图 5－1－23 所示界面。

单号	收货人	理货	操作
0000000000023363	钱永利	理	开始

上页 下页

返回 主菜单 退出系统

图 5－1－23 待理货列表

点击【开始】启动电子分拣出库操作。

（2）电子拣选。

手持终端会将分拣出库的指令发送到电子拣选区，此时，电子拣选区需出库的货品所在货位的指示灯将会亮起，并在电子标签上显示出库数量提示。根据每一个电子标签的数字提示，将相应拣选货物放至周转箱内，在每拣选一种货物后按下电子标签指示灯旁的【确认】键，随之信号灯和数字指示灯自动关闭。

在全部货物拣选完毕后，拣选完成器的绿色指示灯自动点亮。完成全部拣选任务后，按下完成器上的确认键，表示拣选任务完成。

然后在手持终端主功能界面找到【出库理货】，再次点击【出库理货】，进入图 5－1－24 所示界面。

单号	收货人	理货	操作
0000000000023363	钱永利	理	完成

上页 下页

返回 主菜单 退出系统

图 5－1－24 出库理货确认

点击【完成】。出库拣货完成之后，将传送轨道上的周转箱推至终端包装区。

（3）打包搬运操作。

将电子拣选完的货物用手推车搬运至包装区域，进行装箱及打包作业。

（4）出库交接。

提货员根据提货单核查货物，核查时仓管员在一旁监察。提货员主要核查的内容有：货物名称、数量是否正确；外包装是否完好或者是否倒置。经核查，出库货物与提货单及出库单数量一致，均为正品。

货物核查完毕后，仓管员根据实际出库情况填写出库单实发数量并签上自己的名字，然后主动与提货员交接，要求提货员在出库单相应位置签字确认。同时，仓管员按照提货员的要求在客户单据相应位置签字确认。

步骤五：配送调度

订单提交复核后，由配送调度人员安排配送车辆，进行货物的配送作业。点击【配送调度】进入到调度界面，如图 5－1－25 所示。

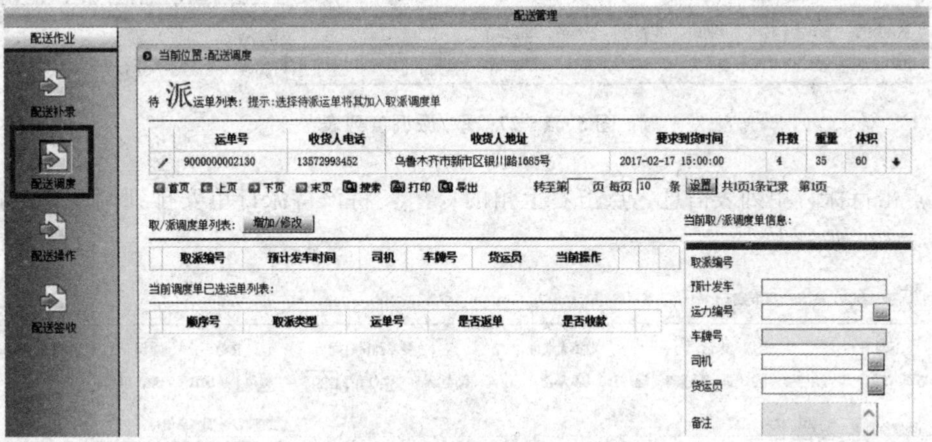

图 5－1－25　配送调度界面

在待派订单列表中，可以看到刚提交过来的配送订单。点击【增加/修改】添加一个配送调度运力，此时右侧的调度单信息变为可以修改的状态，填写配送调度单信息，详细信息如图 5－1－26 所示。

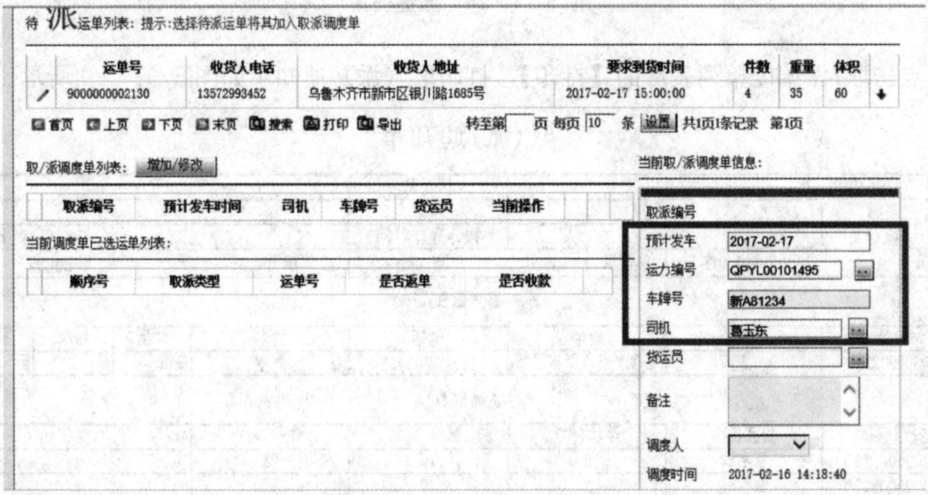

图 5－1－26　配送调度单保存

填写好配送调度单后，点击【保存】，该配送调度信息将保存在“取/派调度列表中”，如图 5－1－27 所示。

图 5－1－27　取/派调度列表

点击待派订单列表信息，点击右上角的“■”，将该待派订单安排到调度单上，如图5－1－28 所示。

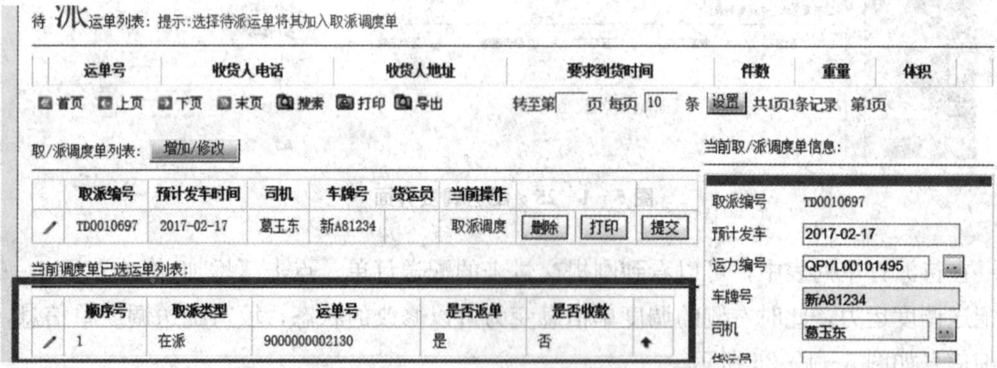

图 5－1－28　派送安排

点击取/派调度单列表后的【打印】，打印取（派）通知单如图 5－1－29 所示。

取(派)通知单

单号	TD0010697		操作站	
资源	车辆	新A81234	车型	
	操作员	人	预计操作时间	小时

总数量	4.0件	总重量	35.0kg	总体积	60.0M³

客户信息

运单号	顺序号	地址	电话	姓名	类型	返单	收款
9000000002130	1	乌鲁木齐市新市区银	13572993452	刘雯	在派	是	否

货品信息

运单号	货品名称	件数(件)	重量(kg)	体积(M3)	备注
9000000002130	饮水机	2	15	28	
9000000002130	咖啡机	2	20	32	
填表人：			填表时间：	年　月　日	

图 5－1－29　取（派）通知单

刷新页面，可以发现待派列表为空，证明已将该配送订单交付于该取派运力上，点选取/派调度单，点击【提交】，进入到取派运力费用设置界面，如图 5－1－30 所示。

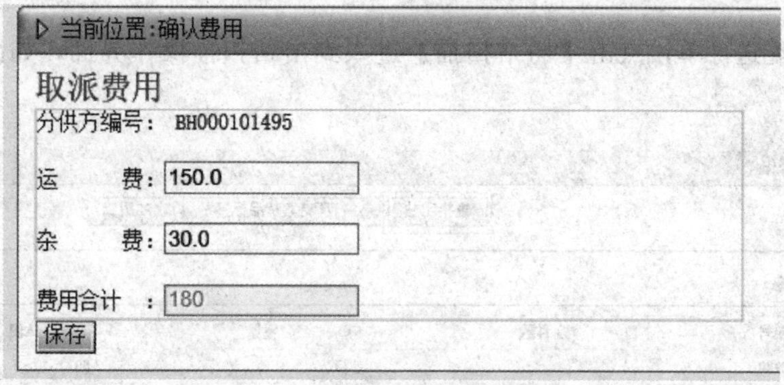

图 5-1-30　派送费用设置

运费信息填写完毕后，点击【保存】，返回到配送调度界面，可以看到配送订单的状态为“出站扫描”，如图 5-1-31 所示。

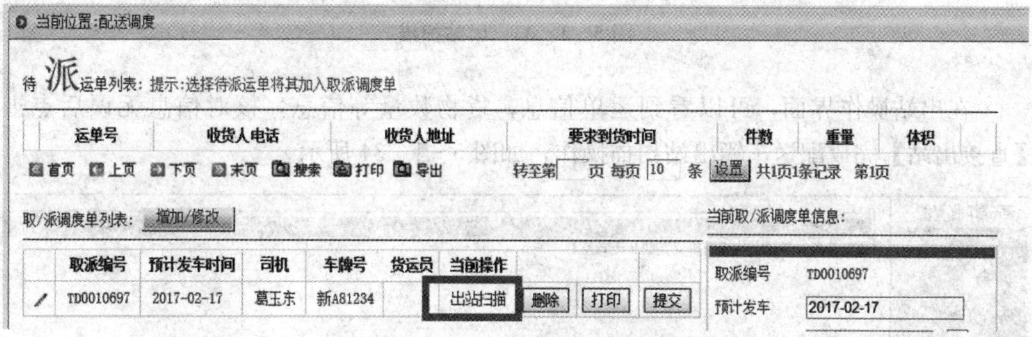

图 5-1-31　配送车辆出站扫描

步骤六：出站扫描

根据配送调度当前操作的提示，点击【配送操作】进行配送扫描出站的作业，如图 5-1-32 所示。

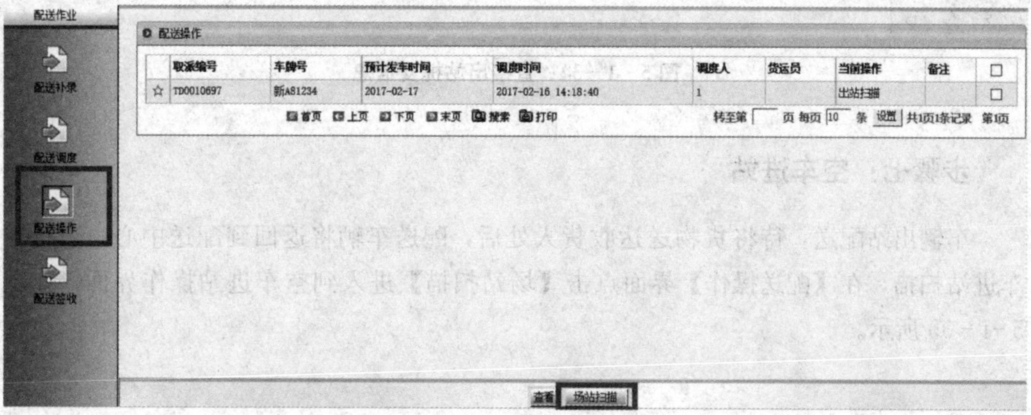

图 5-1-32　配送扫描出站界面

勾选该配送订单，点击【场站扫描】进入到出站扫描操作界面，如图 5－1－33 所示。

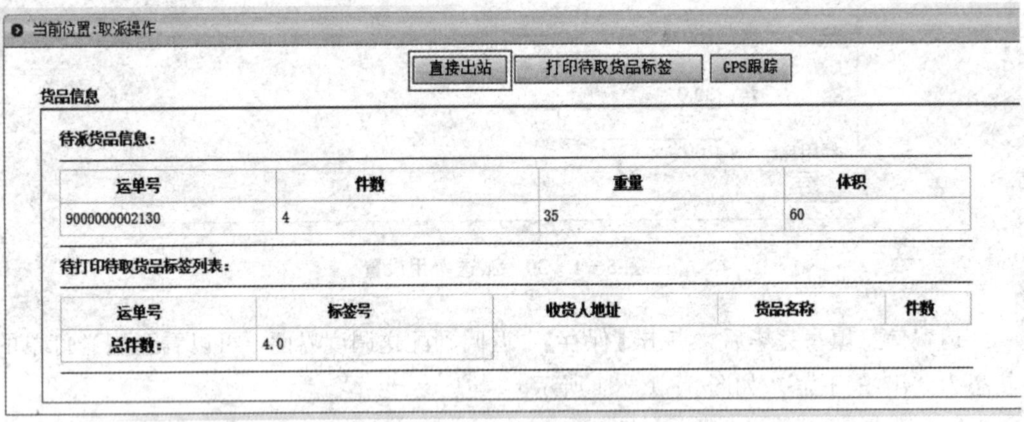

图 5－1－33　出站扫描

在出站操作界面，可以看到运单信息，货物数量等信息，核对信息无误后点击【直接出站】完成配送车辆出站扫描操作，如图 5－1－34 所示。

图 5－1－34　直接出站提交信息

步骤七：空车进站

车辆出站配送，待将货物送达收货人处后，配送车辆将返回到配送中心，进行空车进站扫描，在【配送操作】界面点击【场站扫描】进入到空车进站操作界面，如图 5－1－35 所示。

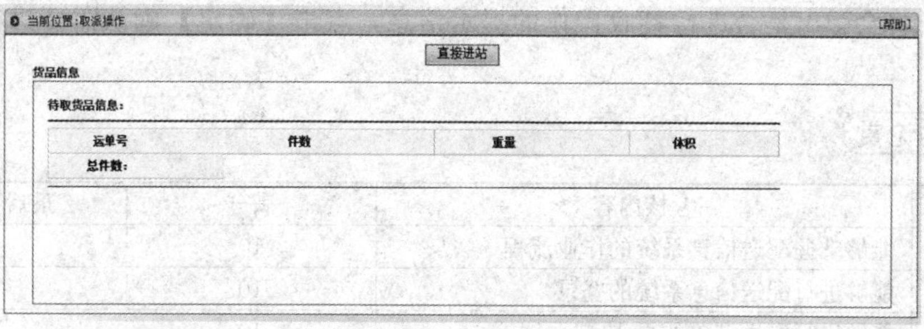

图 5-1-35　直接进站

此时可以看到进站车辆的货物信息为空，说明货物已经出站配送完毕，空车返回。点击【直接进站】操作即可，进入如图 5-1-36 所示界面。

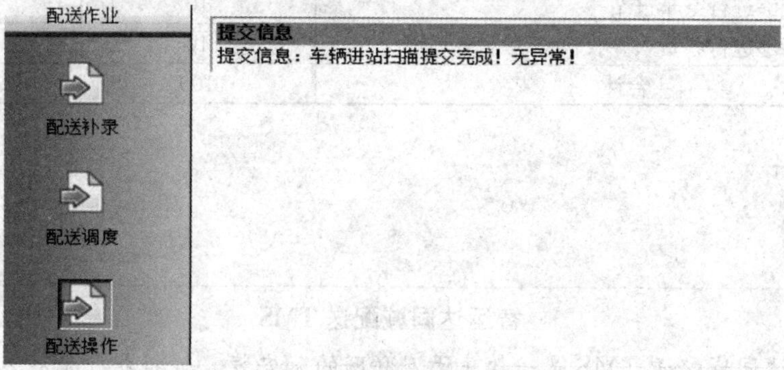

图 5-1-36　进站扫描提交信息

步骤八：收货人签收

配送车辆出站后将货物送达到收货人手中后，需要进行配送签收操作。点击【配送签收】，进入到签收界面，填写签收人信息和收货日期，点击签收操作“”，如图 5-1-37 所示。

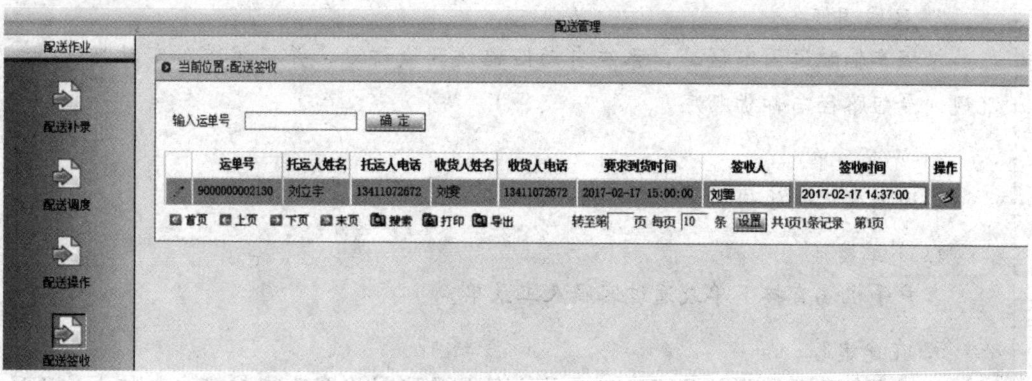

图 5-1-37　收货人签收

系统将会弹出是否进行签收操作的提示信息，点击【确定】确认需要进行签收操作即可。

军功论赏

序号	考核内容	满分	最后得分
1	能够掌握配送信息系统的作业流程	10	
2	能够进行配送信息系统的登录	10	
3	能够进行配送订单的录入	10	
4	能够进行配送补录	10	
5	能够进行拣货作业	15	
6	能够进行配送调度	15	
7	能够进行出站扫描	10	
8	能够进行空车进站	10	
9	能够进行收货人签收	10	
合计		100	

战术提升

智运达同城配送 TMS

智运达同城配送 TMS 是一款基于互联网的免安装、轻维护、低投入、高效率的物流业务管理系统。它能够为同城配送企业在日趋繁杂的物流业务处理中把工作效率最大化。该系统助力中小企业进行物流改善，实现每一笔订单智能调度，车辆位置、运输状态等实时在线，时间节点实时可查，全流程信息化管理记录，并可实时管控、回溯，是物流企业为客户提供优质服务同时提高工作效率的利器。

1. 智能调度

系统地图智能辅助调度拼单，节省 50%的日常订单调度、订单追踪的人力成本。

2. 区域调度

根据车辆配送固定区域，系统自动匹配该区域订单，并根据道路实时拥堵情况规划最短路径与卸货顺序。

3. 就近派单

按地图就近指派司机。

4. 下单灵活

客户手机端直接下单或通过客服人工录单。

5. 在途追踪

订单车辆位置、货物状态、时间节点等信息实时在线，实时可查；极大地降低了通过电话、短信、邮件等传统方式进行追踪的工作负担，节省了成本和时间。

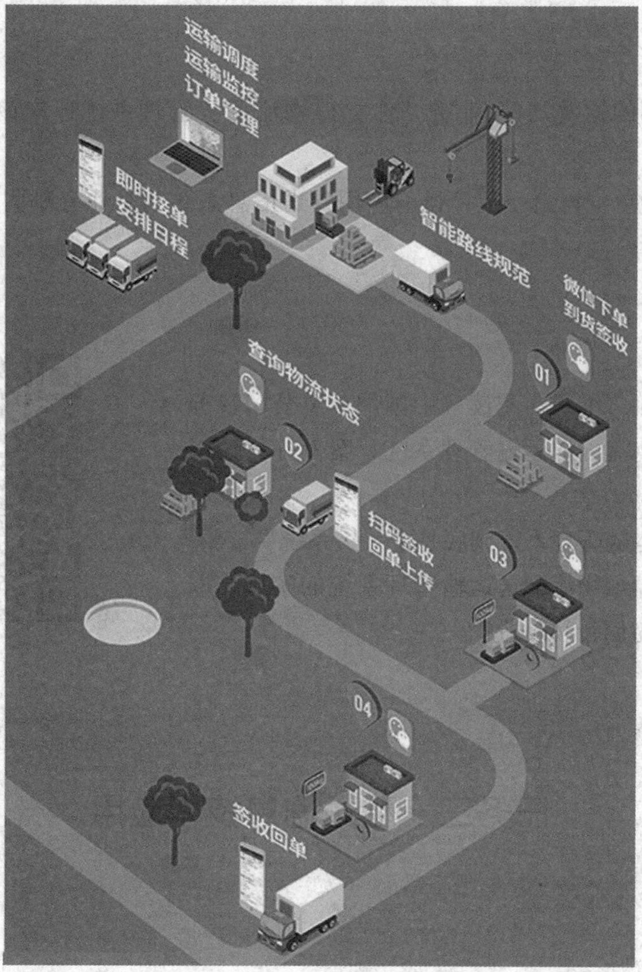

图 5-1-38 智运达同城配送系统

6. 一票到底

点对点长短途订单，系统内流转及监控一票到底，并实现全流程跟踪管控。

7. 条码扫描

用于运单发货、网点到货扫描。可打印货物条码标签，实现货物与运单绑定。

8. 流程透明

全程流程透明，数据实时，支持移动 APP（手机软件）办公。

9. 回单管理

回单登记发放及回单照片。

10. 分析报表

运输数据自动生成各种分析报表，加强管理，提升服务。

想一想

1. 除了上面的这些功能/业务，你觉得物流业务管理系统还应该包括哪些功能/业务？

2. 以小组为单位讨论一下：目前应用配送信息系统的企业有哪些？现状如何？未来发展趋势如何？

扫一扫

请扫描右侧二维码，阅读《中国烟草总公司江苏省公司：卷烟物流配送运输管理系统》案例并讨论以下问题：

（1）配送运输管理系统到底是个什么系统？

（2）通过卷烟物流配送运输管理系统的实施，取得了哪些方面的创新和改造？

任务二　配送信息技术应用

瞄准靶心

※能够对配送信息技术进行分类及说明。

※能够完成配送信息技术应用的操作。

军令如山

在新疆乌鲁木齐市选择一家或两家最具代表性的物流企业进行走访，主要针对配送信息技术应用方面进行调查，并记录它们的规模和应用信息化程度，最后撰写物流信息技术应用调查报告、PPT（演示文稿）或小论文。

新手雷区

此次调研的要求：

（1）调研企业的对象要有一定的代表性，调研的内容要尽量具体，注意所得材料的真实性、可靠性和实效性。

（2）调研内容至少包括以下内容：

①调研企业的基本信息：企业的性质、规模、成立时间、主营业务、组织结构图等。

②企业对物流信息技术的应用情况：物流企业应用了什么信息技术？哪些部门或作业环节用到了信息技术？这些部门或作业环节是如何应用这些信息技术的？

③该企业在应用物流信息技术中还存在着哪些问题？

④本次企业调研的体会和心得。

(3) 对调查结果，可以适当灵活体现，形式上不一定局限于调查报告，也可以是小论文、小作品等多种形式。

(4) 调研结果多用图片或视频来进行说明。

横扫千军

步骤一：制订调研计划

首先需要制订调研计划。根据此次调研的目标，制订调研计划如下：

(1) 调查目标：了解企业配送物流信息技术的应用情况

(2) 调查主题：配送信息技术的应用情况

(3) 调研对象：德邦物流（见图 5-2-1）

图 5-2-1 德邦物流

新手雷区

这里之所以选择德邦物流，一是因为德邦物流是目前国内比较知名的物流企业；二是因为比较方便，通过网络可以查出德邦物流在乌鲁木齐有 26 个网点，安能物流有 14 个网点，华宇物流有 7 个网点，因此选择德邦物流最方便、最合适。

选择企业时可以依据自身的条件进行选择，不拘泥于德邦物流，与德邦相关的所有资料仅供参考。

（4）调研方法：网络调查＋企业参观访问

（5）调研时间及地点：2017 年 3 月 1—15 日，德邦物流

（6）调研流程：

①准备阶段（2017 年 3 月 1—3 日）：在准备阶段，调研组成员主要工作是联系德邦相关人员，说明访问参观意图，查找相关物流信息技术资料，准备访谈资料，制作调查问卷。

②调查研究阶段（2017 年 3 月 4—11 日）：在这个阶段主要是发放调查问卷和到企业进行实地参观访问。

③整合阶段（2017 年 3 月 12—15 日）：在该阶段主要是将所有收集好的资料进行整理，并形成一份调研报告或小论文。

步骤二：调研准备阶段

根据调研计划第一步，首先利用互联网资源搜索关于物流信息技术的资料。

小贴士

物流信息技术，特别是适应物流行业特点的技术应用，在物流活动中的地位非同一般，堪称区分传统物流和现代物流的标志。

实现物流信息化的技术主要包括：计算机技术、网络技术、信息分类编码技术、条码技术、射频识别技术（RFID）、电子数据交换技术（EDI）、全球定位系统（GPS）、地理信息系统（GIS）等。其中，近年来较受关注的主要是 RFID、物联网、云计算、无人机、机器人等。

然后准备需要访问的资料，如准备需要咨询的问题：

（1）企业的基本信息，如企业的性质、规模、成立时间、主营业务、组织结构图等。

（2）企业对物流信息技术的应用情况，如物流企业应用了什么信息技术？哪些部门或作业环节用到了信息技术？这些部门或作业环节是如何应用这些信息技术的？企业在应用物流信息技术中还存在着哪些问题？

最后制作调查问卷，调查问卷可以利用问卷星进行制作，这个主要是调查德邦员工对于德邦物流信息技术应用的了解情况，制作好可以在访问时将链接发送给被访问人员，现场填写。

小贴士

在各种各样的行业中，了解顾客、客户、员工等人员的态度、意见等都是非常重要的，这个时候就要用问卷星来帮助大家创建问卷、发布问卷和回收问卷。下面就给大家介绍如何使用问卷星创建一份在线问卷。

(1) 登录问卷星之后，点击“自助创建问卷”开始创建一份问卷。

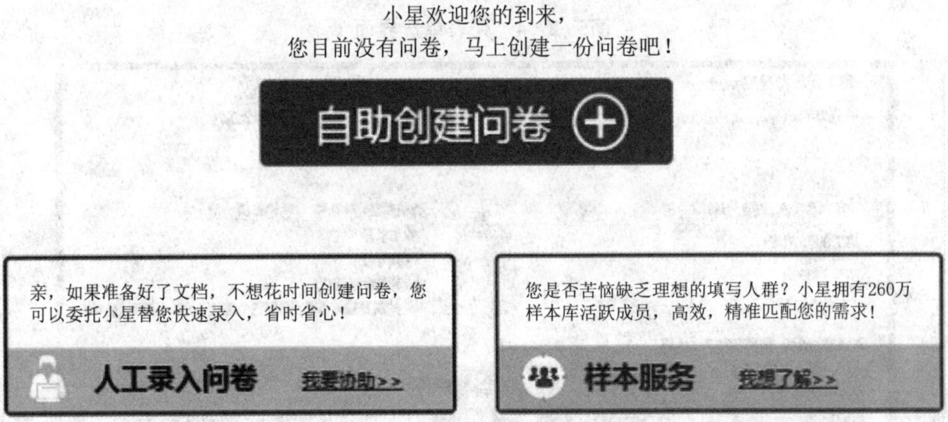

图 5-2-2 自助创建问卷页面

(2) 有四种创建方式，以“创建空白问卷”为例，添加问卷名称和说明之后进入如图 5-2-3 所示界面。

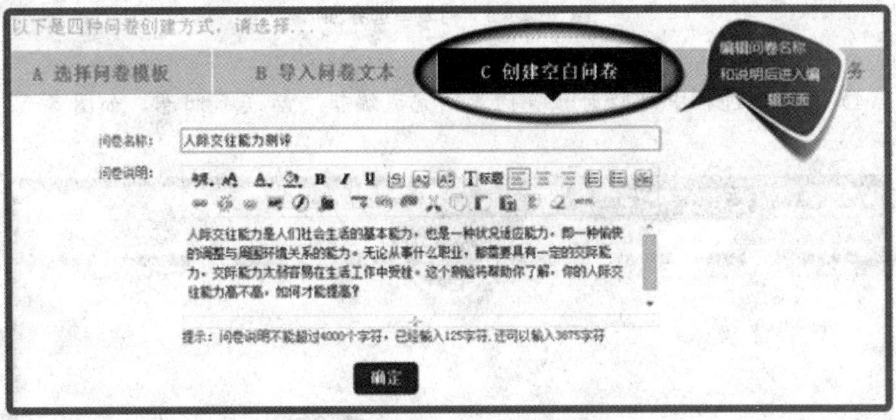

图 5-2-3 创建空白问卷界面

(3) 在题型栏添加需要的题型，以“列表单选”为例，如图 5-2-4 和图 5-2-5 所示。

图5-2-4　列表单选界面 1

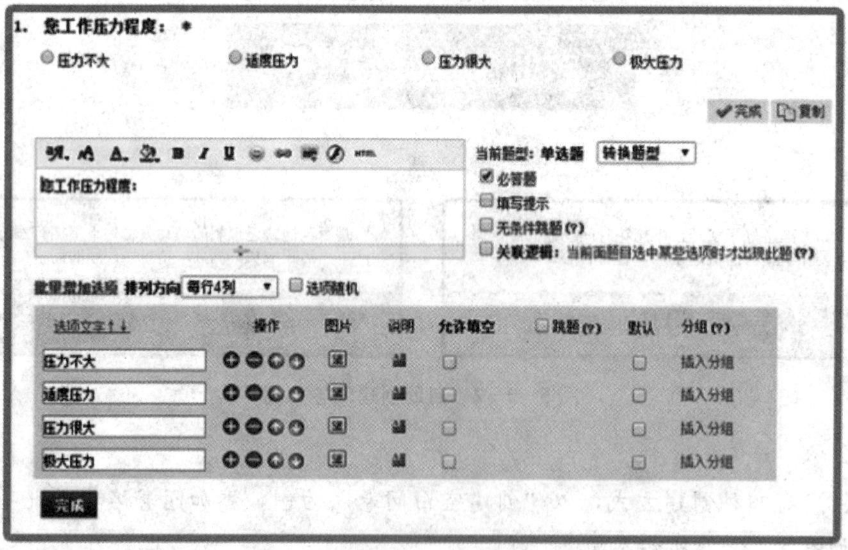

图 5-2-5　列表单选界面 2

(4) 在编辑过程中可随时预览问卷，完成编辑之后发布问卷，如图 5-2-6 所示。

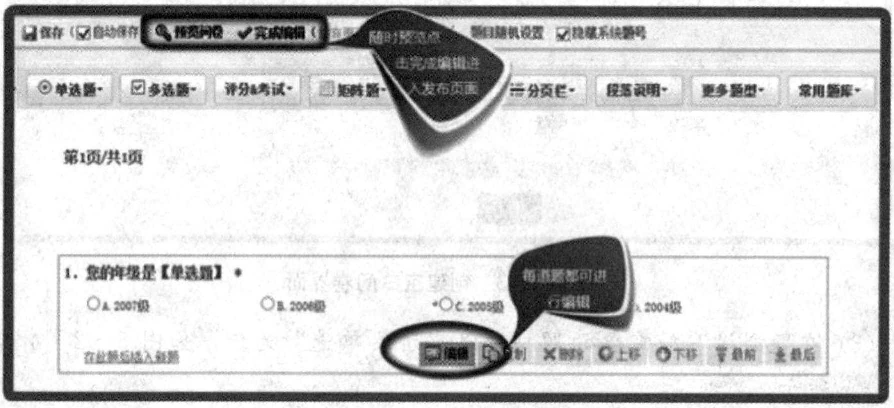

图 5-2-6　完成编辑界面

(5) 发布之后生成问卷链接，将链接复制给填写者作答。

(6) 有了答卷之后到“分析下载”里面查看结果，如图5-2-7所示，在“查看下载答卷”中可下载原始数据。

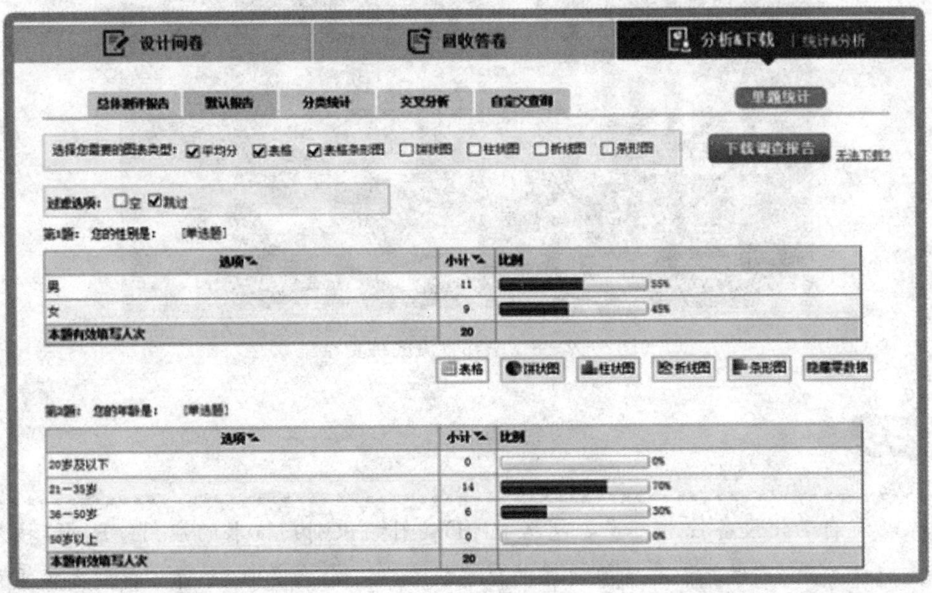

图5-2-7 分析下载界面

步骤三：调研研究阶段

根据调研计划第二步，需要携带相关资料等，在约定时间进入企业进行实际参观和访问。

新手雷区

这里需要注意，在参观的过程中，需要遵守企业制度，爱护企业财物，虚心求教，认真聆听和观察，并做好记录。

调研地点选定德邦物流在新疆乌鲁木齐市乌鲁木齐县水西沟镇的新疆乌鲁木齐县营业部，该营业部主要进行收货、发货、提货业务。企业在配送作业中主要应用的信息技术有以下几种：

1. 物流自动化设备技术

德邦物流的特点是每天需要拣选的物品品种多、批次多、数量大，因此其配送中用到最多的信息技术是物流自动化设备技术。一种是其拣选货架（盘）上配有可视的分拣提示设备，这种分拣货架与物流管理信息系统相联，动态地提示被拣选的物品和数量，指导着工作人员的拣选操作，有利于加快拣选速度，提高了货物拣选的准确性；另一种是物品拣选后的自动分拣设备，用条码或电子标签附在被识别的物体上（一般为组包后的运输单元），由传送带送入分拣口，然后由装有识读设备的分拣机分拣物品，使物品进入各自的组货通道，完成物品的自动分拣（见图 5－2－8）。

图 5－2－8 德邦物流的拣货系统

小贴士

物流自动化设备技术，主要包括 RFID（射频识别）技术的应用。RFID 技术一度被认为是 21 世纪最有发展前途的信息技术之一，自 2003 年开始得到高度重视以来，各国纷纷投入大量资金和人力用于技术研发和应用开拓。RFID 技术，又称无线射频识别，是一种通信技术，可通过无线电信号识别特定目标并读写相关数据，而无须识别系统与特定目标之间建立机械或光学接触（见图 5－2－9）。

图 5－2－9 RFID 技术

RFID 技术的工作原理并不复杂，标签进入磁场后，接收解读器发出的射频信号，凭借感应电流所获得的能量发送出存储在芯片中的产品信息，或者主动发送某一频率的信号，解读器读取信息并解码后，送至中央信息系统进行有关数据处理（见图 5－2－10）。

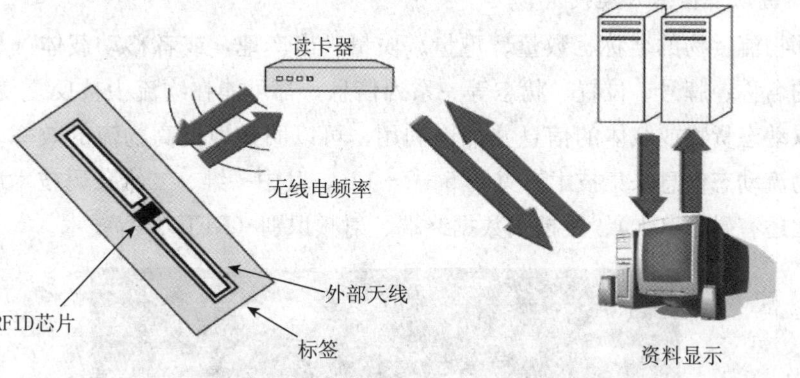

图 5-2-10 RFID 系统工作原理

2. 物流设备跟踪和控制技术

德邦物流为了提高企业的管理水平，提升对客户的服务能力，应用了物流设备跟踪和控制技术，从而加强了对营运客车的监管。物流设备跟踪和控制技术指对物流的运输载体及物流活动中涉及的物品所在地进行跟踪，主要是利用 GPS 技术跟踪，跟踪货运车辆与货物的运输情况，使货主及车主能够随时了解车辆与货物的位置与状态，保障整个物流过程的有效监控与快速运转。

GPS（Global Positioning System）是利用 GPS 定位卫星，在全球范围内实时进行定位、导航的系统，称为全球卫星定位系统（见图 5-2-11）。

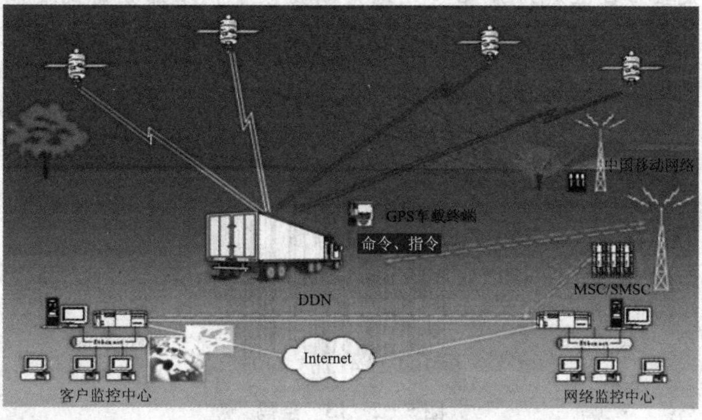

图 5-2-11 GPS 系统

物流 GPS 监控管理系统的构成主要包括运输工具上的 GPS 定位设备、跟踪服务平台（含地理信息系统和相应的软件）、信息通信机制和其他设备（如货物上的电子标签或条码、报警装置等）。

3. 物流动态信息采集技术

德邦物流货物的名称、数量、重量、质量、出产地，或者移动载体（如车辆、轮船等）的名称、牌号、位置、状态等一系列信息，都可能在物流中被反复使用，正确、快速读取动态货物或载体的信息并加以利用，可以明显地提高物流的效率。德邦物流应用了物流动态信息采集技术（见图 5-2-12)，其中一维、二维条码技术应用范围最广，其次还有磁条（卡)、便携式数据终端、射频识别（RFID）等技术。

图 5-2-12　德邦物流扫描商品

小贴士

条码技术是在计算机技术和信息技术的基础上产生和发展起来的集编码、识别、数据采集、自动录入和快速处理等功能于一体的新兴信息技术。条码是由一组按一定编码规则排列的条、空符号，用以表示一定的字符、数字及符号组成的信息（见图 5-2-13)。

EAN13

6 901234 567892

图 5-2-13　条码

扫一扫

请扫描右侧二维码，阅读《小条码解决仓库管理大问题》案例并讨论以下问题：

（1）条码技术为什么这么厉害？

（2）列举我们生活中的条码。

4. 物流相变蓄能技术

针对冷链运输德邦物流应用了物流相变蓄能技术，蓄能技术就是将化学能、水能、热能、电能等不同形式的能源储存起来，在需要时释放出来提供使用的技术。所谓相变蓄能就是利用这个原理，按冷链运输不同的温度需求将不同相变温度的材料进行合理配置以达到相变蓄冷蓄热的效果，其物理反应验证了能量守恒定律。在冷链物流运输中的应用不止体现在制冷技术上，同时也体现在保热技术上。

步骤四：调研整合阶段

根据调研计划第三步，需要将所有资料及最终问卷调查分析结果进行整合，形成一份正规书面材料，如调研报告、PPT或小论文等。

小贴士

德邦物流企业调研报告样式

调研时间	2017年3月5日	调研单位	德邦物流
调研目的	了解企业物流信息技术应用情况	参加调研人员	×××、×××

一、前言

为了更好地理解和认识物流信息，此次对身边的一些物流企业的物流信息技术使用情况进行调研，深入企业进行学习。之所以选择德邦物流，一是因为其是目前国内比较知名的物流企业；二是因为比较方便。

……

二、企业基本信息

三、企业对物流信息技术的应用现状

1. 物流自动化设备技术的应用

2. 物流设备跟踪和控制技术的应用

3. 物流动态信息采集技术的应用

4. 物流相变蓄能技术的应用

5. 德邦物流信息技术应用优缺点分析

……

四、德邦物流信息技术的后期发展

1. 物流信息化呈现“一高一快两低”态势

2. “大物流”急需物流信息化实现“两化”

……

五、体会和心得

……

新手雷区

需要注意这只是关于德邦物流的调研报告参考格式，具体内容及标题可依照具体企业实际进行撰写。

军功论赏

序号	考核内容	满分	最后得分
1	能够说出配送信息技术的分类及各自含义	10	
2	能够走访物流信息技术企业	10	
3	能够说出物流信息技术企业的物流信息应用情况	10	
4	能够简述问卷星调查问卷的制作过程	10	
5	能够与小组讨论未来配送信息技术的发展趋势	20	
6	能够制作物流信息技术相关调研报告或论文	20	
7	能够与小组很好的沟通，团结协作	10	
8	能够利用网络快速准备、收集并总结有效信息	10	
合计		100	

战术提升

你知道吗

其他配送信息技术

1. GIS技术

地理信息系统（GIS）以地理空间数据为基础，采用地理模型分析方法，适时地提供多种空间和动态的地理信息，是一种为地理研究和地理决策服务的计算机技术系统。GIS的应用系统由五个主要的元素构成：硬件、软件、数据、人员和方法。

将GPS和GIS技术结合，融入物流配送的过程中，能更容易地处理物流配送中货物的运输、仓储、装卸等各个环节，能对选择运输路线、仓库位置、调度运输车辆等进行有效管理和决策分析，同时有助于提升企业的物流信息化水平。

2. 物联网技术

物联网技术的出现使得物流信息化进入了一个新的时代，这个时代在技术上，以物联网的应用为特色，在业务上，以产业物流或供应链建设为基础。物联网是指按照预先约定好的协议，通过一系列信息采集和传感设备（如射频识别装置、红外感应器、激光扫描器、全球定位系统等），把物品与物品、物品与互联网连接起来，进行信息交换和通信，以实现物品智能化识别、定位、跟踪、监控和管理的一种网络。

3. 移动解决方案

近年来物流行业，特别是快递业发展迅速，企业对物流管理的要求越来越高。而由于作业的特殊性，提派员、调度员、库管、货检等工作人员经常处于没有PC（个人计算机）、没有网络的环境中。同时，智能手机、平板电脑等现代通信工具的出现和普及，也促使物流信息系统的发展出现终端化、移动化的趋势。目前，中国移动、中国联通都推出了针对物流行业的移动信息化解决方案，以满足物流企业的信息高效交互、信息实时发布、货物库存查询、车辆定位、内部沟通、客户服务等需求。

4. 无人机/机器人

机器人正在迅速成为物流业中最流行的事业之一。据《机器人商业评论》的Eugene Demaitre称，仓储和制造环境中机器人的使用并不是一个新的商业冒险。机器人正在被积极用于减少物流运作设施中员工的数量，使用仓储机器人进行装载、卸载和运输的第二个普遍的原因就与包装和运输行业内工人的数量减少有关。

扫一扫

请扫描右侧二维码，观看“亚马逊——空中飞行器做物流配送”视频并讨论以下问题：

（1）无人机目前在中国送货中应用得多吗？为什么？

（2）查阅资料，讨论一下无人机是应用了哪些原理进行送货的，有哪些优点和缺点。

想一想

1. 除了无人机的应用外，目前还出现了什么配送信息技术？

2. 你听说过自动驾驶无人送货车吗？

扫一扫

请扫描右侧二维码，观看“无人驾驶送货车给你送快递，你会不会吃惊？”视频并讨论以下问题：

（1）你觉得这个自动驾驶无人送货车如何？

（2）查阅资料，讨论一下自动驾驶无人送货车是应用了哪些原理进行送货的，有哪些优点和缺点。

参考文献

[1] 李守斌，等．配送作业实务（第2版）[M]．北京：机械工业出版社，2014.

[2] 李加明．连锁企业物流配送中心运营实务 [M]．北京：北京理工大学出版社，2014.

[3] 李海民．物流配送实务 [M]．北京：北京理工大学出版社，2012.

[4] 吴理门．配送作业与管理 [M]．武汉：武汉大学出版社，2011.

[5] 祁隽．浅析淘宝网的物流配送 [J]．青年时代，2016（18）：242.

[6] 姚海波．连锁超市配送问题浅析 [J]．时代金融，2016（35）.

[7] 俞晖楠，万国伟．食品冷链物流配送管理研究 [J]．经营管理者，2016（29）.

[8] 罗振华．精益生产方式下的物流配送规划与完善 [J]．信息记录材料，2016，17（3）：12－14.

[9] 朱俊丽．对配送作业实务课程教学的一些探索——以贵港职业学院配送作业实务课程为例 [J]．科教导刊（中旬刊），2014（4）：125－126.

[10] 中国物流行业岗位规范指导丛书编委会．物流企业配送作业岗位管理 [M]．北京：中国海关出版社，2008.

[11] Sigma医药配送的成功秘方 [J]．中国储运，2015（6）：90.

[12] 乔艳龙，孙承耀，齐猛．现代化医药配送中心设计研究 [J]．河北企业，2014（4）.

[13] 李林．浅谈物流配送在连锁餐饮企业中的应用 [J]．科技展望，2016，26（8）.

[14] 张燕敏．连锁餐饮企业的物流配送分析 [J]．消费导刊，2013（11）：143.

[15] 王惠民．精益生产技术在汽车制造业中的应用 [J]．黑龙江科技信息，2016（15）：145.

[16] 寇尚伟，赵晓萌．生鲜电商到底怎么了 [J]．农经，2016（9）：89－92.

[17] 王转．配送与配送中心 [M]．北京：电子工业出版社，2010.

[18] 李卫东，孙巧美．物流配送管理实务 [M]．北京：中央广播电视大学出版社，2014.